职业教育保险系列教材

财产保险实务

马丽华 顾红 主编
王蓓 李晶晶 田建湘 副主编

电子工业出版社
Publishing House of Electronics Industry
北京·BEIJING

未经许可，不得以任何方式复制或抄袭本书之部分或全部内容。

版权所有，侵权必究。

图书在版编目（CIP）数据

财产保险实务 / 马丽华，顾红主编. —北京：电子工业出版社，2021.8

ISBN 978-7-121-41353-7

Ⅰ. ①财… Ⅱ. ①马… ②顾… Ⅲ. ①财产保险－高等学校－教材 Ⅳ. ①F840.65

中国版本图书馆 CIP 数据核字（2021）第 113208 号

责任编辑：袁桂春　　　　特约编辑：田学清

印　　刷：北京虎彩文化传播有限公司

装　　订：北京虎彩文化传播有限公司

出版发行：电子工业出版社

　　　　　北京市海淀区万寿路 173 信箱　　邮编：100036

开　　本：787×1092　1/16　印张：17　字数：435 千字

版　　次：2021 年 8 月第 1 版

印　　次：2025 年 1 月第 5 次印刷

定　　价：59.00 元

凡所购买电子工业出版社图书有缺损问题，请向购买书店调换。若书店售缺，请与本社发行部联系，联系及邮购电话：(010) 88254888，88258888。

质量投诉请发邮件至 zlts@phei.com.cn，盗版侵权举报请发邮件至 dbqq@phei.com.cn。

本书咨询联系方式：(010) 88254199，sjb@phei.com.cn。

前言

2019年国务院印发《国家职业教育改革实施方案》，提出了"三教"（教师、教材、教法）改革的任务。其中，教材改革是基础，是课程建设与教学内容改革的支撑，是人才培养的重要载体。推进教材改革，对提升服务人才培养质量具有重要意义。

近年来，随着我国保险监管的从严、保险产品及经营方式的转型、保险科技的快速发展，我国的财产保险业务发生了巨大的变化，而高等职业教育的人才培养目标是培养能与用人单位"零距离"对接的实用型人才。为实现这一目标，很有必要编写一本源于实践又可以指导实践的财产保险实务教材。

本书的编写旨在顺应市场需求和高等职业教育需要，结合近几年国内外保险业的发展实际，针对高职高专金融类专业的教学特点和需要，以项目任务为主线、以保险公司的业务流程和相关工作岗位要求为依据，将保险理论知识有机地融入工作过程中，突出教材的实用性、新颖性和操作性。本书有如下特点。

（1）内容充实。本书以财产保险业务运营为研究对象，涉及财产保险基本理论知识、财产保险产品实务、财产保险业务运营等。

（2）注重实务。本书充分考虑了高职高专金融类专业学生的基础和特点，注重理论联系实际，使学生学以致用。通过典型案例和专业能力训练的内容安排，帮助学生深化对财产保险理论知识的理解，提高其财产保险业务的实际操作技能。

（3）紧跟财产保险实务前沿。本书通过"延伸阅读"等栏目的设置，引述了有关的财产保险理论知识和前沿动态，反映了当前财产保险的业务实际。

本书汲取了国内外相关教材及有关科研成果的精华，在认真调研财产保险业务岗位所需职业技能的基础上编写而成，共设置十一个项目。

本书由保险职业学院马丽华和顾红担任主编，组织编写工作、拟定大纲、进行审稿和统稿，由周灿教授进行审定，由保险职业学院王蓓、李晶晶、田建湘担任副主编。具体分工如下：项目一、项目二由王蓓编写；项目三～项目五和项目七由马丽华编写；项目六、项目十由李晶晶编写；项目八由田建湘编写；项目九、项目十一由顾红编写。

本书可作为高职高专"财产保险"课程的教材，亦可作为其他大中专院校学生、保险从业人员、教学科研工作者及其他人员的学习用书或参考读物。

在本书编写的过程中，许多保险行业专家为本书的编写提供了宝贵的建议。此外，编者还参考了不少专家学者的论文著作、多家保险公司的实务资料、众多网络资讯等，谨在此一并表示诚挚的谢意！

由于编者水平有限，编写疏漏与错误之处难免，竭诚欢迎各位读者、同业不吝指正，当感激不尽。

编　者

目 录

项目一 认识财产保险 1
    任务一 初识财产保险 2
    任务二 理解财产保险的职能与作用 9
    任务三 了解财产保险的发展历程 12

项目二 财产保险合同业务处理 21
    任务一 初识财产保险合同 22
    任务二 解析财产保险合同构成要素 31
    任务三 订立和履行财产保险合同 35

项目三 解析企业财产保险 44
    任务一 初识企业财产保险 45
    任务二 企业财产保险的内容及应用 47
    任务三 解读企业财产保险产品 56

项目四 解析家庭财产保险 73
    任务一 初识家庭财产保险 74
    任务二 家庭财产保险的内容及应用 76
    任务三 解读家庭财产保险产品 81

项目五 解析运输工具保险 92
    任务一 初识运输工具保险 94
    任务二 解读机动车辆保险 96
    任务三 解读船舶保险 112
    任务四 解读飞机保险 123

项目六 解析国内货物运输保险 130
    任务一 初识货物运输保险 131
    任务二 解读国内货物运输保险 134

项目七　解析工程保险 ·· 147

任务一　初识工程保险 ·· 149
任务二　解读建筑工程保险 ·· 151
任务三　解读安装工程保险 ·· 160
任务四　解读机器损坏保险 ·· 165

项目八　解析农业保险 ·· 172

任务一　初识农业保险 ·· 174
任务二　解读种植业保险 ·· 181
任务三　解读养殖业保险 ·· 192
任务四　农业保险产品创新 ·· 201

项目九　解析责任保险 ·· 209

任务一　初识责任保险 ·· 211
任务二　解读公众责任保险 ·· 215
任务三　解读职业责任保险 ·· 220
任务四　解读雇主责任保险 ·· 223
任务五　解读产品责任保险 ·· 228

项目十　解析信用保证保险 ·· 234

任务一　初识信用保证保险 ·· 235
任务二　解读信用保险 ·· 237
任务三　解读保证保险 ·· 245

项目十一　财产保险承保和理赔 ·· 251

任务一　财产保险承保业务处理 ·· 252
任务二　财产保险理赔业务处理 ·· 259

主要参考文献 ·· 266

项目一 认识财产保险

学习目标

知识目标
- 掌握财产保险的概念
- 理解财产保险的特征
- 了解财产保险的分类
- 理解财产保险的职能与作用
- 了解国内外财产保险的发展历程

技能目标
- 能辨析财产保险与人身保险的区别
- 能区分财产保险的不同险种

关键术语

财产保险　业务体系　共同海损分摊　保险科技

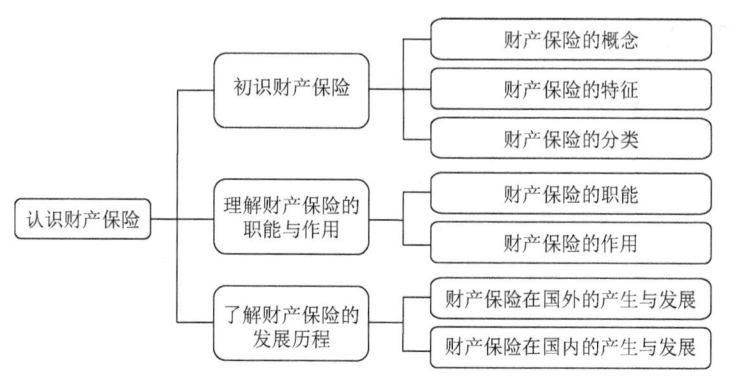

知识结构

认识财产保险
- 初识财产保险
  - 财产保险的概念
  - 财产保险的特征
  - 财产保险的分类
- 理解财产保险的职能与作用
  - 财产保险的职能
  - 财产保险的作用
- 了解财产保险的发展历程
  - 财产保险在国外的产生与发展
  - 财产保险在国内的产生与发展

案例导入

2016年6月23日，江苏省盐城市阜宁地区遭受突发性龙卷风自然灾害袭击，造成某阳光电力公司整个厂区严重损毁，被迫全面停产，同时导致该集团上游企业产生利润损失。灾害发生后，保险公司高度重视，总、省、市公司快速响应，立刻成立理赔专案小组，有序开展现场查勘工作，积极指导和参与施救，减少财产损失。经过一年的努力，该保险公司与客户就最终的赔付方案达成一致意见，支付赔款7.88亿元。

龙卷风的影响范围虽小，但破坏力极强。长江三角洲和苏北平原为我国龙卷风高发地带。本案的被保险人不幸遭龙卷风袭击，损失极为严重，但因其具备全面的保险方案从而有效地转移了风险。在案件处理过程中，保险公司助力被保险人在灾后快速恢复生产，将实际损失降至最小，发挥了保险公司灾后施救的专业力量，充分体现了保险的经济补偿功能。

我们在为龙卷风造成的巨额财产损失感叹的同时，也再次认识到了财产保险对规避财产风险的重要作用。那么，人们应该如何认识财产保险？财产保险的产生过程和发展历程又是怎样的呢？这正是本项目要研究的内容。

资料来源：根据中国保险行业协会"2017年度中国最具代表性十大风险管理案例"相关报道编辑整理。

在个人、家庭、企业、社会团体的日常生活及经济活动中会面临各种财产风险，而财产保险是风险管理的重要工具，也是社会资源再分配的重要途径。建立在风险转移和分散基础上的财产保险是社会经济稳定运行不可缺少的组成部分，相对于人身保险，财产保险集中体现了保险的经济补偿功能，并且在资金融通和社会管理方面发挥突出的作用。

任务一 初识财产保险

任务情景

案例一：小张为自己新购的一辆奥迪轿车投保了机动车辆损失保险，当保险车辆遭受合同约定的碰撞和非碰撞（包括自然灾害和意外事故）造成损失时，以及合理的施救、保护费用，由保险人负责赔偿。

案例二：某化工机械厂投保了雇主责任保险，当其雇员从事与职业有关的工作时遭意外而致伤、残、死亡，应由化工机械厂承担的赔偿责任，由保险人承担。此外，还包括雇员因患职业病而致残、死亡的赔偿责任，以及化工机械厂应承担的医疗费用和应支出的法律费用等。

案例三：李女士投保重大疾病保险，保险人负责以下事项。若李女士一年内初患重大疾病或因疾病身故，按所交保险费给付保险金；若李女士一年后初患重大疾病或因疾病身故，按保险金额给付保险金；若李女士因意外伤害身故，按保险金额给付保险金。

请分析并判断，在以上3个案例中，哪个属于财产保险？依据是什么？

知识探究

一、财产保险的概念

财产保险是指以各种物质财产和有关利益为保险标的，以补偿投保人或被保险人的经济损失为基本目的的一种社会化经济补偿制度。《中华人民共和国保险法》（以下简称《保险法》）第十二条指出："财产保险是以财产及其有关利益为保险标的的保险。"财产保险所指的财产除包括一切动产、不动产、固定的和流动的财产，以及在制或制成的有形财产外，还包括运费、预期利润、责任和信用等无形财产。因此，财产保险的范围广泛，除人身保险外的各种保险均可归入财产保险范畴。

延伸阅读

财产及财产所有权

财产是社会物质财富的统称，即归属于政府、企事业单位、社会团体及个人所有的物质财富。财产分为动产和不动产。不动产是指不能移动或如果移动就会改变性质、损害价值的有形财产，包括土地及其定着物，如建筑物及土地上生长的植物等。通俗地讲，能在空间内移动的物体为动产，在空间内有固定位置的物体为不动产。不过，国际上目前并不是单纯地把能否移动及是否造成价值的贬损作为界定动产与不动产的唯一标准，而是综合考虑物体价值大小、物权变动的法定要件等因素。例如，飞机、船只等因为其价值较大，办理物权变动时要到行政机关进行登记，所以国际通行的做法是将其界定为不动产。

财产所有权是指所有人依法对自己的财产享有占有、使用、收益和处分的权利，包括占有权、使用权、收益权和处分权四项全能。所有权意味着人对物最充分、最完全的支配，是最完整的物权形式。财产所有权在本质上是所有制形式在法律上的表现。财产所有权制度构成了民事法律制度的基石。

资料来源：谢朝德. 财产保险[M]. 北京：中国人民大学出版社，2012.

国际上通常不是将保险业务划分为财产保险与人身保险，而是根据保险业务的性质和经营规则，将整个保险业务划分为非寿险和寿险。非寿险是指寿险之外的一切保险业务的总称，包括广义的财产保险与短期人身保险业务（短期人身意外伤害保险和短期健康保险）。国际上之所以将短期人身保险业务与财产保险相提并论，一同并入非寿险的范围，主要原因在于这两者都有补偿性、保期短、财务处理方式与责任准备金计提方式相同的特点。

《保险法》第九十五条规定，"保险公司的业务范围：（一）人身保险业务，包括人寿保险、健康保险、意外伤害保险等保险业务；（二）财产保险业务，包括财产损失保险、责任保险、信用保险、保证保险等保险业务；（三）国务院保险监督管理机构批准的与保险有关的其他业务。保险人不得兼营人身保险业务和财产保险业务。但是，经营财产保险业务的保险公司经国务院保险监督管理机构批准，可以经营短期健康保险业务和意外伤害保险业务。"

二、财产保险的特征

（一）财产保险的一般特征

财产保险的一般特征主要表现在业务性质的补偿性、承保范围的广泛性、经营内容的复杂性、单个保险关系的不等性等方面。

1．业务性质的补偿性

投保人投保各种类别的财产保险，目的在于转嫁自己在有关财产物质和利益上的风险，当风险发生并导致保险利益损失时能够获得保险人的经济补偿；保险人经营各种类别的财产保险业务，则意味着承担起对投保人保险利益的损害赔偿责任。当保险事故发生后，财产保险遵循损失补偿原则，强调保险人必须按照保险合同的规定履行赔偿义务，同时不允许被保险人通过保险获得额外利益。

2．承保范围的广泛性

现代财产保险业务的承保范围，覆盖了除自然人的身体与生命外的一切风险保险业务，它不仅包括各种差异极大的财产物资，还包括各种民事法律风险和商业信用风险等。大到航天事业、核电工程、海洋石油开发，小到家庭或个人财产等，都可以从财产保险中获得相应的风险保障。

财产保险业务承保范围的广泛性，决定了财产保险的具体对象存在着较大的差异性，它既表明了可供保险人选择的市场广阔，也表明了任何保险人要想承保全部的、各种类别的财产保险业务将具有相当大的难度，从而需要保险人根据自己的实力和优势来确定业务的主攻方向。

3．经营内容的复杂性

无论是从整体的财产保险经营内容出发，还是从某一具体的财产保险经营内容出发，其复杂性的特征均十分明显。这主要表现在以下几个方面。

（1）投保对象复杂。既有法人团体投保，又有居民家庭和个人投保；既可能涉及单个保险客户，也可能涉及多个保险客户和任何第三者。

（2）保险标的复杂。财产保险的保险标的，包括从普通的财产物资到高科技产品或工程，从有实体的各种物质到无实体的法律、信用责任及政治、军事风险等。

（3）承保过程复杂。在财产保险业务经营中，既要强调保前风险检查、保时严格核保，又须重视保险期间的防灾防损和保险事故发生后的理赔查勘等，承保过程程序多、环节多。

（4）风险管理复杂。对每笔财产保险业务，保险人客观上均需要进行风险评估、风险选择或风险限制，并需要运用再保险的手段分散风险。

（5）经营技术复杂，要求保险人要熟悉与各类型保险标的相关的技术知识。例如，责任保险业务的开展，必须以熟悉各种民事法律、法规及相应的诉讼知识和技能为前提；又如，汽车保险业务的开展，必须以具备保险经营能力和汽车方面的专业知识为前提。

4. 单个保险关系的不等性

财产保险是一种商业性业务，它遵循的是市场经济条件下的等价交换、自愿成交的商业经营法则。保险人根据大数法则的损失概率来确定各种财产保险的费率（价格），这就决定了保险人从投保人那里所筹集的保险基金与其所承保的风险责任是相对称的，竞争越激烈，体现得越充分。因此，从总体保险关系来看，保险人与投保人的关系是完全平等和等价的。

然而，就单个保险关系而言，却又明显地存在交换双方在实际支付的经济价值上的不平等。一方面，在保险人承保的各种财产保险业务中，每笔财产保险业务，保险人都是按照确定的费率标准计算并收取保险费的，其收取的保险费通常是保险标的实际价值的千分之几或百分之几，而一旦被保险人发生保险损失，则保险人往往要付出高于保险费若干倍的保险赔款；另一方面，在无数笔财产保险业务中，又有许多被保险人在保险期限内并未发生保险事故或保险损失，保险人即使收取了保险费，也不存在经济赔偿的问题。可见，保险人在经营每笔财产保险业务时，收取的保险费与支付的保险赔款事实上并不是等价的。

正是这种单个保险关系在经济价值支付上的不等性，才促使保险人在经营财产保险业务时需要对投保人的保险标的和保险风险进行选择和限制，以防止投保人逆选择，力求维护自己的经济利益；而投保人也会在投保时对保险标的和保险风险进行选择，并总是力求将那些难以避免的风险转嫁给保险人。财产保险关系的建立，是保险人与投保人经过相互协商、相互选择并对上述经济价值的不等关系认同的结果。

（二）财产保险的比较特征

财产保险的比较特征主要是针对人身保险而言的，财产保险和人身保险是按保险业务性质划分的两个部分。作为现代保险业的两大分类，它们在经营和运作方面存在着较大的区别。

1. 承保保险标的不同

人身保险的保险标的是人的生命和身体，而人的生命和身体是无法用货币来衡量其价值的，因此人身保险的保险标的具有不可估价性。

财产保险的保险标的是法人和自然人所拥有的各种物质财产和有关利益，其均有客观而具体的价值标准，均可以用货币来衡量其价值，具有可估价性，被保险人可以通过财产保险获得充分的补偿。

2. 保险金额确定不同

由于人身保险的保险标的没有确定的保险价值，因此其保险金额不是在对保险标的估价的基础上确定的，而是由投保人根据被保险人对人身保险的需要和投保人交纳保险费的能力，与保险人协商确定的。

财产保险的保险标的本身具有保险价值，因此其保险金额是在对保险标的估价的基础上确定的。其保险金额可以根据保险标的的市场价值确定，也可以根据账面价值或重置价值确定。

3. 保险合同性质不同

人身保险是给付性保险。因为人的生命是无价的，被保险人因遭受意外事故或疾病造成伤残或死亡时，其伤残程度难以用货币来衡量。因此，在人身保险事故发生后，保险人按照保险合同的事先约定给付保险金。

财产保险是补偿性保险。财产保险的保险标的损失是可以用货币来衡量的，在财产保险事故发生后，保险人对被保险人的赔偿遵循损失补偿原则，即在保险金额限度内，按照保险单约定的赔偿方式，损失多则多赔，损失少则少赔，不损失则不赔，被保险人最终不能获得超过实际损失的额外利益。与此同时，财产保险适用重复保险分摊和代位追偿等原则。

4．保险期限不同

人身保险特别是人寿保险，其保险期限一般长达几年到几十年。也正因为其保险期限较长，使得人身保险既有保障性又有储蓄性。同时，其保险费一般是分期交纳，采取均衡保险费制。因此，保险人每年都有稳定的保险费收入，其形成的保险基金可进行中长期投资。

财产保险的保险期限一般为一年或一年以内。由于保险期限短，在保险实务中一般要求投保人在投保时一次性交清保险费，其形成的保险基金不能作为保险人中长期投资的资金来源。同时，财产保险通常只有保障性，一般不具有储蓄功能，保险单也没有现金价值。

5．业务经营技术不同

人身保险业务经营和保险费厘定的基础是对死亡率的估算，而经过多年的经验累积，人身保险对死亡率的估算较为精确，发生的人身保险事故也较规则和稳定。因此，人身保险业务经营稳定性较好。

财产保险事故的发生不大规则，且缺乏稳定性，损失概率相对缺乏规律性，因而计算的费率没有人身保险的精确。财产保险为弥补这一缺陷，实现收支平衡，除必须保持较大的现金储备外，在保险技术上对大数法则也要进行有效利用。

三、财产保险的分类

随着社会经济和保险业的飞速发展，财产保险的险种日益增多。根据不同的划分标准，可以将财产保险分为不同的类型。

（一）按实施方式分类

根据实施方式不同，财产保险可分为自愿保险和强制保险。

（1）自愿保险是指保险人和投保人在自愿原则基础上通过签订保险合同而建立保险关系的保险，如家庭财产保险、企业财产保险、机动车辆损失保险等。

（2）强制保险又称法定保险，是指以国家的有关法律为依据而建立保险关系的保险。它是通过法律规定强制实行的，如机动车辆交通事故责任强制保险（以下简称"交强险"）。

（二）按业务经营范围分类

根据业务经营范围不同，财产保险可分为广义的财产保险和狭义的财产保险。

（1）广义的财产保险是指除人身保险外的保险，包括财产损失保险、责任保险、信用保证保险等。

（2）狭义的财产保险是指财产损失保险，包括企业财产保险、家庭财产保险、运输保险、工程保险、农业保险等。

早期的财产保险仅指财产损失保险。随着社会经济和保险业的不断发展，财产保险的保险标的也在不断扩大，除物质财产外，还逐渐囊括了与物质财产有关的经济利益和损害赔偿责任。也就是说，广义的财产保险实际上是由狭义的财产保险逐步丰富、发展而来的。

（三）按保险标的的存在形态分类

根据保险标的的存在形态不同，财产保险可分为有形财产保险和无形财产保险。

（1）有形财产保险是指以各种具备实体的物质财产为保险标的的财产保险，如财产损失保险。

（2）无形财产保险是指以各种没有实体但与投保人或被保险人有利害关系的合法利益为保险标的的财产保险，如责任保险、信用保证保险、利润损失保险等。

（四）按承保时保险价值是否确定分类

根据承保时保险价值是否确定，财产保险可分为定值保险和不定值保险。

（1）定值保险是指合同当事人对保险标的的保险价值进行事先约定，并在合同中载明作为保险金额，在保险事故发生时，根据载明的保险价值进行赔偿的保险。该险种通常适用于价值变化较大或不易确定价值的特定物资，如字画、古玩或海上运输中的货物。

（2）不定值保险是指在保险合同中载明保险标的的保险金额而未载明保险价值，在保险事故发生时，根据发生时的保险价值对比保险金额予以赔偿的保险。在不定值保险合同中，仅载明保险金额作为赔偿的最高限额，而保险价值则不确定。财产保险多采用不定值保险。一般而言，财产损失以赔偿实际损失为原则，因此不定值保险合同通常以保险标的的实际价值为判定损失额的依据。在不定值保险中，保险金额等于保险价值的保险为足额保险；保险金额小于保险价值的保险为不足额保险；保险金额大于保险价值的保险为超额保险。《保险法》规定，超过的部分无效。

（五）按保险保障的范围分类

根据保险保障的范围不同，财产保险可分为财产损失保险、责任保险、信用保证保险。

（1）财产损失保险是指以物质财产及其有关利益为保险标的的保险。它可分为以下几种。

① 火灾保险是指以存放在固定场所并处于相对静止状态的财产及其有关利益为保险标的，保险人对被保险人的财产因火灾、爆炸、雷击及约定的其他灾害事故的发生所造成的损失提供经济补偿的保险。我国目前的火灾保险主要有企业财产保险、家庭财产保险。

② 运输工具保险是指保险人对因灾害事故的发生所造成的运输工具本身的损失及第三者责任提供经济补偿的保险。我国目前的运输工具保险主要有机动车辆保险、船舶保险和飞机保险。

③ 货物运输保险是指保险人对货物在运输过程中因灾害事故的发生而遭受的损失提供经济补偿的保险。我国目前的货物运输保险主要有海洋货物运输保险、国内货物运输保险。

④ 工程保险是指保险人对建筑工程、安装工程及各种机器设备因意外事故的发生所造成的物质财产损失和第三者责任进行提供经济补偿的保险。

⑤ 农业保险是指保险人对农业生产经营者在从事种植业和养殖业生产过程中，因遭受自然灾害或意外事故所造成的财产损失提供经济补偿的保险。它可分为种植业保险和养殖业保险。

（2）责任保险是指以被保险人对第三者依法应履行的赔偿责任为保险标的的保险。它包括第三者责任保险和单独的责任保险，后者可分为公众责任保险、职业责任保险、雇主责任保险和产品责任保险。

（3）信用保证保险是指以被保证人履行合同为保险标的的保险。它分为信用保险和保证保险。信用保险是指保险人根据权利人的要求担保义务人信用风险的保险，包括国内信用保险、出口信用保险、投资保险等；保证保险是指义务人根据权利人的要求，要求保险人向权利人担保义务人信用风险的保险，包括确实保证保险和诚实保证保险。

可见，财产保险是一个庞大的业务体系，它由若干险别及数以百计的具体险种构成，其业务体系大体如表 1-1 所示。

表 1-1　财产保险业务体系

第一层次	第二层次	第三层次	第四层次
财产损失保险	火灾保险	企业财产保险	企业财产保险基本险及附加险
		家庭财产保险	普通家庭财产保险、家庭财产两全保险等
	运输保险	运输工具保险	机动车辆保险、船舶保险、飞机保险等
		货物运输保险	海洋货物运输保险、国内货物运输保险等
	工程保险	建安工程保险	建筑工程保险、安装工程保险
		机器损坏保险	机器损坏保险
		科技工程保险	航天保险、核电保险等
	农业保险	种植业保险	农作物保险、林木保险等
		养殖业保险	畜禽保险、水产养殖保险等
责任保险	公众责任保险	场所责任保险	宾馆、展览馆、停车场责任保险等
		承包人责任保险	建筑工程承包人责任保险等
		承运人责任保险	道路客运承运人责任保险、道路危险货物承运人责任保险等
		供电责任保险	供电责任保险及附加险
		环境责任保险	环境责任保险及附加险
	职业责任保险	—	设计师、注册会计师、律师责任保险等及附加险
	雇主责任保险	—	普通雇主责任保险及附加险
	产品责任保险	—	产品责任保险及附加险
信用保证保险	信用保险	国内信用保险	赊销保险、贷款信用保险等
		出口信用保险	出口信用保险
		投资保险	投资保险
	保证保险	确实保证保险	产品质量保证保险
		诚实保证保险	诚实保证保险

任务二 理解财产保险的职能与作用

任务情景

2017年6月下旬，湖南省怀化市大范围降雨，沅江水位持续上涨，洪峰水位达109米，在建中的沅江大桥工程300多米长的钢栈桥施工平台被全部冲毁。保险公司理赔人员深入现场勘验确认，沅江大桥在建工程的材料、设备等财产损失由洪涝灾害造成，属于建筑工程保险的保险责任。经核算损失，保险公司依据保险合同承担赔偿责任，赔款1100万元，为沅江大桥工程的如期交付提供了保障。

人们常说，财产保险是经济的"减震器"和社会的"稳定器"，怎样理解财产保险的职能与作用呢？

知识探究

一、财产保险的职能

财产保险作为一种商业活动，必须在社会经济活动中通过自身的职能体现其存在的社会价值和意义。财产保险的职能分为基本职能和派生职能。

（一）财产保险的基本职能

1. 损失补偿职能

损失补偿职能是指保险人通过各种保险业务的开办筹集保险基金，在发生保险事故造成被保险人保险利益损失时，依据保险合同，按承保标的的实际损失额给予补偿。财产保险的产生是因为社会需要专门的行业来承担起经济补偿的责任，是社会分工的需要而非其他。保险人筹集资金是为了组织经济补偿，并非为筹资而筹资。建立和发展财产保险制度，就可以通过保险人的工作对遭受损失的被保险人进行及时的经济补偿，受灾单位或个人就能够及时恢复受损的财产或利益，从而保障生产和经营持续不断地进行。

2. 风险分散职能

对于难以预测的风险事故的发生，既可以运用财产保险，通过保险费把集中的风险分散给大家，又可以用固定的小额保险费支出来弥补不固定的损失。保险公司根据长期积累的各种灾害事故造成的损失的统计资料，研究灾害事故发生的原因及规律，按不同的风险类别制定出不同的费率，据此收取保险费。这对于负担保险费的投保人来说是科学合理的，体现了分散风险、共同帮助的特点。

（二）财产保险的派生职能

1. 防灾防损职能

保险人开展防灾防损是为了自身经济效益和更好地组织经济补偿。防灾防损工作的好坏，关系到保险人赔款支出的多少和能否承担起全部损失补偿职责，并非国家或社会强调必须由保险人承担防灾防损的任务，因为这种任务需要由防汛抗旱部门、消防部门等职能部门来完成。防灾防损是保险经营的重要手段。首先，保险公司的日常业务，从承保、计算费率到理赔都与灾害事故相关，保险人需要掌握各种灾害事故造成的损失的统计资料，对灾害事故发生的原因进行分析和研究，从而积累丰富的防灾防损经验，因此保险公司有积极参与各种防灾防损工作的社会责任。其次，减少灾害事故造成的损失能相应减少保险的赔付，从而增加保险基金的积累和降低费率，保险公司从自身的经济利益出发也应加强防灾防损工作。最后，保险公司可以通过业务经营促使投保人重视防灾防损工作。

2．资金融通职能

保险公司进行资金融通是为了筹集保险基金，稳定公司财务并应对灾害事故的发生。其资金融通职能主要体现在两个方面：一方面通过收取保险费的形式形成保险基金，体现筹资职能；另一方面利用保险基金购买有价证券、不动产等，体现投资职能。

3．稳定社会职能

无论是固定的还是流动的或是建造中的财产，都可能会因灾害事故的发生而受损。而财产保险则以提供补偿的方法达到社会生产持续发展及安定人民生活的目的，从而保障社会经济稳步发展和人民生活安定，因此在保险行业内，财产保险被誉为社会经济生活的"减震器"。

二、财产保险的作用

（一）财产保险的宏观作用

财产保险的宏观作用是指财产保险对全社会和整个国民经济总体所产生的经济效应，其具体表现在以下几个方面。

1．有利于国民经济持续稳定发展

在任何社会形态下，社会再生产都是一个连续不断的运动过程，其中任何一个环节中断，都会打乱整个社会再生产的秩序，影响国民经济的健康发展。灾害事故的发生，会使社会再生产过程中合理的比例关系失衡，使社会再生产中断，造成连带损失。通过财产保险业务的开展，可以帮助受灾单位迅速恢复正常的生产和经营，从而保障各生产部门合理的比例关系。财产保险虽然不能避免灾害事故的发生，但可以减轻或消除这种破坏对社会再生产的影响，为再生产的顺利进行提供保障。从某种程度上说，财产保险所带来的社会效益远远大于其补偿总额。

2．有利于科学技术的推广应用

任何一项科学技术的产生和应用，既可能带来巨大的物质财富，也可能遭受各种灾害事故而造成经济损失。尤其是现代高科技的产生和应用，既规避了传统生产技术上的许多风险，也会产生一些新的风险，其损失频率虽然可能大幅度下降，但损失一旦发生，其损失幅度巨大，远非发明者所能承受。有了财产保险的保障，则为科学技术在推广和应用时遭受灾害事故提供了经济保证，加快了新技术的开发和利用。例如，现代卫星技术的应用及宇宙飞船的研发，如果没有相应的保险，那么相关的制造商和开发商将受到很大的限制。

3. 有利于社会的安定

保险公司是专业的风险管理机构，在被保险人因灾害事故的发生而遭受财产损失时履行损失补偿职能。而就总体来说，灾害事故的发生是必然的，造成财产损失也是一定的。只要在保险责任范围内，保险人就可以通过履行损失补偿职能使被保险人在最短的时间内恢复生产和经营，从而解除人们在经济上的各种后顾之忧，保障人们正常的经济生活，稳定社会。

4. 有利于对外贸易和国际经济交往，促进国际收支平衡

财产保险是对外贸易和国际经济交往中不可缺少的环节。在当今国际贸易和经济交往中，有无保险直接影响到一个国家的形象和信誉。财产保险不仅促进对外贸易、增加资本输出或引进外资，使国际经济交往得到保障，而且可以带来巨额的无形贸易净收入，成为国家积累外汇资金的重要来源。

（二）财产保险的微观作用

财产保险的微观作用是指财产保险作为企业或个人风险管理的财务处理手段所产生的经济效应，其具体表现在以下几个方面。

1. 有利于企业及时恢复经营和稳定收入

任何性质的企业，在经营中都可能遭受灾害事故的损害，造成经济损失，重大的损失甚至会影响企业的正常生产和经营。保险作为分散风险的中介，企业可通过向保险人交纳保险费的方式转嫁风险，一旦其遭受保险责任范围内的损失，便可及时得到保险人的经济补偿，从而及时购买受损的生产资料，保证企业连续不断地生产和经营，同时减少利润损失等间接损失。

2. 有利于企业加强经济核算

每家企业都面临因灾害事故的发生而造成损失的可能，一旦发生灾害事故，必然影响企业的经济核算，甚至致使其经营活动中断。通过参加保险的方式，将企业难以预测的巨额损失，转化为固定的、少量的保险费支出，并列入营业费用，这样便可以分摊损失成本、保证经营稳定、加强经济核算，从而准确地反映企业经营成果。

3. 促进企业加强风险管理

保险公司作为经营风险的特殊企业，在经营过程中积累了丰富的风险管理经验，这为其提供风险管理的咨询和技术服务创造了有利条件。保险公司促进企业加强风险管理主要体现在保险经营活动中，包括：通过签订合同的方式明确双方当事人对防灾防损负有的责任，促使被保险人加强风险管理；指导企业防灾防损；通过费率优惠促进企业加强风险管理；从保险费收入中提取一定的防灾防损基金，促进企业风险管理工作的开展。

4. 有利于安定人民生活

当人们在生产过程中因灾害事故的发生造成财产损失时，可以通过财产保险获得经济补偿，保障生产和经营的正常进行，因此财产保险具有稳定生产、安定人民生活的作用。

5. 提高企业和个人信用

在市场经济条件下，每个企业或个人均有遭受责任风险和信用风险的可能，投保人通过购买责任保险便可为其在保险责任范围内的损失取得经济保障，通过购买信用保险，则

为义务人的信用风险提供了经济保障。因此，企业和个人的信用因购买了保险、提高了偿债能力而得到了提高。

任务三　了解财产保险的发展历程

任务情景

在我国，财产保险思想有悠久的历史，救济后备制度是这种思想的具体体现。我国古代的救济后备一般采取实物形式，即后备仓储制度。例如，根据《周礼·地官司徒·大司徒》记载，从公元前11世纪的周朝开始，就已建有后备仓储制度。又如，西汉宣帝时创建的"常平仓"、隋文帝所推行的"义仓"等。此外，宋朝和明朝还出现了民间的"社仓"制度。这些都是我国古代的财产保险思想。

从世界范围来看，财产保险是何时出现的？它经历了怎样的发展历程？我国财产保险的发展情况与未来趋势如何呢？

知识探究

财产保险的产生与发展，首先是各种灾害事故客观存在与发展的结果，其次则是社会不断进步、科学技术广泛应用的结果。现代财产保险制度，事实上起源于欧洲古老的共同海损分摊制度。图1-1所示为财产保险的发展历程。其中，共同海损分摊可以视为财产保险的原始状态；海上保险的产生意味着近代财产保险的产生，而火灾保险的产生则象征着近代财产保险的发展；工程保险与汽车保险的产生与发展，标志着财产保险进入了现代保险阶段；责任、信用、科技保险时代则是20世纪以后财产保险走向全面发展的新阶段。

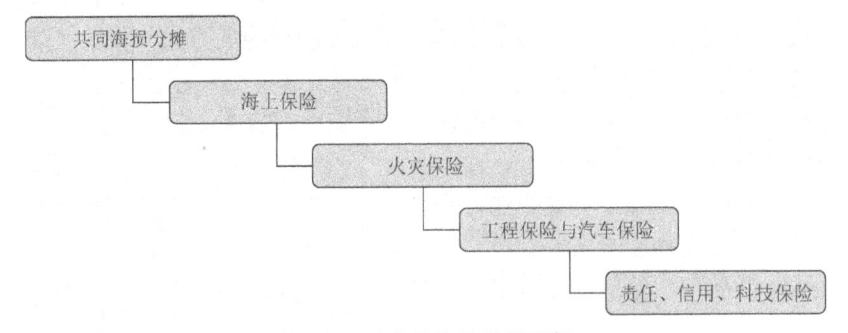

```
共同海损分摊
    └─ 海上保险
         └─ 火灾保险
              └─ 工程保险与汽车保险
                   └─ 责任、信用、科技保险
```

图1-1　财产保险的发展历程

在人类社会的发展过程中，各种灾害事故一直是制造灾难和危及人类自身的客观因素。经过与灾害事故的长期斗争实践，人们逐步意识到对于各种灾害事故风险，仅仅依靠自身或小范围的协作力量是无法抗衡和克服的，还需要有社会化的机制来分散各种灾害事故风险。于是，根据损失分摊原则和大数法则原理等建立、发展起来的财产保险制度，便成了人类社会抵御各种灾害事故并减少其损失的基本经济制度。随着人类社会向前发展，财产保险逐渐成为人们控制和减轻各种灾害事故风险的重要手段。

一、财产保险在国外的产生与发展

（一）财产保险的萌芽阶段

公元前 2000 年，地中海一带就有了广泛的海上贸易活动。为使航海船舶免遭倾覆，最有效的解救方法就是抛弃船上货物，以减轻船舶载重。为获得补偿，当时的航海商提出了一条共同遵循的原则："一人为众，众为一人"，这种相互承担风险损失的方法可视为财产保险的原始状态。该原则后来为公元前 916 年的《罗地安海商法》所采用，并正式规定为：凡因减轻船舶载重投弃入海的货物，如为全体利益而损失的，须由全体来分摊。这就是著名的共同海损分摊原则。这一分摊原则至今仍为各国海商法所采用，被视为海上保险的萌芽。

共同海损分摊的做法实际上确定了财产保险的两大原理：一是具有同质风险的人构成一个共同的风险集合体，这是财产保险经营的风险结构基础；二是风险损失可以在具有统治风险的人群中进行分摊。"一人为众，众为一人"的思想奠定了财产保险的基本理念。

（二）财产保险的产生阶段

经过漫长的共同海损分摊等的实践，欧洲国家开始出现一些专门从事海上风险保证业务的机构，在此基础上成就了最早的保险人。因此，海上保险在共同海损分摊制度的基础上产生，其根本变化就是对海上风险保证的业务经营开始走向商业化和专业化，这也是近代财产保险业正式产生的标志。迄今为止发现的最古老的保险单，是一个名叫乔治·勒克维伦的热那亚商人在 1347 年 10 月 23 日出立的一张承保从热那亚到马乔卡的船舶保险单。15 至 16 世纪时，海上保险在欧洲国家得到了较为普遍的发展。17 世纪时，伦敦不仅成为英国保险业的中心，而且成为世界海上保险业的中心。在世界保险史上占有特殊地位且至今仍然享有崇高地位的劳合社保险组织，即产生于这一时期并发展至今，迄今已有 300 多年的历史，其对世界保险业的商业化、专业化、制度化起到了示范作用。

延伸阅读

最奇特的保险组织——劳合社

劳合社是由一位名叫 Edward Lloyd 的英国商人于 1688 年在泰晤士河畔塔街所开设的咖啡馆演变而来的。17 世纪的资产阶级革命为英国资本主义的发展扫清了道路，英国的航运业得到了迅速发展。当时，英国伦敦的商人经常聚集在咖啡馆里，边喝咖啡边交换有关航运和贸易的消息。由于劳埃德咖啡馆临近一些与航海有关的机构，如海关、海军部和港务局，因此这家咖啡馆就成为经营航运的船东、商人、经纪人、船长及银行高利贷者经常会晤交换消息的地方。保险人也常聚集于此，与投保人接洽保险业务。后来，这些商人们联合起来，当某船舶出海时，投保人就在一张纸（承保条）上注明投保的船舶或货物，以及投保金额，每个保险人都在承保条上注明自己承保的份额，并签上自己的名字，直至该承保条上的金额被 100%承保。

由于当时通信十分落后，准确可靠的消息对于商人们来说是无价之宝。店主劳埃德先生为了招揽更多的客人到其咖啡馆来，于1696年出版了一张小报《劳埃德新闻》，每周出版3次，共发行了76期，使其成了航运消息的传播中心。约在1734年，劳埃德的女婿出版了《劳合社动态》，后易名《劳合社日报》，该报至今仍在伦敦出版。后来，咖啡馆的79名商人每人出资100英镑，于1774年租赁皇家交易所的房屋，在劳埃德咖啡馆原业务的基础上成立了劳合社。英国议会于1871年专门通过了一个法案，批准劳合社成为一个保险社团组织。劳合社通过向政府注册取得了法人资格，但劳合社成员只能限于经营海上保险业务。直至1911年，英国议会取消了这个限制，批准劳合社成员可以经营包括水险在内的一切保险业务。

在历史上，劳合社设计了第一张盗窃保险单，为第一辆汽车和第一架飞机出立保险单，是计算机、石油能源保险和卫星保险的先驱。劳合社设计的条款和保险单格式在世界保险业中有广泛的影响，其制定的费率也是世界保险业的"风向标"。劳合社承保的业务包罗万象。劳合社对保险业的发展，特别是对海上保险和再保险做出的杰出贡献是世界公认的。

资料来源：根据百度文库资料编辑整理。

（三）财产保险的发展阶段

与海上保险相比，火灾保险的产生要晚得多。尽管15世纪前后在德国等国家出现过合作社式火灾"基尔特"，但火灾保险的真正出现是在17世纪以后。1666年9月2日英国伦敦大火的发生，促成了次年英国第一家火灾保险商行的成立。这场大火持续了5天，使伦敦城约80%的建筑物被毁，财产损失在1000万英镑以上。次年，一位牙科医生尼古拉斯·巴蓬独资开办了一家专门承保火灾保险的营业所，开创了私营火灾保险的先例，并于1680年创立了火灾保险公司。该公司的保险费主要根据房屋的租金和结构计算，砖石建筑的费率为2.5%，木屋的费率为5%。险种差别费率的方法被沿用至今，而巴蓬也被称为"现代火灾保险之父"。到了18世纪末，火灾保险在欧洲特别是英国、德国等国家，已经得到了很大的发展，如保险标的由不动产扩展到动产及其有关利益，承保风险由火灾扩大到各种自然灾害等，保险单的格式也走向规范化。同时，火灾保险在经营实践中还形成了一套成熟的经验，如费率的厘定趋向科学化并形成了差别费率制、防灾防损得到了保险人的重视、保险代办机构与联合保险的形式被应用到火灾保险领域等，从而为后来财产保险的健康发展奠定了深厚的基础。

火灾保险的产生与发展，标志着近代财产保险进入比较成熟的阶段。这一时期以海上保险与火灾保险共同发展为主。与财产保险的萌芽和产生阶段相比，以海上保险和火灾保险为代表的近代财产保险业务，不仅确定了财产保险的筹资和补偿原则，而且有专门的机构经营财产保险业务，财产保险业务经营走向专业化和规范化。

延伸阅读

基尔特制度

基尔特（Guild）制度是职业相同者基于互助精神组成团体以相互救济的制度。该制度起源于欧洲中世纪，为人寿保险的雏形。该制度创始之初，有商人基尔特与工人（手工基尔特两种。当团体中的会员患病或遭受火灾、盗窃等灾害时，团体其他成员共同出资予以救济。之后，英国在基尔特制度的基础上发展成立了"友爱社"，对相互救济事项的范围和成员交纳的社费等都有明确的规定。基尔特制度对以后人寿保险的产生和发展有重大影响。

黑瑞甫（Hrepps）制度和基尔特制度都是一种相互保险的制度。现代火灾保险的起源可追溯至 1118 年冰岛设立的"黑瑞甫社"。黑瑞甫制度是对火灾损失相互负责赔偿的制度。德国北部于 17 世纪曾盛行基尔特制度，成立了很多互助性质的火灾救灾协会，会员之间实行火灾相互救济。1676 年，46 个协会合并宣告成立了"汉堡火灾保险局"，开创了公营火灾保险的先河。

资料来源：郑祎华，梁涛. 财产保险[M]. 北京：清华大学出版社，2012.

（四）财产保险的壮大阶段

18 世纪以后，随着工业革命的开展，机器大生产开始取代手工劳动，物质财富日益增长，以承保工程风险与汽车风险为代表的财产保险业务开始出现并不断发展壮大，使财产保险由近代保险阶段进入现代保险阶段。这一阶段与近代保险阶段相比，主要发生了如下显著变化：一是相关保险公司大量出现，以股份公司形式组织的财产保险公司日益增加，表明了财产保险业务的经营主体走向现代化；二是承保范围急剧扩大，从只承保海上货物运输和建筑物的火灾扩大到承保一切财产物资和利益；三是保险责任迅速扩大，从只承保海上风险和火灾风险扩大到承保一切自然灾害、意外事故及社会风险、工程风险等；四是保险经营技术和经营手段走向科学化，如大数法则和计算机技术得到了广泛应用。因此，这一时期财产保险的传统业务，如海上保险、火灾保险获得了稳步发展，各种工程保险、汽车保险等的出现与迅速发展，加上保险经营技术的成熟，使得财产保险从近代保险阶段迈进现代保险阶段。

（五）财产保险的成熟阶段

从工程保险与汽车保险的出现到现阶段，财产保险获得了重大的、跳跃式的发展。19 世纪末到 20 世纪初期，各种责任保险的兴起标志着财产保险进入了成熟的发展阶段，也有人称责任保险的发展是整个保险业发展的第三阶段或最高阶段（财产保险阶段、人寿保险阶段、责任保险阶段）。它不仅使财产保险的业务结构由传统的单纯以财产为标的转向实体保险和非实体保险（如责任保险、信用保险等）并重，还使财产保险具有了与社会文明进步同步发展并为社会文明进步服务的功能。例如，19 世纪末产生、20 世纪以后迅速普及的雇主责任保险，就有效地保障了各国劳工的生命与生活权益；公众责任保险与产品责任保险的产生和发展有力地维护了消费者及公众的权益；尤其是汽车第三者责任保险等在许多国家由自愿保险变成强制保险，更使法律对公众利益的保护落到了实处。因此，责任保险的产生与发展不仅标志着法律制度的完善，而且推动着社会文明的发展进步。在 20 世纪中叶出现的科技保险业务，使现代财产保险成为现代科技发展的助推器，并获得了与现代科技同步发展的机会。

时代发展到今天，无论保险标的是物质财产还是法律风险和信用风险，人们都能够从财产保险中获得风险保障；无论是航天飞机的发射、深海石油的开发，还是长江三峡工程的建设、电子计算机技术的应用等，都能够找到保险的影子，财产保险已经成为整个社会经济发展和人们生活中不可缺少的组成部分。财产保险的影响并不局限于财产保险业本身，而是与整个社会、经济、科技的发展进步形成了密不可分的关系。

二、财产保险在国内的产生与发展

（一）1949年前财产保险的发展历程

1. 外商财产保险公司垄断时期

我国财产保险业起步较晚，是随着帝国主义国家的入侵而产生并逐步发展起来的，迄今已有200多年的历史。1805年，英国商人在我国广州开设了第一家外商财产保险公司——谏当保安行，这是外商在我国开设最早的保险公司，主要经营海上保险业务。继英国之后，美国、法国、德国、瑞士、日本等国的保险公司亦相继来华设立分公司或代理机构，经营财产保险业务，完全垄断了我国的财产保险市场。

2. 民族财产保险业的产生与发展

在外商财产保险公司对华扩张的同时，随着洋务运动的兴起，民族财产保险业得以产生并发展。1865年5月25日，上海华商义和公司保险行成立，这是我国第一家民族财产保险公司。它打破了外商财产保险公司对我国财产保险市场完全垄断的局面，标志着我国民族财产保险业的起步。1875年12月，李鸿章授意轮船招商局集资20万两白银在上海创办我国第一家规模较大的船舶保险公司——保险招商局。

其后，我国民族财产保险业得到了一定的发展。1865—1912年成立的保险公司约有35家，其中财产保险公司27家；1913—1925年成立的保险公司有39家，其中财产保险公司19家。1935年民营保险公司增至48家。

1935年10月至1943年，国民党相继成立了"中央信托局保险部""中国农业保险公司""太平洋保险公司""资源委员会保险事务所"。官僚资本保险公司为了瓜分财产保险业务、调和利益冲突，由上面的前3家保险公司再加上"中国保险公司"4家联合组成"四联盐运保险管理委员会"，办理盐运保险。

抗日战争胜利后，各官僚资本及民营保险公司将其总公司从重庆迁回上海，投资保险业务又发展起来。当时外商的财产保险承保能力和华商相比，火险方面外商为华商的10倍，水险方面外商为华商的50~60倍。据统计，到1949年5月，上海约有中外保险公司400家，其中华商保险公司只有126家。

1949年前，我国财产保险业的基本特征是财产保险市场基本被外商财产保险公司垄断，财产保险业起伏较大，未形成完整的市场体系和保险监管体系。外商财产保险公司通过组织洋商同业公会，垄断了保险规章、条款及费率等的制定。民族资本的财产保险公司虽也组织了华商同业公会，但由于力量弱小，只能处于被支配地位。

（二）1949年后财产保险的发展历程

1. 财产保险的开办与停办

1949年10月20日，中国人民保险公司正式成立，从此揭开了我国财产保险史上新的一页,这是中华人民共和国成立后设立的第一家全国性综合国有保险公司。至1952年年底,它已在全国设立了1300多个分支机构,开办了火灾保险、国家机关和国有企业财产强制保险、运输工具保险、农业保险、旅客意外伤害强制保险等20多种业务。

1958年10月,在西安召开的全国财贸会议上,决定停办国内保险业务,国外保险业务继续办理。

2. 国内财产保险的恢复

1979年,国家决定恢复国内保险业务,中国人民保险公司开始在全国设置部分分支机构,同时发展、壮大保险从业人员队伍。1980—1995年,我国的财产保险业务得到了持续的高速发展,其中最为显著的标志就是财产保险业的经营网点和从业人员数量迅速增加,新疆生产建设兵团农牧业生产保险公司、中国太平洋保险公司、中国平安保险公司等新的保险公司开始出现,财产保险业务收入每年均大幅度增加,人民的保险意识不断增强,财产保险日益成为人们在生产、生活中不可缺少的风险保障工具,并为我国财产保险业的进一步发展奠定了基础。

3. 财产保险的高速发展

1995年以后,随着《保险法》及相关配套法规的颁布与实施,财产保险与人身保险的分业经营成为法定规则,一批新的全国性或区域性财产保险公司进入财产保险市场参与竞争。随着我国经济社会的快速发展,财产保险市场出现了翻天覆地的变化,具体体现在以下几个方面。

(1)财产保险市场经营主体不断增加,竞争格局已经形成。

1980年国内保险业务恢复后至1985年,全国仅一家保险公司——中国人民保险公司,独家垄断经营财产保险业务。直到1986年新疆生产建设兵团农牧业生产保险公司成立、1991年中国太平洋保险公司成立、1992年平安保险公司由区域性保险公司改为中国平安保险公司后,才打破了财产保险业务被一家垄断的局面。

从1992年起,随着财产保险市场的改革开放,一批又一批的外商财产保险公司逐渐进入我国财产保险市场。截至2019年上半年,我国财产保险公司共有88家。其中,国内财产保险公司66家,外商财产保险公司22家,具体情况如表1-2所示。

表1-2 2007—2018年我国财产保险公司的数量

年份	2007	2008	2009	2010	2011	2012	2013	2014	2015	2016	2017	2018
数量	42	47	52	55	60	62	64	65	73	81	85	88

(2)财产保险保费(保险费)收入快速增长,整体实力不断增强。

财产保险业的繁荣主要源于我国国民经济的高速发展,而其发展速度又直接受制于整个经济环境的变化。除20世纪80年代初,刚恢复国内保险业务时,国内财产保险业务在保费收入基数处于较低水平的情况下出现快速增长的现象外,其发展状况与整个经济环境有着直接关系。2004年开始,我国财产保险保费收入突破1000亿元,达1089.9亿元,同比增长25.4%。2020年,我国财产保险保费收入达到11 929亿元,同比增长2.4%。

(3)财产保险经营险种日益丰富,服务领域逐步拓宽。

1980年,财产保险复业之初,国内开办的财产保险险种仅有企业财产保险、家庭财产保险、国内货物运输保险、国内船舶保险和汽车保险5种。在过去的30多年间，为了适应市场经济发展需要、满足人们日益扩大的保险需求，除提供各种传统的财产保险产品外，陆续开发推出了许多新的财产保险产品。2016年，原中国保险监督管理委员会颁布的《财产保险公司保险产品开发指引》第十一条规定："保险公司险种分为机动车辆保险、农业保险、企业财产保险、家庭财产保险、工程保险、责任保险、信用保险、保证保险、船舶保险、货物运输保险、特殊风险保险、意外伤害保险、短期健康保险及其他。"由此可见，财产保险的服务领域逐步拓宽，基本覆盖了国计民生的各个领域，发挥了其损失补偿、资金融通和稳定社会职能，成为政府进行社会管理强有力的辅助机制。

（4）财产保险市场全面对外开放，国际化倾向日益明显。

自改革开放以来，我国一方面允许外商财产保险公司进入国内财产保险市场；另一方面鼓励国内财产保险公司在国外经营财产保险业务。尤其自2001年"入世"和2004年全面开放以来，外商财产保险公司的市场份额明显增加，到2017年年底，在85家财产保险公司中，外商财产保险公司为22家。外商财产保险公司保费收入每年持续增长，2004—2018年年复合增长率高达26.4%，但是由于其绝对规模较小，市场份额未突破7%。

与此同时，国内财产保险公司的经营制度、经营方式、险种条款等也日益向国际惯例看齐，与国际接轨。国内财产保险市场与国际财产保险市场的交流与合作日益加强，如我国财产保险业务的发展既需要越来越多地利用国际再保险市场，也可以成为国际再保险市场的新生力量，财产保险的经营技术在国际的交流无疑会越来越密切。

4．保险科技助力财产保险业转型发展

随着互联网技术的蓬勃发展，"互联网+"概念在各个生产与服务领域得到了广泛运用，财产保险业也不例外。1997年，第一家保险网站"中国保险信息网"成为我国互联网财产保险的开端。2012年以来，互联网财产保险进入快速发展阶段，目前已形成了一定规模。互联网及保险科技对财产保险的经营主要体现在以下几个方面。

（1）互联网财产保险业务快速增长。

近年来，互联网财产保险因其购买便捷、产品丰富等特征，给保险消费者带来便利，从而得到快速发展。2012—2019年年底，我国经营互联网财产保险的公司从17家增长至70余家。2019年，我国互联网保险实现保费收入2696.3亿元，同比增长42.8%，远高出保险市场同期增长率近10个百分点。其中，互联网财产保险实现保费收入838.62亿元，同比增长20.6%。具有互联网基因、掌控流量，以及借力互联网平台、自建场景的财产保险公司在互联网财产保险业务上占据优势。小额、碎片化场景式退货运费险、航延险、航意险、账户资金安全险、意健险成为主力产品，而针对互联网生态主流年轻人群的百万医疗、小额消费贷款保证险成为近年爆款。

（2）保险科技渗透到财产保险业务流程中，提升保险经营效率。

由于人工智能、区块链、大数据等技术在财产保险业的渗透率持续提升，财产保险领域的科技应用和科技创新层出不穷，2017年被称为"保险科技的元年"。在保险科技高速发展的背景下，财产保险业正在通过保险科技改变现有的一些痛点，整个行业生态也在悄然变化。例如，车险事故现场查勘是车险线下理赔服务最基础的业务单元，而受实时路况、报案量集中度等不可控因素的影响，传统的车险事故现场查勘定损方式往往效率低下。现阶段，智能定损技术在财产保险理赔中得到了深度的应用，通过图像定损技术的应用，客户只需将车辆按要求拍照，系统便可自动识别车辆受损部位、是否为本次事故受损、受损程度、预计维修金额等。客户在上传受损车辆照片及相关材料后，便完成了理赔申请。定损理赔全过程在几分钟甚至几秒钟内即可完成，免去现场人工查勘的不便。又如，不少保险公司的用户App和微信公众号都已实现电子化自动理赔，为客户提供自助理赔、视频理赔、全程在线陪伴理赔、实时查询车辆维修与理赔进度的服务。此外，部分保险公司还推出智能理赔服务，无须人工介入，支持低风险、小额案件全流程自动作业，在出险后实现"闪赔"，大幅提升理赔服务效率。

从众多的实践中可以发现，我国的财产保险业已逐步将人工智能、区块链等创新技术应用于财产保险设计和开发、车险快速理赔、多元化和系统性服务等领域。随着技术深度赋能财产保险业，财产保险的市场结构逐渐优化转型，技术依赖度更高的非车险拥有着对于创新和技术更为包容的先天优势。

延伸阅读

财产保险业三年行动方案，描绘财产保险业发展的蓝图

经过精心的酝酿与公开意见征求，中国银行保险监督管理委员会（以下简称"银保监会"）于2020年8月正式发布《推动财产保险业高质量发展三年行动方案（2020—2022年）》（以下简称《行动方案》）。

《行动方案》共六部分。一是总体要求，包括指导思想、基本原则和总体目标。《行动方案》坚持回归风险保障、科技创新引领、全面深化改革开放、强化综合监管的基本原则，推动财产保险业实现平稳较快增长，保障水平、服务能力和资本实力进一步增强，形成结构合理、功能完备、治理科学、竞争有序的财产保险市场体系。二是推动行业向精细化、科技化、现代化转型发展，改进业态模式，深耕细分市场，推动服务创新，提升数字科技水平，完善公司治理体系。三是增强保险服务国民经济和社会民生的能力，引导财产保险公司服务国家重大战略实施，支持社会治理体系建设，保障国民经济产业发展。四是提升行业对外开放水平和国际影响力，落实金融业对外开放重大举措，支持财产保险公司"走出去"，加快再保险市场发展。五是形成聚焦高质量发展的监管政策和体制机制，从深入推进改革、防范化解风险、加强市场监管、补齐制度短板、提升监管质效等方面对未来三年的财产保险监管进行部署安排。六是抓好组织实施，要求强化各政府部门和各财产保险公司的主体责任，强化沟通与协调。

按照《行动方案》给出的总体目标，到2022年，财产保险业将保持平稳较快增长，保障水平、服务能力和资本实力进一步增强，基本实现财产保险公司偿付能力充足率均达标、风险综合评级均在B类以上，推动形成结构合理、功能完备、治理科学、竞争有序的财产保险市场体系。财产保险产品和服务向社会生产及生活各领域进一步渗透，覆盖面进一步扩大，成为公司风险管理、居民风险保障的重要手段，成为政府改进公共服务、加强社会治理的有效工具。

近年来，财产保险市场由高速增长向高质量发展转变，财产保险监管工作从功能监管向机构、功能监管并重转型,因此对财产保险市场发展加强顶层设计与整体规划、对监管工作进行谋篇布局更为必要和迫切。《行动方案》是银保监会成立以来首次对财产保险业的发展和监管出台的规划,具有重要的指导意义。

资料来源:根据金融界网站报道编辑整理。

专业能力训练

◇ 思考讨论

1. 简述财产保险的概念和特征。
2. 广义的财产保险主要包括哪些?
3. 财产保险包括哪些险种?
4. 简述财产保险的职能与作用。
5. 简述财产保险的发展历程。

◇ 综合实训

实训目的:通过资料查找和总结,了解我国财产保险市场的基本情况。

实训要求:

1. 多渠道收集资料,了解我国财产保险市场主体的基本情况,并填写"××××年我国财产保险公司保费收入排名表"(见表1-3)。

2. 选取一家财产保险公司,简单编写一份公司简介和现状分析资料,在课堂上进行分享。

背景资料:

表1-3 ××××年我国财产保险公司保费收入排名表

排名	公司名称	保费收入	备注
1			
2			
3			
4			
5			
6			
7			
8			
9			
10			

项目二 财产保险合同业务处理

学习目标

知识目标
- 掌握财产保险合同的概念，理解财产保险合同的特征
- 掌握财产保险合同的形式
- 掌握财产保险合同的构成要素
- 熟悉财产保险合同的订立和履行
- 掌握财产保险合同的解释原则与争议处理

技能目标
- 能辨析财产保险合同与一般商业合同
- 能进行财产保险合同的业务处理
- 能正确运用解释原则处理财产保险合同的争议

关键术语

财产保险合同　保险标的　保险金额　保险责任　保险经营原则

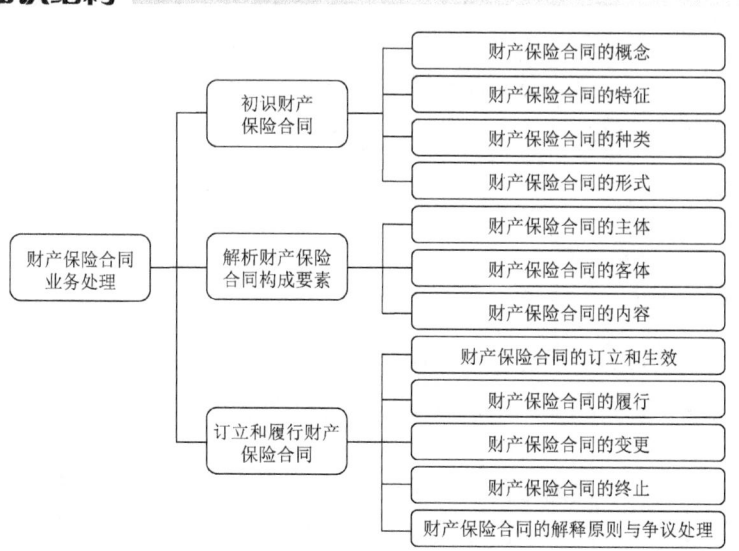

知识结构

财产保险合同业务处理
- 初识财产保险合同
  - 财产保险合同的概念
  - 财产保险合同的特征
  - 财产保险合同的种类
  - 财产保险合同的形式
- 解析财产保险合同构成要素
  - 财产保险合同的主体
  - 财产保险合同的客体
  - 财产保险合同的内容
- 订立和履行财产保险合同
  - 财产保险合同的订立和生效
  - 财产保险合同的履行
  - 财产保险合同的变更
  - 财产保险合同的终止
  - 财产保险合同的解释原则与争议处理

案例导入

某年9月30日，张某将其名下车牌号为冀DM58××的小轿车向某保险公司投保保险。同年10月11日，张某将冀DM58××号的小轿车卖于李某，并于当日办理了该车辆的过户登记手续，登记车主变更为李某，车牌号变更为冀D2×××T。张某与李某在办理该车过户登记及车牌号变更手续时，未通知保险公司，且未到保险公司办理保险变更手续，投保人仍为张某。同年11月16日，李某驾驶该车发生交通事故。事故发生后，李某及时通知了保险公司，要求保险公司给付保险金，但保险公司拒绝理赔而形成诉讼。

法院认为张某将小轿车过户给李某，使保险标的的所有权关系发生了转移，受让人李某承继了保险合同的相关权利和义务。虽然李某将车牌号进行了变更，且未履行通知义务，但李某没有改变车辆的使用性质，李某作为适格的驾驶人，未导致保险标的危险程度显著增加，因此未对保险合同造成实质的影响。李某在保险期间发生保险事故，保险合同并未终止，保险公司仍应当向受让人李某承担赔偿责任。

通过以上案例，我们再次认识到财产保险合同及其基本原则。那么，什么是财产保险合同？它有哪些基本要素？需要遵循哪些基本原则？这正是本项目要研究的内容。

资料来源：根据中国法制出版社《中国法院2019年度案例·保险纠纷》编辑整理。

合同是商品交换在法律上的表现形式，财产保险市场同样遵循商品交换的一般规律。在财产保险活动中，投保人和保险人之间的权利义务关系，主要围绕财产保险合同。

任务一　初识财产保险合同

任务情景

客户张先生想买一份家庭财产保险，看了保险条款后，张先生发现条款中规定金银、首饰、珠宝等不予承保。张先生对此感到非常不理解，也觉得很难接受。

财产保险合同为何不考虑每个家庭的实际需求？他如果想要将这些纳入保险标的的范围，有什么办法和要求呢？

知识探究

一、财产保险合同的概念

财产保险合同是以财产及其有关利益为保险标的的保险合同，是投保人向保险人交纳保险费，在保险事故发生造成所保财产及其有关利益损失时，保险人在保险责任范围内承担赔偿责任的协议。

财产保险合同作为保险双方法律关系的凭证，是规范保险双方行为的直接依据。财产保险活动的全过程，实际上就是保险双方订立、履行财产保险合同的过程。

财产保险合同订立、履行的法律依据，主要是《保险法》《中华人民共和国民法典》（以下简称《民法典》）中有关合同的一般规范及对财产保险合同的专门规范。海上保险合同由《中华人民共和国海商法》（以下简称《海商法》）进行规范，该法中未规范的才适用《保险法》等法律。

二、财产保险合同的特征

财产保险合同是合同的一种，具有一般民商事合同的共性，即合同当事人必须具有相应的民事行为能力、合同订立时双方当事人必须具有意思表示一致的法律行为、合同形式和内容必须合法。与此同时，由于财产保险活动的特殊性，财产保险合同还有其自身特征。

（一）财产保险合同是射幸合同

所谓"射幸"，即"侥幸，碰运气"。射幸合同是指在合同订立时当事人的给付义务尚未确定的合同。在射幸合同中，当事人付出代价所获得的只是一个机会，其最终的结果可能是"一本万利"，也可能是"一无所获"。

财产保险合同是一种典型的射幸合同，在订立合同时，投保人一方交付保险费后，保险人是否履行赔偿或给付保险金的义务，取决于约定的保险事故是否发生；在保险期间内如果保险标的发生损失，投保人可以从保险人那里得到远远超出其所支付的保险费的赔偿；反之，如果无保险事故发生，则投保人只付保险费而无任何收入。

需要指出的是，所谓财产保险合同的射幸性特点是就单个合同而言的。从保险人在一定时期内全部承保的合同来看，保险费的收取与保险赔偿的关系以尽可能精确的数理计算为基础，理论上收入与支出保持平衡。因此，从承保的同类合同总体和长期来看，财产保险合同不存在射幸性问题。

（二）财产保险合同是双务合同

双务合同是指合同当事人相互享有权利、承担义务的合同。财产保险合同的被保险人在保险事故发生时，依据财产保险合同享有请求保险人支付保险金或补偿损失的权利，投保人则承担支付保险费的义务；保险人享有收取保险费的权利，承担约定事故发生时给付保险金或补偿被保险人损失的义务。

（三）财产保险合同是附和合同

一般民商事合同是经双方当事人自愿协商在意思表示一致的基础上产生的。附和合同又称标准合同或格式合同，是指合同的条款事先由当事人的一方拟定，另一方只有接受或不接受该条款的选择，但不能就该条款进行修改或变更的合同。在财产保险合同中，作为主要内容的保险条款是由保险人事先拟定好的，并逐渐出现了定型化和标准化的趋势，少数业务即使允许投保人在投保时与保险人磋商有关保险内容，但保险关系的最终建立一般仍取决于保险人的意思表示，这就是财产保险合同的附和性。

（四）财产保险合同是有偿合同

有偿合同是指因为享有一定权利而必须偿付一定对价的合同。财产保险合同以投保人支付保险费为对价换取保险人对风险的保障。投保人与保险人的对价是相互的，投保人的对价是向保险人支付保险费，保险人的对价是承保投保人转移的风险。

（五）财产保险合同是最大诚信合同

任何合同的订立和履行都应当遵守诚实信用的原则。财产保险合同较一般合同对当事人的诚实信用有更严格的要求，故称其为最大诚信合同。一方面，投保人在订立合同时，应将保险人的询问及有关保险标的情况如实告知保险人，在保险标的的风险增加时通知保险人，并履行对保险标的的过去情况、未来事项与保险人约定的义务；另一方面，保险人在订立合同时，应向投保人说明合同的内容，在约定的保险事故发生时，履行赔偿或给付保险金的义务。

（六）财产保险合同是损失补偿合同

财产保险合同中保险人承保的是财产及其有关利益，保险人对保险事故造成的被保险人的财产损失承担补偿责任，这是财产保险合同在合同性质方面与人身保险合同及其他民商事合同的重要区别。

三、财产保险合同的种类

（一）按保险价值在订立保险合同时是否约定来划分

根据保险价值在订立保险合同时是否约定，财产保险合同可分为定值保险合同和不定值保险合同。

（1）定值保险合同是指合同当事人对保险标的的保险价值进行事先约定，并在合同中载明作为保险金额的保险合同。无论保险标的的实际价值在发生保险事故时是多少，仅以合同约定的保险价值作为计算保险金的依据。定值保险合同多用于以字画、古玩、贵重皮毛或货物运输的标的物等为保险标的的财产保险中。因为这类财产的价格变动较大，如果事先确定了保险价值，在保险事故发生后就不用再对保险标的重新估价，从而简化了理赔手续，同时减少了由于保险人和被保险人对保险标的的估值不同而产生的纠纷。

（2）不定值保险合同是指合同当事人不事先约定保险标的的保险价值，只约定保险金额，在保险事故发生后再估算保险标的的保险价值、确定损失的保险合同。财产保险多采用不定值保险合同。一般财产损失主要以赔偿实际损失为原则，所以不定值保险合同以保险标的的实际价值为确定损失额的依据，一般以保险事故发生时当地的市场价格来判定保险标的的实际价值。

（二）按保险金额与保险价值的关系来划分

根据保险金额与保险价值的关系不同，财产保险合同可以分为足额保险合同、不足额保险合同和超额保险合同。

（1）足额保险合同是指保险金额与保险价值相等的保险合同。在足额保险合同中，当保险事故的发生造成保险标的的全部损失时，保险人须对被保险人进行全部赔偿；当保险标的只是部分受损时，保险人则按实际损失确定保险金的数额。

（2）不足额保险合同是指保险金额小于保险价值的保险合同。产生不足额保险的原因是投保人仅对保险标的的部分价值进行投保，或者对保险标的的保险价值估计不准确，或者在签订合同后，保险标的的市场价格上涨。由于不足额保险合同中所规定的保险金额小于保险价值，即保险标的并不是全部投保，因此被保险人在遭受保险责任范围内的损失后只能得到部分补偿。

（3）超额保险合同是指保险金额大于保险价值的保险合同。一般来说，产生超额保险的原因主要有：过高地估计了保险标的的保险价值；投保人希望在保险事故发生后获得多于实际损失的赔偿；经保险人允许，按照保险标的的重置成本投保；在合同订立后，因保险标的的市场价格下降，导致保险事故发生时的保险金额超过保险价值。法律一般规定，超额保险合同中保险金额超过保险价值的部分无效，在保险事故发生前，投保人可以请求保险人返还无效部分的保险费。

（三）按保险人所承保的风险责任来划分

根据保险人所承保的风险责任不同，财产保险合同可以分为单一风险保险合同、综合风险保险合同和一切险保险合同。

（1）单一风险保险合同是指保险人仅承保一种风险的保险合同。例如，农作物雹灾保险合同，只负责赔偿冰雹造成的农作物损失；企业或家庭财产保险中的地震保险合同，只负责赔偿地震这一种风险造成的损失。

（2）综合风险保险合同是指保险人承保两种或两种以上特定风险的保险合同。这种合同必须把承保的风险一一列举，只要损失是由于所承保的风险造成的，保险人就要承担赔偿责任，如企业财产保险基本险和综合险合同。

（3）一切险保险合同是指保险人承保除"除外责任"外的一切风险的保险合同。一切险保险合同一般不在保险条款中列明所承保的风险，而是以"除外责任"来确定不承保的风险，并以此界定承保风险的范围。

（四）按保险合同所保障的保险标的是否分类来划分

根据保险合同所保障的保险标的是否分类，财产保险合同可以分为特定式保险合同、总括式保险合同、流动式保险合同和预约式保险合同。

（1）特定式保险合同又称分项式保险合同，是指保险人对所承保的同一地点、同一所有人的各项财产，均逐项列明保险金额，发生损失时对各项财产在各自的保险金额限度内承担赔偿责任的保险合同。

（2）总括式保险合同是指保险标的不明确记载于合同中，仅有一定的范围，以此来确定保险人责任范围的保险合同。在这种合同中，所有性质不同但属于标准范围内的标的物均视为整体看待，任何一个标的物受到损失，保险人都承担责任。

（3）流动式保险合同又称报告式保险合同，它通常不规定保险金额而只预先约定一个保险人所承担的最高赔偿金额。保险人按约定的办法预收并结算保险费，投保人定期向保险人报告其财产的实际价值，只要其报告属实，在发生保险事故造成损失时，保险人就在约定的责任限额内予以赔偿。这种合同适合财产流动性较大的单位，如大型的周转型仓储业。

（4）预约式保险合同又称开口式保险合同，是指保险人与投保人之间就一定的义务范围签订的无限期的保险合同，在合同中约定保险责任范围、保险财产范围、保险费结算办法及每一风险单位或每一地点的保险金额。在预约式保险合同有限期内，投保人须就每笔业务向保险人及时进行书面申报，凡属合同约定范围内的保险标的均自动承保。这种保险合同较多地运用于货物运输保险，可有效地减少财产经常变动办理批改手续的麻烦。

（五）按多份保险合同的从属关系来划分

根据多份保险合同的从属关系不同，财产保险合同可以分为主险合同和附加险合同。

（1）主险合同是指就可单独投保的险种而形成的保险合同，如机动车辆损失保险合同、普通家庭财产保险合同等。

（2）附加险合同是指须依附在主险合同或基本险合同之上，其成立须以主险合同或基本险合同的成立为条件的保险合同。例如，玻璃单独破碎保险合同只有依附在机动车辆损失保险合同之上才能成立。

（六）按风险转嫁层次来划分

根据风险转嫁层次不同，财产保险合同可以分为原保险合同和再保险合同。

（1）原保险合同是指投保人与保险人签订的保险合同。原保险合同保障的对象是被保险人的经济利益。被保险人将风险转嫁给保险人，由保险人承担其遭受的损失。该合同是风险的第一次转嫁。

（2）再保险合同是指以原保险合同为基础，由原保险人与再保险人签订的，将原保险人承担的风险责任部分或全部转嫁给再保险人的保险合同。它是风险的第二次转嫁。

四、财产保险合同的形式

在长期的财产保险实践活动中，财产保险合同主要采取书面形式，体现为保险单证。财产保险合同的书面形式主要有以下几种。

（一）投保单

投保单又称投保书，是投保人向保险人申请订立财产保险合同的书面要约。投保单由保险人准备，通常有统一的格式，投保人依照保险人所列项目逐一填写。项目主要包括投保人或被保险人姓名（或单位名称）和地址、保险标的及其坐落地址、投保险别、保险金额、保险期限、费率等。

在投保单中，投保人要向保险人如实告知投保风险的程度或状态等有关事项，这叫"声明"事项。"声明"事项通常是保险人核实情况、决定承保与否的依据。例如，在财产保险合同中，投保人需要如实填写保险财产的所在地、内外部环境、营业性质、消防设备等情况，上述信息对于保险人估计风险、决定是否接受投保，是非常重要的。

投保单本身并非正式合同文本，但投保人在投保单中所填写的内容会影响到合同的效力。如果投保单上有记载，保险单上即使有遗漏，其效力也与记载在保险单上是一样的；如果投保人在投保单中告知不实，在保险单上又没有修正，则保险人可以以投保人未遵循合同的诚信原则为由，在规定的期限内宣布合同无效。

财产保险基本险投保单如表 2-1 所示。

> 注意：请认真阅读所附条款
>   如实详细填写投保单

表 2-1　财产保险基本险投保单

投保人：　　　　　　　　　　　　　　　　投保单号码：

	投保标的项目	以何种价值投保	保险金额（元）	费率（‰）	保险费（元）
基本险					
	特约保险标的				

总保险金额（大写）　　　　　　　　　（小写）

附加险					

总保险费（大写）　　　　　　　　　（小写）

保险期限：自　　年　　月　　日 0 时起至　　年　　月　　日 24 时止

有无就本标的向其他保险公司投保相同保险

特别约定	

投保人兹声明上述所填内容（包括标的明细表及风险情况问询表）属实，同意将本投保单作为订立财产保险合同的依据；对贵公司就财产保险基本险条款及附加险条款（包括责任免除部分）的内容及说明已经了解；同意从保险单签发之日起财产保险合同成立，发生保险事故时，投保人未按约定交付保险费，保险公司不负赔偿责任。

地址：　　　　　　　　　　　开户银行：
电话：　　　　　　　　　　　银行账号：
联系人：　　　　　　　　　　行业：
邮政编码：　　　　　　　　　所有制：
标的坐落地址：　　　　　　　占用性质：
　　　　　共　　　个地址　　　　　　　　　　　投保人（签章）
　　　　　　　　　　　　　　　　　　　　　　　　年　月　日

经（副）理：　　会计：　　复核：　　制单：

（二）暂保单

暂保单是保险单或保险凭证未出立之前保险人或保险代理人向投保人签发的临时凭证，又称临时保险单。其内容主要有：保险标的、保险单以外的特别保险条款等已商定的重要项目。暂保单在保险单签发前与保险单具有相同的法律效力，但暂保单的有效期较短，大多数由保险人具体规定，一般为30天。当正式保险单交付后，暂保单即自动失效。保险人亦可在正式保险单发出前终止暂保单效力，但必须提前通知投保人。

×××保险公司机动车辆提车暂保单如表2-2所示。

表2-2　×××保险公司机动车辆提车暂保单

×××保险公司按照背面所载条款的规定，在本暂保单有效期内，承保下述被保险人所列机动车辆，特立本暂保单。

被保险人：　　　　　　　单位：元　　　　　　　暂保单号码：

序号	厂牌型号	临时号牌（移动证号码）	发动机号	车辆类型		车辆购置价	购车发票号	保险费
				6座以下（不含）客车	其他			

保险期限：20天，自　　年　　月　　日0时起至　　年　　月　　日24时止		
总保险金额：	总保险费：	车辆总数：　　辆
行车路线：自　　　　经　　　　至		×××保险公司×××分公司×××代理点
特别约定： 1．本暂保单仅承保机动车辆损失保险和第三者责任保险，不承保盗抢险。承保责任及责任免除等事项，以中国人民银行颁发的机动车辆保险条款为准；第三者责任保险的最高赔偿金额为10万元。 2．在本暂保单保险期限内，无有效移动证，或不按规定路线行驶，保险公司不承担保险责任。 3．索赔时应交验购车发票正本、移动证正本。		签单日期： 签章：
注意： 1．收到本暂保单后，请即核对，如有错误，立即通知本公司。 2．收到本暂保单后，请详细阅读背面条款。 3．在获得车辆牌照后，请尽快到注册地的任何一家×××保险公司办理正式保险单。 4．机动车辆出险后，必须在48小时内凭本暂保单向本公司报案。 （报案电话：　　　　）		被保险人地址： 联系人： 电话： 邮政编码： 开户银行： 银行账号：
经（副）理：　　会计：　　复核：　　制单：　　承办：		
电话：　　出单点地址：　　邮政编码：　　传真：		

（三）保险单

保险单简称保单，是合同当事人正式订立财产保险合同的书面文件。保险单主要根据投保人的申请,由保险人签发给投保人。保险单上完整地记载了合同双方当事人的权利和义务。它是被保险人在保险标的因保险事故的发生而产生损失时向保险人索赔的依据和凭证,也是财产保险合同最为主要的形式。

财产保险综合险保险单(正本)如表2-3所示。

表2-3 财产保险综合险保险单(正本)

保险单号码:

鉴于×××(以下称被保险人)已向本公司投保财产保险综合险及×××附加险,并按本保险条款约定交纳保险费,本公司特签发保险单并同意依照财产保险综合险条款和附加险条款及特别约定条款承担被保险人下列标的的保险责任。

	投保标的项目	以何种价值投保	保险金额(元)	费率(‰)	保险费(元)
综合险					
	特约保险标的				
总保险金额(大写)		(小写)			
附加险					

总保险费(大写)　　　　　　　　　(小写)

保险期限:自　年　月　日0时起至　年　月　日24时止

特别约定:

被保险人地址:
被保险人电话:
邮政编码:
行业:
所有制:
占用性质:
标的坐落地址:　　　　　　　　　　　　　　　　×××保险公司(盖章)
　　共　　　个地址　　　　　　　　　　　　　　　年　月　日

经(副)理:　　　会计:　　　复核:　　　制单:

(四) 保险凭证

保险凭证简称保险证，俗称小保单，是保险人签发给被保险人的承保凭证，实际上是简化了的保险单。保险凭证中只记载投保人和保险人约定的主要内容，如保险金额、费率、保险费等，但其法律效力与保险单相同。凡是保险凭证上没有载明的内容，以同种类的正式保险单所载内容为准，如果正式保险单与保险凭证的内容有冲突或保险凭证另有特定条款时，则以保险凭证为准。

为了便于双方履行合同，这种在保险单之外单独签发的保险凭证主要在以下几种情况下使用。

（1）在团体保险单中一般需要给每个被保险人签发一张单独的保险凭证，以便被保险人索赔。

（2）在货物运输保险订有流动保险单或预约保险单的情况下，需要对每笔货运签发单独的保险凭证，以便其随着货物转让。

（3）为了便于交强险的被保险人随身携带以供有关部门检查，保险人出具的交强险便携式保险标志也是一种保险凭证。

国内水路、铁路货物运输保险凭证如表2-4所示。

表2-4 国内水路、铁路货物运输保险凭证

运简 NO.（　　）

本公司依照国内水路、铁路货物运输保险条款，对下列货物承保货物运输保险：

被保险人：　　　　　　　　　　　　　　投保人：

货票号码	货物名称	数量	保险金额（元）	费率（‰）	保险费（元）	目的地
本保险凭证承保基本险、综合险				运输方式		
备注：				火车　　　　船舶		
^				联运（火车、汽车、船舶、飞机）		

如遇出险，请凭本凭证及有关单证向当地保险公司联系。

注意：收到保险单后请核对
　　　如有错误应通知更正

×××保险公司（盖章）
年　月　日

（五）批单

批单又称背书，是保险双方当事人协商修改和变更保险单内容的一种单证，是财产保险合同变更时最常用的书面单证。批单通常在以下情况下使用：一是对已经印制好的标准保险单进行部分修正，如缩小或扩大保险责任范围；二是在财产保险合同订立后的有效期内更改和调整某些保险项目。投保人需要更改合同内容时，要向保险人提出申请，保险人

同意后出立批单。批单可以在原保险单或保险凭证上批注（背书），也可以另外出立一张变更合同内容的附贴便条。凡经过批改的内容，以批单为准；多次批改的，应以最后批改的内容为准。批单一经签发，就自动成为财产保险合同的重要组成部分。

财产保险综合险批单（正本）如表2-5所示。

表2-5　财产保险综合险批单（正本）

保险单号码：	批单号码：
被保险人：	批改日期：
批文：	
	保险公司（盖章） 年　月　日

任务二　解析财产保险合同构成要素

任务情景

张某以分期付款的方式向某汽车金融公司贷款购买了一辆货车进行自主经营，并向某保险公司投保机动车辆损失保险和第三者责任保险等，保险单中约定该货车行驶证载明的货车所有人张某为被保险人，保险单特别约定栏中第一受益人为某汽车金融公司。后该投保车辆发生事故，张某和某汽车金融公司均向保险公司索赔。

请分析，保险公司是否应承担赔偿责任？《保险法》中关于财产保险受益人是怎么规定的？

知识探究

一、财产保险合同的主体

财产保险合同的主体是财产保险合同订立、履行过程中的参与者，也就是根据财产保险合同的约定，享有相关权利并承担相应义务的人，具体包括当事人、关系人和辅助人。

（一）财产保险合同的当事人

1. 保险人

保险人又称承保人，是指按照财产保险合同的约定向投保人收取保险费，并于保险事故发生或约定的期限届满时，承担赔偿或给付保险金责任的组织或个人。《保险法》第十条规定："保险人是指与投保人订立保险合同，并按照合同约定承担赔偿或者给付保险金责任的保险公司。"

2. 投保人

投保人又称要保人，是指向保险人申请订立财产保险合同，并按照合同约定负担交纳保险费义务的组织或个人。投保人是财产保险合同的一方当事人，可以是自然人，也可以是法人。投保人必须符合以下3个条件。

（1）投保人必须具有法律规定的行为能力。

（2）投保人对保险标的必须具有保险利益。

（3）投保人必须具有交纳保险费的能力。

（二）财产保险合同的关系人

财产保险合同的关系人主要指被保险人。被保险人是指其财产或利益受财产保险合同保障，享有保险金请求权的人。财产保险合同中的投保人与被保险人往往是同一人，但也有并非同一人的情况，如企业为每位职工投保家庭财产保险。

延伸阅读

财产保险中的受益人

《保险法》第十八条规定："受益人是指人身保险合同中由被保险人或者投保人指定的享有保险金请求权的人。投保人、被保险人可以为受益人。"由此可见，受益人的概念为人身保险合同中的特定概念，基于投保人或被保险人的指定，享有保险金请求权。

但是在实践中，部分财产保险的保险单以"特别约定"的形式指定了受益人。从约定的原因来看，财产保险的保险单约定"受益人"主要有两种情况：一是投保人投保的财产系从金融机构融资购买，金融机构要求借款人购买保险并指定其为受益人，以确保自身利益得到保障，如在车辆抵押贷款情形下车主以贷款银行或车贷公司为受益人办理的保险；二是投保财产的名义主体和实际主体不一致，以名义主体为被保险人，以实际主体为受益人，如车辆登记证书显示的车主和实际车主不一致时，保险单显示的被保险人为车辆登记证书显示的车主，受益人为实际车主，或者挂靠车辆将所挂靠车队约定为受益人。

从承保理赔流程上看，以银行、车贷公司等为受益人的保险单，其业务多由受益人直接发起，投保人交纳保险费后由保险人承保。发生保险事故后，除部分机动车辆保险约定小额赔款（因承保公司、保险标的不同而有所差别，多为2000～20 000元）可直接向被保险人赔付外，其余险种均约定未经受益人授权，保险人不得直接向被保险人赔付。融资机构在整个保险业务流程中居于主导地位。

财产保险合同中关于受益人的约定是否有效，法律没有明确的规定，目前司法实践主要有两种截然不同的处理方式：一是认定受益人约定有效，受益人享有保险金请求权，被保险人或投保人在主张保险赔偿前，必须经第一受益人书面授权同意；二是认定受益人约定无效，理由是财产保险的保险标的为财产及其有关利益，可以与被保险人人身分离，约定受益人无必要。

资料来源：根据《中国银行保险报》相关报道编辑整理。

（三）财产保险合同的辅助人

1. 保险代理人

保险代理人一般代理保险展业、接受业务、出立暂保单、收取保险费等业务，有的还代理检验损失或理算赔案等业务。

2. 保险经纪人

一般情况下，保险经纪人可向投保人提供保险专业方面的业务咨询，为投保人选择保险人和设计最佳保险保障方案，并可以代其与保险人接洽订立合同。这时，保险经纪人向保险人收取佣金。如果保险经纪人还为被保险人代办索赔、取证等事宜，则由被保险人支付手续费。

3. 保险公估人

保险公估人是接受保险当事人的委托，为其办理保险标的的勘查、鉴定、估价和保险赔偿的清算等业务并予以证明的人。

二、财产保险合同的客体

财产保险合同的客体是指财产保险合同主体的权利和义务共同所指向的对象。财产保险合同保障的不是保险标的本身的安全，合同的订立不能保证保险标的不发生危险、不产生损失，但是能保证投保人的经济利益不因保险事故的发生而受损。因此，财产保险合同的客体不是保险标的，而是投保人对保险标的的保险利益。各类财产保险的保险利益因承保的保险标的不同而不同。

三、财产保险合同的内容

（一）财产保险合同的主要条款

财产保险合同的条款是规定保险人与被保险人之间基本权利与义务的条文，一般由保险人事先在保险单上印好。财产保险合同的主要条款有以下几种。

1. 基本条款

基本条款是关于合同当事人和关系人权利与义务的基本事项，即财产保险合同的法定记载事项，主要包括保险人与被保险人的基本权利与义务及赔偿处理等内容。

2. 附加条款

附加条款是保险人为满足投保人或被保险人的特殊需要，在财产保险合同基本条款的基础上增加一些补充内容，以扩大或限制承保的责任范围的条款。附加条款是对基本条款的变更和补充，其效力优于基本条款。

3. 保证条款

保证条款是保险人要求被保险人在合同有效期内应予以遵守的规定。被保险人必须严格遵守这些规定，否则保险人有权解除合同甚至拒绝承担保险责任。

4. 限制责任条款

限制责任条款是保险人在承保一般保险责任时，针对某种保险标的的特殊情况，做出特殊限制责任的规定。例如，某些国家规定，建筑物未占用达 60 天以上，保险人可终止合同或拒绝承担保险责任。

5. 特别说明条款

特别说明条款是一种对特殊情况进行特别说明的条款。例如，投保人在投保银行抵押品时，要指定银行为优先受益人，须附加特别说明条款。

（二）财产保险合同的主要内容

根据《保险法》的规定，财产保险合同应当包括下列事项。

1．保险人的名称和住所

明确保险人的名称和住所是履行财产保险合同的前提条件。保险人以法人形式存在，其名称和住所必须以工商管理部门登记注册的相应项目为准。

2．投保人、被保险人的姓名或名称、住所

明确投保人、被保险人的姓名或名称、住所是履行财产保险合同的必要条件。法人的名称和住所必须以工商管理部门登记注册的相应项目为准，自然人的姓名和住所以本人身份证明和有法律效力的居住证明文件为准。

与一般财产保险合同不同的是，在货物运输保险中，保险单可采用指示或无记名式的形式。指示保险单除记载投保人姓名外还有"或其指定人"的字样，可由投保人背书转让；无记名式保险单则不必记载投保人姓名，可随被保险货物的转移同时转让给第三人。

3．保险标的

保险标的是保险利益的载体，是财产保险合同所要保障的具体对象。在财产保险合同中，保险标的是各种财产及其有关利益。保险标的不同，保险种类及合同性质也会有所不同。因此，在财产保险合同中，应详细记载保险标的的状况、性能、坐落地址等，以便保险人判断保险类型、确定保险金额等。

4．保险责任和责任免除

保险责任是财产保险合同中载明的保险事故发生后保险人所应承担的经济赔偿或给付责任，其具体规定了保险人所承担的风险范围。

责任免除是明确保险人不承保的风险及不承担赔偿责任的范围的条款，是对保险人风险责任的限制。《保险法》第十七条规定："对保险合同中免除保险人责任的条款，保险人在订立合同时应当在投保单、保险单或者其他保险凭证上作出足以引起投保人注意的提示，并对该条款的内容以书面或者口头形式向投保人作出明确说明；未作提示或者明确说明的，该条款不产生效力。"

5．保险期间和保险责任开始时间

保险期限是财产保险合同的有效期限，也就是财产保险合同从开始生效到终止的期间。这一期间称为保险期间。保险期限的确定通常有两种方式：一种是按公历时间确定保险期限，一般是一年，也可以短于一年；另一种是以某一事件的自然发生过程为保险期限，如货物运输保险主要按航程计算、工程保险主要按工期计算。

保险责任开始时间是保险人开始履行保险责任的时间，一般由当事人约定并在合同中载明。在保险实务中，普遍实行"零时起保制"，即双方约定以起保日的 0 时为保险责任开始时间，以合同期满日的 24 时为保险责任终止时间。如果按某一事件的始末计算，则按各自方式确定，如货物运输保险主要按"仓至仓"条款执行，其保险责任以被保险货物运离保险单所载明的起运港发货人的最后一个仓库或储存场所开始，到被保险货物运抵保险单所载明的目的港收货人第一个仓库或储存场所为止。

6. 保险金额

保险金额是投保人和保险人约定并在财产保险合同中载明，在发生保险事故时保险人承担赔偿或给付保险金责任的最高限额。保险金额不得超过保险价值。保险金额既是保险人计算保险费的基础，也是保险人计算财产损失补偿额的依据。各种财产保险因其性质不同、承保方式不同，其保险金额的确定方式也不同，故每种财产保险，都在其保险基本条款中规定确定保险金额的方式。

7. 保险费及支付办法

保险费是投保人或被保险人为获得保险保障而支付给保险人的代价。保险费一般按保险金额和费率的乘积计算，也可以按规定的金额收取。例如，在公众责任保险中，有时不按费率计算，而是收取一笔固定的数额作为保险费。

不同的财产保险，保险费的支付方式也不同，具体由保险双方当事人在合同中约定。通常要求投保人在投保时一次性付清，当然也可以经保险人同意后分期支付。

8. 保险金的赔偿或给付办法

保险金是财产保险合同约定的保险事故发生致使被保险人遭受损失时或保险期限届满时，保险人所应当赔偿或给付的款项。

不同的保险合同，保险金的赔偿或给付办法有所区别。在财产保险合同中，一般按规定的赔偿方式计算保险金。保险金原则上应以货币形式赔偿或给付，但在财产保险的个别险种中（如汽车保险），也可采用修复、换置零部件等形式代替货币赔付。

9. 违约责任和争议处理

违约责任是合同当事人由于自己的过错造成合同不能履行或不能完全履行时，按照法律规定或合同的约定所应承担的法律后果。

争议处理是在财产保险合同履行过程中发生争议时的解决方式和途径，主要有协商、仲裁和诉讼。

10. 订立合同的年、月、日。

订立合同的年、月、日，通常指合同的订约时间。

任务三　订立和履行财产保险合同

任务情景

某房主将其所有的用于居住的房屋向保险公司投保了财产保险，保险期限为 2018 年 5 月 1 日 0 时至 2019 年 4 月 30 日 24 时。2018 年 7 月，投保人将其房屋用于制作加工烟花的小作坊，且没有通知保险公司。房屋不幸于 7 月 15 日因发生火灾而被全部烧毁。保险公司接到报案后，发现投保人将房屋由投保时的居住改为制作烟花，风险明显增加，而投保人既未向保险公司申报又未增加保险费，没有履行如实告知义务，因此保险公司没有承担赔偿责任。

你认为保险公司的做法对吗？财产保险合同的成立需要经过哪些程序？成立后双方当事人又需要履行哪些义务呢？

知识探究

一、财产保险合同的订立和生效

(一)财产保险合同的订立

财产保险合同的订立是投保人与保险人在意思表示一致的情况下,约定保险权利与义务关系的过程。财产保险合同的订立需要经过要约和承诺两个阶段。

1. 要约

要约也称投保或要保,是指投保人向保险人提出明确的订立财产保险合同的意思表示,即提出保险要求。要约应具备两个要件:一是内容具体确定;二是表明经受要约人承诺,要约人即受该意思表示约束。

《保险法》第十三条规定:"投保人提出保险要求,经保险人同意承保,保险合同成立。保险人应当及时向投保人签发保险单或者其他保险凭证。"由此可见,在签订财产保险合同的过程中,要约是由投保人提出的。

在实务中,保险人为了招揽业务,通过业务员或保险代理人向客户发放各种宣传材料,这种行为不能看成是保险人做出的要约行为,而是要约邀请,即保险人邀请投保人向其提出保险要求。只有在投保人提出投保申请,填好投保单,并交给保险人或其代理人后才构成要约。

2. 承诺

承诺也称接受订约提议,是指受要约人同意要约人的意思表示。做出承诺的人即为承诺人或受要约人。合同当事人的一方已经做出承诺,合同即告成立。承诺需满足下列条件:第一,承诺不能附带任何条件;第二,承诺须由承诺人本人或其合法代理人做出;第三,承诺须在要约的有效期内做出。若受要约人对要约不能完全赞同,只能部分同意或附有条件接受的,则视为拒绝。此时,受要约人可以提出新要约,由原要约人选择承诺。

财产保险合同的承诺叫作承保,由保险人做出。由于财产保险合同的要约一般采用书面形式,因此保险人承保的基本形式也表现为书面形式。当保险人收到投保人如实填写的投保单后,经必要的审核并与投保人协商后接受其全部保险条件,在投保单上签字盖章,即构成承诺,合同随之成立。合同成立后,保险人应当及时签发保险单或其他保险凭证。

(二)财产保险合同的生效

财产保险合同生效是指财产保险合同对当事人产生约束力,即合同条款产生法律效力。《保险法》第十三条规定:"依法成立的保险合同,自成立时生效。投保人和保险人可以对合同的效力约定附条件或者附期限。"由此可见,财产保险合同的成立与生效并不是同一个概念。财产保险合同经过保险人的承诺即告成立,而财产保险合同的生效是指合同开始对双方当事人产生实际约束力,一般是在合同成立时或成立后的某一时间。财产保险合同既可以从投保人履行交纳保险费义务之后生效,也可以在交纳保险费之前就生效。但除非明确约定,交纳保险费既不是财产保险合同成立的要件,也不是财产保险合同生效的要件。

二、财产保险合同的履行

财产保险合同的履行是指合同当事人依照合同的约定全面履行义务，从而实现权利的法律行为。一方履行其义务，他方则得以享受权利或利益。财产保险合同的履行是通过双方当事人、关系人义务的履行而实现的。投保人和保险人的义务如表2-6所示。

表2-6 投保人和保险人的义务

投保人的义务	保险人的义务
如实告知义务	说明义务
交纳保险费义务	承担保险责任义务
通知义务	及时签单义务
防灾防损义务	保密义务
提供证明和资料义务	—

典型案例

危险增加的通知义务

案情介绍：

2016年8月1日，吕某为其机动车（行驶证上载明的车辆使用性质为"非营运"）在某保险公司投保了交强险和第三者责任保险（保险金额为200 000元）。保险单上载明的车辆使用性质为"家庭自用汽车"。保险合同所适用的第三者责任保险条款约定："在保险期间，保险车辆因改装、加装、变更用途后导致危险程度显著增加的，应当及时通知保险人，保险人可以增加保险费或解除合同。被保险人未履行本通知义务，因保险车辆危险程度显著增加而发生的保险事故，保险人不承担赔偿责任。"

2016年10月11日0时至3时50分，吕某通过滴滴网约车平台接单6笔，并收取了相应费用。送完最后一单乘客后，吕某驾驶保险车辆与两辆汽车发生连环碰撞事故，造成车辆损坏，经交警认定，吕某对此承担全部责任。吕某支付了两辆汽车的维修费共计35 000元。

吕某向某保险公司索赔，你认为保险公司应负赔偿责任吗？

案例分析：

本案的争议焦点是本案保险车辆是否改变了使用性质导致危险程度显著增加，以及保险公司是否能够以此拒赔。第一，本案中所涉第三者责任保险条款明确约定了保险车辆因改装、加装、变更用途后导致危险程度显著增加的，应当及时通知保险人，故当保险车辆危险程度显著增加时，吕某负有向保险公司及时通知的义务；第二，吕某通过打车软件接下网约车订单，其有收取费用的意图，且所载乘客与其没有特定关系，符合营运的特征；第三，吕某投保时约定了保险车辆的使用性质为非营运，而在实际使用过程中，却用它从事网约车载客运输行为，擅自改变保险车辆的非营运性质，这种改变处于持续状态，可谓导致保险车辆的危险程度显著增加；第四，吕某对于保险车辆危险程度显著增加的情形并未依照合同约定通知保险公司，且在事故发生当日从 0 时到 4 时许持续处于接单营运状态，系在从事网约车营运行为时导致了本案事故的发生。因此，吕某从事网约车营运行为导致保险车辆危险程度显著增加，但其未通知保险公司，且因危险程度显著增加导致了本案事故的发生，故保险公司在第三者责任保险范围内不承担赔偿保险金的责任。但本案情形并非属于交强险免责情形，故保险公司仍应当在交强险责任限额内承担相应的赔偿责任。

资料来源：根据北京铁路法院"十大保险合同纠纷典型案例（2017）"编辑整理。

三、财产保险合同的变更

财产保险合同的变更是指在财产保险合同的存续期间，其主体、客体及内容的改变。《保险法》第二十条规定："投保人和保险人可以协商变更合同内容。变更保险合同的，应当由保险人在保险单或者其他保险凭证上批注或者附贴批单，或者由投保人和保险人订立变更的书面协议。"

（一）财产保险合同主体的变更

1. 保险人的变更

在财产保险中，保险人除发生合并、分立、破产和被撤销外，一般不会发生变更。投保人只能选择退保来变更保险人。

2. 被保险人的变更

财产保险合同的主体变更主要是指投保人或被保险人的变更。在财产保险中，被保险人变更的原因有：由于买卖、赠予、转让、继承等行为导致保险标的的所有权、经营权转移；保险标的用益权的变动；债务关系的变化等。

延伸阅读

货物运输保险合同中保险标的的转让使合同自动变更

因保险标的的转让而变更财产保险合同有一种特殊情况，就是货物运输保险合同中保险标的的转让使合同自动变更。

货物运输保险是以运输中的货物为保险标的，保险人对由自然灾害和意外事故造成的货物损失负赔偿责任的保险。在货物运输保险合同中，其保险标的是运输中的货物。由于运输中的货物流动性很大，特别是海上货物运输，路程遥远，一般情况下，货物在远地易主，很难事先通知保险人，并取得保险人的同意。

为了方便合同当事人的交易，避免他们错过交易良机，国际上的保险惯例是只要保险合同没有另行规定，凡运输保险，其保险单可随货物的转移而背书转让。也就是说，除合同另有规定外，货物运输保险合同中保险标的的转让，不必征得保险人的同意，保险合同随被保险货物的转让而自动变更，原被保险人与保险人之间的保险关系即行消失，受让人与保险人之间新的保险关系随即建立。

资料来源：根据百度文库资料编辑整理。

（二）财产保险合同客体的变更

财产保险合同客体的变更主要表现为因保险价值的增减变化而引起的保险利益的变化。财产保险合同客体的变更通常由投保人或被保险人提出，经保险人同意并批改后生效，保险人根据变更后的保险利益调整费率。

（三）财产保险合同内容的变更

财产保险合同内容的变更主要表现为有关双方当事人权利义务关系的合同条款的变更。一般表现为保险标的数量、品种、价值、存放地点、用途、危险程度、保险期限、保险金额的变化等。在保险期间，保险人与投保人都可以提出变更合同内容，但无论谁提出，都应经对方同意才能变更。

四、财产保险合同的终止

财产保险合同的终止是指双方当事人之间由合同所确定的权利与义务因法律规定的原因出现而不复存在。财产保险合同终止的原因主要有以下几种。

（一）因期限届满而终止

财产保险合同订立后，虽然未发生保险事故，但如果合同的有效期已届满，则保险人的保险责任也自然终止。这种自然终止是财产保险合同终止的最普遍、最基本的原因。财产保险合同终止，保险人的保险责任也就终止。当然，财产保险合同到期以后还可以续保。但是，续保不是原财产保险合同的继续，而是一个新的财产保险合同的成立。

（二）因履约而终止

在财产保险合同中，承担赔偿或给付保险金责任是保险人最主要的义务。在财产保险合同有效期内发生保险事故后，合同因保险人一次或数次履行了全部保险金的赔偿或给付义务而终止。例如，保险标的因保险事故的发生而遭到全部灭失，保险人一次性赔偿全部保险金后，合同因义务全部履行而终止。若财产保险合同的保险标的数次部分受损，保险人所支付的保险金已达到保险金额，即使合同期限未届满，财产保险合同即告终止，但船舶保险合同例外。

（三）因合同解除而终止

财产保险合同的解除是指在合同法律关系有效期内，合同当事人依法行使解除权，使合同效力归于消灭的法律行为。《保险法》第十五条规定："除本法另有规定或者保险合同另有约定外，保险合同成立后，投保人可以解除合同，保险人不得解除合同。"除外规定是基于有些险种的特殊性而加以考虑的。《保险法》第五十条规定："货物运输保险合同和运输工具航程保险合同，保险责任开始后，合同当事人不得解除合同。"

财产保险合同的解除分为法定解除、约定解除和任意解除。

1. 法定解除

法定解除是指法律规定的原因出现时，合同当事人一方（一般是保险人）依法行使解除权，解除已经生效的保险合同关系。法定解除是一种单方面的法律行为。从程序上说，依法有解除权的当事人向对方做出解除合同的意思表示即可解除合同的效力，而无须征得对方的同意。

2. 约定解除

约定解除是指双方当事人约定解除合同的条件，一旦约定的条件出现，一方或双方即有权解除合同。约定解除习惯上被称为"协议注销"。财产保险合同一旦注销，保险人的责任即告终止。

3. 任意解除

任意解除是指法律允许双方当事人都有权根据自己的意愿解除合同。但是，并非所有的财产保险合同都是可以由当事人任意解除和终止的，它一般有着严格的条件限制。

（四）因保险标的的灭失而终止

保险标的是保险利益的载体，保险标的的存在是保险利益存在的前提。在财产保险中，财产保险合同的保险标的，由于合同载明的保险事故以外的原因导致全部灭失，财产保险合同即告终止。

延伸阅读

合同当事人不能提出终止合同的情形

在货物运输保险合同和运输工具航程保险合同中，保险责任开始后，合同当事人不能提出终止合同的请求。因为，无论是运输中的货物还是运输工具，均为流动财产，如果允许中途退保，势必导致道德危险事故和各种保险危险事故过于集中。

另外，如果货物运输保险的投保人提出退保请求，就会损害被保险人的利益，而在海洋货物运输保险中，还会涉及承运人、银行等多方的利益。所以，《保险法》中关于货物运输保险合同和运输工具航程保险合同的投保人不能中途提出退保请求的规定，既是对保险公司保险责任的限制，又是对广大保险单或保险凭证持有人利益的保护。

资料来源：根据百度文库资料编辑整理。

五、财产保险合同的解释原则与争议处理

（一）财产保险合同的解释原则

财产保险合同的解释是指当合同当事人由于对财产保险合同内容的用语理解不同而发生争议时，依照法律规定的方式或约定俗成的方式，对财产保险合同的内容或文字的含义予以确定或说明。财产保险合同的解释原则通常有以下几种。

1. 文义解释原则

文义解释原则即按合同条款通常的文字含义并结合上下文来解释，它是解释合同条款的最主要的方法。财产保险合同的文义解释原则主要有两种情况。一是对合同的一般用语尽量按文字公认的表面含义和语法解释。二是保险专业术语及法律专业术语，有立法解释

的，以立法解释为准；没有立法解释的，以司法解释、行政解释为准；以上均没有的，可按行业习惯或保险业公认的含义解释。

2. 意图解释原则

意图解释原则是指在无法运用文义解释原则时，通过其他背景材料进行逻辑分析来判断合同当事人订约时的真实意图，由此解释合同条款的内容。财产保险合同的真实内容应是当事人通过协商后形成的一致意思表示。因此，解释时必须尊重双方当时的真实意图。意图解释只适用于合同条款不精当、语义混乱，不同的当事人对同一条款所表达的实际意思理解有分歧的情况。如果文字表达清楚，没有含糊不清之处，就必须按照字面解释，不得任意推测。

3. 不利解释原则

不利解释原则又称有利于被保险人的解释原则，是指当合同当事人对合同条款有争议时，法院或仲裁机关往往会做出有利于被保险人的解释。由于财产保险合同通常属于格式合同，其合同条款都是保险人事先草拟或印制的，投保人只能表示接受或拒绝。为体现公平互利原则，在解释合同条款时，就要充分考虑被保险人的利益和尊重被保险人的理解，使被保险人的权益得到保障。《保险法》第三十条规定："采用保险人提供的格式条款订立的保险合同，保险人与投保人、被保险人或者受益人对合同条款有争议的，应当按照通常理解予以解释。对合同条款有两种以上解释的，人民法院或者仲裁机构应当作出有利于被保险人和受益人的解释。"需要指出的是，这一原则不能滥用。如果合同条款意图清楚，语言文字没有产生歧义，即使发生争议，也应当依据有效的合同约定做出合理、公平的解释。

延伸阅读

不利解释原则应该怎么用

对于当事人缔结的保险合同所发生的争议，如何解释与之相关的保险合同的条款，应当首先考虑运用合同解释的一般原则。合同解释的一般原则为意图解释，解释合同的一般方法主要有文义解释、上下文解释、补充解释等。运用合同解释的一般原则解释保险合同争议，应当尊重当事人的意图表示、尊重当事人使用的语言文字，不能通过解释随意扩充或缩小保险合同的条款内容。但是，我国现行法律并没有规定合同解释的一般原则和方法，而《保险法》却规定了保险合同的不利解释原则。在发生保险合同争议或条款有歧义时，到底该如何运用不利解释原则，这是需要解决的一个问题。

当保险合同的条款文义不清时，应当做有利于被保险人的解释，但不得同保险合同的基本原则相冲突，即解释保险合同应当探究当事人的真实意图。不利解释原则仅适用于保险合同有歧义而致使当事人的意图不明确的场合。若保险合同的用语明确、清晰且没有歧义，说明当事人的意图明确，没有解释合同条款的余地，不能做有利于被保险人的解释。不利解释原则更不能被用于曲解保险合同的用语。同样，若保险合同有文义不清的条款，但经当事人的解释而被排除了，也没有运用不利解释原则的余地；再者，若当事人的意图可以通过其他途径予以证实，也不能运用不利解释原则而排除当事人的明示意图。除上述情形外，若保险合同的用语经司法解释已经明确而没有歧义的，说明合同条款的用语不存在歧义，同样不适用不利解释原则。但是，若对于保险合同的用语经不同的法院解释，关于该用语的正确含义、所表达的当事人意图及由此产生的结果，存在相互冲突的结论，说明保险合同的用语存在歧义，应当适用不利解释原则。

不利解释原则仅为解释保险合同的歧义条款提供了一种手段或途径，它本身并不能取代合同解释的一般原则，更没有提供解释保险合同的方法；而且，不利解释原则也不具有绝对性，不能排除运用合同解释的一般原则和方法，以对保险合同做任意有利于被保险人的解释。因此，在保险合同的内容有争议时，应当做有利于被保险人的解释；但是，不利解释原则应当以合同解释的一般原则和方法为基础，并只能运用于保险合同所用文字语义不清或有多种含义（统称为歧义）的情形下。因此，当保险合同的文字语义清晰、当事人订立保险合同的意图明确及法律对保险合同的内容已有规定时，尽管当事人对保险合同的内容存在争议，也不能运用不利解释原则。不利解释原则的运用不是孤立的，它应当考虑保险合同订立时当事人的合同语言环境、意图、行为等因素，并对保险合同的内容进行全面的整体评价。这就是说，不利解释原则与合同解释的一般原则和方法是一个有机的结合体，它们共同担负着解释保险合同的条款争议的使命。正确运用不利解释原则，目的在于对保险合同的条款争议进行公正、合理的解释，以维护投保人（被保险人）和保险人双方的利益。总之，当保险合同的条款发生歧义或争议时，运用不利解释原则应当以合同解释的一般原则和方法为基础。

资料来源：根据中国法院网相关资料编辑整理。

（二）财产保险合同的争议处理

财产保险合同订立后，当事人在履行过程中可能在保险责任的归属、赔款的计算等问题上产生争议，因此需要采取合理的方式予以解决，以维护双方当事人的权益。财产保险合同的争议处理一般有4种方式。

1. 协商

协商是指发生合同争议后，合同当事人在自愿、诚信的基础上，根据法律规定及合同约定，充分交换意见，相互理解，求大同存小异，对所争议的问题达成一致意见，自行解决争议的方式。这种方式不但能使矛盾迅速化解，省时省力，还能增进双方的信任，有利于合同的继续履行。

2. 调解

调解是指合同当事人自愿将合同争议提交给第三方，在第三方的主持下进行协商的方式。根据自愿、合法的原则，双方当事人在第三方的支持下，明辨是非、分清责任，从而互谅互让，达成和解协议，使合同继续履行。调解必须遵循法律、政策与平等自愿原则。只有依法调解，才能保证调解工作的顺利进行。如果一方当事人不愿意调解，就不能进行调解。如果调解不成立或一方调解后又反悔，可以申请仲裁或直接向法院起诉。

3. 仲裁

仲裁是指争议双方依照仲裁协议，自愿将彼此间的争议交由双方共同信任的、法律认可的仲裁机关居中调解，并由仲裁机关做出裁决的方式。仲裁具有法律效力，采用一裁终局制，当事人必须予以执行。采用仲裁方式处理争议需要注意以下几点：首先，必须有双方当事人在争议发生前或发生后达成的仲裁协议书面请求，方可将争议交由仲裁机关处理；其次，仲裁结果为一裁终局制，裁决一经做出便产生法律效力，双方当事人必须执行；最后，对仲裁结果不服者，可以在收到仲裁决定书之日起 15 天内向法院提起诉讼，但法院一般只对仲裁形式和程序是否符合法律要求进行审查，超过 15 天不起诉的，裁决便产生法律效力。

4. 诉讼

诉讼是指争议双方通过国家审判机关——人民法院进行裁决的方式，它是解决争议最激烈的一种方式。它是司法机关和一切诉讼参与人，在审理案件过程中进行的各种相关活动，以及在这些活动中所产生的各种诉讼关系的总和。双方当事人因财产保险合同发生纠纷时，有权以自己的名义直接请求法院通过审判给予法律上的保护。法院具有宪法授予的审判权，是维护社会经济秩序、解决民事纠纷的最权威的机构，不受行政机关、社会团体和个人的干涉，以事实为依据，以法律为准绳，独立行使审判权，维护当事人的合法权益。

专业能力训练

◇ 思考讨论

1．简述财产保险合同的主要形式。
2．财产保险合同双方当事人应履行哪些义务？
3．列举财产保险合同终止的情形。
4．简述财产保险合同争议处理的方式。

◇ 案例分析

1．2017 年 5 月，刘某在某保险公司投保了家庭财产保险，保险金额为 4 万元。同年 10 月，刘某的母亲从乡下过来看望儿子，第一次用高压锅煮绿豆。由于高压锅的排气孔被绿豆粒堵塞，致使锅内气压急剧上升造成爆炸，高压锅及煤气灶被炸毁，损失 900 元，刘母右手被炸伤，花费医疗费 300 元。案发后，刘某向某保险公司索赔，要求赔偿其财产损失及其母的医疗费。请分析，保险公司是否应负赔偿责任？

2．2015 年 9 月 19 日，刘某在某保险公司投保了机动车辆损失保险及不计免赔险。其中，机动车辆损失保险条款中约定的保险责任包含火灾，其对"火灾"的定义为：火灾是指由保险车辆本身以外的火源引起的，在时间或空间上失去控制的燃烧（有热、有光、有火焰的剧烈的氧化反应）所造成的灾害。该保险条款还约定责任免除的情况，即自燃（按照保险合同约定为非营运企业或机关车辆不受此限）及不明原因的火灾。该保险条款中还载明了自燃是指保险车辆因本车电器、线路、油路、供油系统、供气系统等出现问题导致运转摩擦起火而造成的火灾。刘某并未对车辆投保自燃险。

2016 年 4 月 12 日凌晨 2 时 40 分左右，保险车辆在某家具厂的马路旁突然起火。后经消防部门出具事故认定书，确认起火的部位为车辆发动机舱内中部及靠近挡风玻璃处，并排除了外来火源引发火灾的因素，不排除车辆发动机电器线路故障。事发后，刘某向某保险公司索赔被拒，遂诉至法院。请问，本案应该如何处理？

项目三
解析企业财产保险

学习目标

知识目标

- 掌握企业财产保险的概念
- 掌握企业财产保险的主要内容
- 掌握企业财产保险基本险、综合险和一切险的保险责任范围
- 掌握利润损失保险的主要内容
- 了解企业财产保险的特点

技能目标

- 能解读企业财产保险条款,辨析企业财产保险的险种
- 能运用企业财产保险基础知识进行保险实务案例分析
- 能运用企业财产保险理赔知识进行保险理算

关键术语

企业财产保险基本险　　企业财产保险综合险　　企业财产保险一切险　　利润损失保险

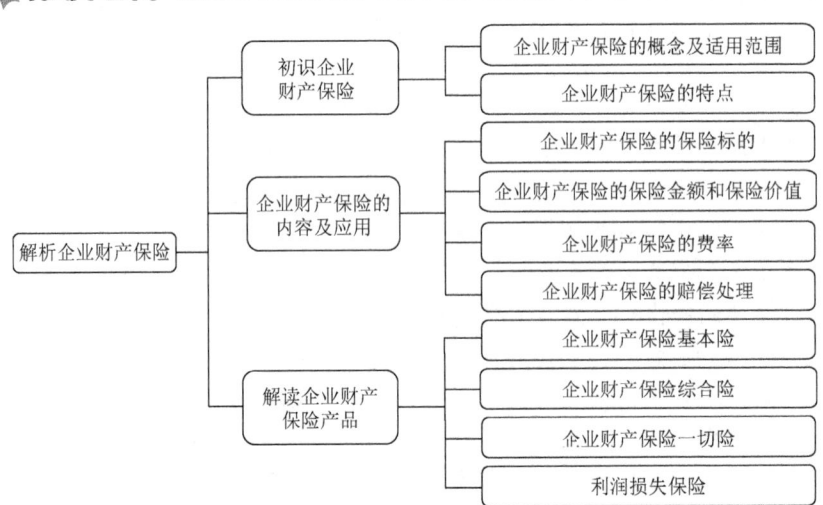

知识结构

解析企业财产保险
- 初识企业财产保险
  - 企业财产保险的概念及适用范围
  - 企业财产保险的特点
- 企业财产保险的内容及应用
  - 企业财产保险的保险标的
  - 企业财产保险的保险金额和保险价值
  - 企业财产保险的费率
  - 企业财产保险的赔偿处理
- 解读企业财产保险产品
  - 企业财产保险基本险
  - 企业财产保险综合险
  - 企业财产保险一切险
  - 利润损失保险

项目三　解析企业财产保险

案例导入

2017年12月1日晚,山东省青岛市某物流园仓库发生严重火灾,约39 000吨天然橡胶过火受损,直接经济损失达数亿元。接到报案后,华安保险总分联动、快速反应,于12月11日即向被保险人支付首期预付款2000万元。

面对案件损失金额巨大、牵涉关系复杂等情况,华安保险科学、高效地核对损失金额,妥善协调被保险人、59家实际货主、仓库所有人、上海期货交易所等多方关系方,根据案件进展,进行了多达14次的赔款预付,有效缓解了被保险人巨大的资金压力。

截至2018年7月30日,华安保险已经赔付保险赔款4.37亿元,占总赔付金额的98%以上。在短短8个月内即完成巨额赔付,其专业的理赔服务与时效获得被保险人的高度认可。该案最终向客户赔付保险赔款4.43亿元。

在本案的理赔处理中,保险机构在灾害面前考虑的不仅是"保险契约",更多体现的是为受灾企业排忧解难的社会责任。通过此次事故的圆满处理,企业迅速恢复了生产,提高了保险认同度,公众也认识到了保险业在大灾面前的担当,保险业的口碑再次得以正面传播,增强了公众的保险意识。

资料来源:根据"2018年度中国保险十大典型理赔案例(财产险)"编辑整理。

企业是现代经济社会中最为重要的经济主体,其在生产经营中面临的各种风险往往使其遭受严重的经济损失,生产难以为继,影响了企业的持续、健康发展,而企业财产保险是企业转移风险、在风险发生后为其提供经济补偿的有效工具。

任务一　初识企业财产保险

任务情景

近日,在某路段西段立交桥附近,一个汽车配件市场突起大火,数间店铺及数十万元的货物付之一炬,所幸无人员伤亡。汽车配件市场的一场大火让商户们心有余悸,这也唤醒了商户们的保险意识。火灾发生后,其他市场中的商户开始考虑投保财产保险的事。

请分析,企业财产保险的适用范围是什么?个体工商户是否可以投保?

知识探究

一、企业财产保险的概念及适用范围

(一)企业财产保险的概念

企业财产保险简称企财险,是以法人团体的财产物资及有关利益等为保险标的,由保险人承担火灾及有关自然灾害、意外事故损害赔偿责任的财产损失保险。

（二）企业财产保险的适用范围

（1）各类企业。在企业财产保险经营实践中，各类企业构成了企业财产保险的主要保险客户群体，凡领有工商企业执照，有健全会计账簿、财务独立核算的各类国有企业、集体企业和私营企业都可以投保企业财产保险。

（2）国家机关、事业单位及社会团体等组织，包括党政机关、科研单位、学校、医院、文化艺术团体等，亦可以投保企业财产保险。

需要注意的是，企业财产保险强调的是保险客户的法人资格。因此，个体工商户，包括小商小贩、夫妻店、货郎担、家庭手工业等个体经营户的各种财产风险，不属于企业财产保险的适用范围，可以投保家庭财产保险。

二、企业财产保险的特点

与其他财产保险相比，企业财产保险具有以下几个特点。

（一）保险标的处于相对静止状态

企业财产保险的保险标的是企业的各种固定资产和流动资产，如厂房、机器设备等固定资产和原材料、半成品、在产品等。这些财产都相对固定地坐落或存放于陆地上某一特定的位置，处于相对静止状态，与那些处于海上、空中或其他空间领域且经常流动的货物和运输工具具有明显的区别，形成了其保险标的独有的特点。

（二）保险财产的存放地点固定，不得随意变动

企业财产保险合同一般都规定保险财产必须存放在合同约定的固定地点范围内，在保险期间不得随意变动。若因被保险人变动保险财产的存放地点而使其风险程度增加，保险人有权解除保险合同或拒绝赔偿。如果被保险人确实需要变动保险财产的存放地点，须征得保险人的同意。

（三）保险标的具有广泛性

与其他财产保险相比，企业财产保险的保险标的相当广泛，既有土地、房屋、机器设备，又有各种各样的原材料、在产品及产成品，还有各种消费资料等。

（四）承保的风险范围不断扩大

最初的企业财产保险只承保单一的火灾风险，且只承保火灾所致的直接损失，后来企业财产保险承保的范围扩大到与火灾相关的雷击、爆炸等风险。到今天，企业财产保险承保的风险扩大到各种列明的自然灾害、意外事故等风险，既可承保直接损失，也可承保间接损失。

（五）保险金额以分类、分项确定

企业财产保险承保的财产种类繁多，保险标的的结构也比较复杂，因此企业财产保险的保险金额不但要根据财产的不同会计科目类别进行分类，还要根据同一会计科目类别中

不同的财产项目进行分项确定。企业财产保险不但对不同类别的财产规定了不同的保险金额的确定方式,而且对同一类别的财产也规定了多种保险金额的确定方式,由被保险人选择采用哪种方式。

延伸阅读

一场大火催生的火灾保险

那是一个干燥炎热的夏夜,1666年9月2日凌晨,约翰·法里诺的面包房突然起火,面包房临近市区泰晤士河,周围的仓库和商店堆满了易燃易爆材料。强劲的东风卷来的火星点燃了堆积的煤炭、木料、酒精、柴油桶,火势变得不可收拾,不断向城区延烧。

大火整整烧了四天四夜,在烧毁了无数民房的同时,还顺带吞噬了市政厅和老圣保罗大教堂,这场大火使伦敦83.26%的地区化为瓦砾,13 200户住宅毁于一旦,1200多万英镑的财产受到损失,20多万人流离失所、无家可归。

这场大火使得灾后余生的伦敦市民非常渴望有一种可靠的保障,使他们在遭遇火灾后不至于一无所有,火灾保险的需求从此迫切起来。在这种状况下,聪明的牙医尼古拉斯·巴蓬于1667年独资设立营业处,承保火灾保险。1680年,他同另外3人集资4万英镑,成立火灾保险营业所,1705年更名为菲尼克斯即凤凰火灾保险公司。在巴蓬的主顾中,相当部分是伦敦大火后重建家园的人们。巴蓬的火灾保险公司根据房屋租金计算保险费,并且规定木结构的房屋比砖瓦结构的房屋的保险费增加一倍。这种依房屋危险情况分类保险的方法是现代火灾保险差别费率的起源,巴蓬本人也被誉为"现代火灾保险之父"。

资料来源:根据百度资料编辑整理。

任务二 企业财产保险的内容及应用

任务情景

某家具厂为其资产投保企业财产保险,其中一批家具成品、半成品、材料,保险金额为1.32亿元,以"出险时的账面余额"确定保险价值。半年后,该家具厂发生了意外,造成存放在仓库中的部分红木家具、设备和装修等受损。事故发生后,保险公司到场查勘,经查该家具厂的固定资产损失不到5000元,流动资产损失26万余元,残值2万余元,结合免赔率等,最终理赔金额为184 727元。该家具厂不满理赔金额,随后起诉到当地法院,向保险公司索赔108万余元。

请分析,企业财产受损后,保险公司应如何进行赔偿处理?

知识探究

一、企业财产保险的保险标的

企业财产保险的保险标的是存放在固定地点且处于相对静止状态的财产，可分为可保财产、特约可保财产和不保财产。

（一）可保财产

可保财产是指保险人可以直接予以承保的财产。它包括属于投保人所有或与他人共有而由投保人负责的财产；由投保人经营管理或替他人保管的财产；具有其他法律上承认的与投保人有利害关系的财产。可保财产规定，凡是投保的财产，被保险人必须对其具有可保利益，即被保险人对投保财产具有合法的经济利益。

企业财产保险的可保财产可以以两种不同的方式来反映：一是以会计科目来反映，如固定资产、流动资产、专项资产、投资资产、账外或已摊销的资产、代保管财产；二是以企业财产项目的类别来反映，如房屋、建筑物等。具体包括以下几项。

（1）房屋、建筑物及附属设备。房屋、建筑物及附属设备包括正在使用、未使用或出租、承租的房屋；房屋以外的各种建筑物，如船坞、油库、围墙及附属在房屋建筑物上的较固定的设备装置，如卫生设备、空调机、门面装潢等。

（2）机器及附属设备。机器是指具有改变材料属性或形态功能的各种机器和设备，如各种机床、平炉、高炉、转炉、电炉、铸造机、电焊机、鼓风炉等；附属设备是指与机器不可分割的装置，如传动装置、传导装置、机座等。

（3）工具、仪器及生产用具。工具、仪器及生产用具包括具有独立用途的各种工作用具、仪器和生产用具，如切割用具、模压机、风镐，用于检验、实验和测量的仪器，以及达到固定资产标准的包装容器等。

（4）管理用具及低值易耗品。管理用具是指计算用具、消防用具、办公用具及其他经营管理用的器具和设备，低值易耗品是指不能作为固定资产的各低值易耗品，如玻璃器皿及生产过程中使用的包装容器等。

（5）原材料、半成品、在产品、产成品或库存商品、特种储藏商品。它包括各种原料、材料、燃料、备件、物料用品、副产品、残次商品、样品展品、包装物等。

（6）账外及已摊销的财产。账外及已摊销的财产是指已摊销或列支而尚在使用的财产，如简易仓棚、来料加工余料、不入账的自制设备、无偿移交的财产等。

（二）特约可保财产

特约可保财产是指必须经过保险双方的特别约定，并在保险单上载明才能成为保险标的的财产。它包括以下两类。

（1）不需要增加费率，也不需要加贴保险特约条款的财产。这类财产又包括两类：一类是市场价值变化较大、保险金额难以确定的财产，如金银、珠宝、钻石、玉器、古玩、字画等珍贵财物；另一类是风险特殊，较易遭受暴风雨、洪水、地震等风险事故的财产，如堤堰、水闸、铁路、涵洞、道路、桥梁、码头等财产。

（2）需要增加费率或需要加贴保险特约条款的财产。这类财产风险较大，如矿井或矿坑内的设备和物资等，在承保时需要经保险双方协商，根据风险状况增加保险费。

（三）不保财产

不保财产是指保险人不予承保或不能在企业财产保险项下承保的财产。它包括以下几类。

（1）不属于一般性的生产资料或商品，无法用货币衡量其价值的财产或利益，如土地、矿藏、矿井、矿坑、水产资源等。

（2）不是实际的生产物资，缺乏价值依据或很难鉴定其价值的财产，如货币、票证、有价证券、文件、账册、图表、技术资料、电脑资料等。

（3）承保后与法律法规及政策规定相抵触的财产，如违章建筑、非法占用的财产等。

（4）必然会发生危险的财产，如危险建筑物等。

（5）不属于企业财产保险的适用范围，应投保其他险种的财产，如运输中的物资应投保货物运输保险，领取执照并正常运行的机动车应投保机动车辆保险等。

二、企业财产保险的保险金额和保险价值

企业财产保险的保险金额和保险价值根据财产的不同种类，采用不同的方法加以确定。

（一）固定资产的保险金额和保险价值

固定资产的保险价值按出险时的重置价值确定。固定资产的保险金额按以下几种方式确定。

1. 按账面原值确定保险金额

账面原值是会计账目上记载的建造或购置固定资产的原始价值或更新重置的完全价值。在固定资产登记入账时间较短、固定资产的市场价值变化不大的情况下，用这种方式能比较准确地反映固定资产的实际价值；但在固定资产登记入账时间较长，或固定资产的财务摊销已经接近规定的折旧年限，或固定资产的市场价值变化较大的情况下，用这种方式则难以真实地反映固定资产的实际价值。

2. 按账面原值加成数确定保险金额

按账面原值加成数确定保险金额是指在企业会计账目中登记的固定资产账面原值的基础上增加一定成数（百分比），使固定资产的保险金额接近固定资产的重置或重建价值，并据此作为保险人承保的保险金额的一种方式。这种方式主要用于固定资产的市场价值变化较大的企业财产保险业务，以此抵消通货膨胀对固定资产的实际价值可能造成的贬值影响。账面原值加成法的计算公式为：

$$保险金额 = 账面原值 \times (1 + 加成比例)$$

3. 按重置价值确定保险金额

按重置价值确定保险金额是指将企业重新购置或重新建造某项固定资产所需支付的全

部费用作为保险金额的一种方式。由于这种方式回避了固定资产目前的实际价值,因此使保险金额往往大于保险财产的实际价值。此种方式适用于账面原值与实际价值相差过大的情况,可以使被保险人在出险后能尽快恢复固定资产。

4．按其他方式确定保险金额

其他方式包括依据公估或评估后的市场价值或评估价值确定保险金额。

（二）流动资产的保险金额和保险价值

流动资产的保险价值按出险时的账面余额确定。流动资产的保险金额按以下两种方式确定。

1．按流动资产最近 12 个月账面平均余额确定保险金额

最近 12 个月账面平均余额是指从投保月份往前倒推 12 个月的流动资产账面余额的平均数。对于流动资产较多、变化较大的企业,适宜采用这种方式。

2．由被保险人自行确定保险金额

如被保险人可以按最近 12 个月中任意 1 个月的账面余额确定,也可以按最近 1 个月的账面余额,即投保月份上月的流动资产账面余额确定保险金额。对于流动资产不太多且变化较小的企业,可采用这种方式。

（三）账外资产和代保管财产的保险金额和保险价值

账外资产是指不正式列入账面的财产,如按照财产折旧的有关规定已将财产账面原值摊销完的财产、已报损的回收物资、清仓出来未入账的财产等；代保管财产是指企业为他人保管并负有经济责任的财产。

这类财产的保险金额的确定方式有两种：一种是按重置价值确定,另一种是由被保险人自行确定。其保险价值以出险时的重置价值或账面余额确定。

企业财产保险的保险金额与保险价值的确定如表 3-1 所示。

表 3-1　企业财产保险的保险金额与保险价值的确定

财产类别	保险金额	保险价值
固定资产	账面原值 账面原值加成数 重置价值 其他方式（市场价值、评估价值）	出险时的重置价值
流动资产	最近 12 个月账面平均余额 由被保险人自行确定	出险时的账面余额
账外资产和代保管财产	重置价值 由被保险人自行确定	出险时的重置价值或账面余额

三、企业财产保险的费率

企业财产保险的费率是指保险人以保险标的的损失率为计算基础而规定一定时期（一般为一年）、一定保险金额收取保险费的比例。损失率是指一定时期内的赔偿金额与保险金额的比例，即赔偿金额占保险金额的比例。

（一）企业财产保险费率的分类

我国的企业财产保险的费率分为三大类，即工业类、仓储类和普通类，每类又按照财产的种类、占用性质和危险程度不同分为不同的档次。每个投保企业原则上适用于一个费率。

1. 工业类

凡从事制造、修配、加工生产的工厂，均按照工业险费率计收保险费。根据工业企业使用的原材料、主要产品生产过程中的工艺操作和处理的危险程度不同，将工业险费率分为 6 个级别，一级危险程度最小，费率最低，六级危险程度最大，费率最高。某保险公司工业险费率如表 3-2 所示。

表 3-2　某保险公司工业险费率　　　　　　　　　　单位：‰

类别	号次	占用性质	基本险年费率 费率 1	一切险年费率 费率 2	综合险年费率 费率 3
工业类	1	第一级企业	0.60	1.60	1.00
工业类	2	第二级企业	1.00	2.00	1.50
工业类	3	第三级企业	1.45	2.40	2.00
工业类	4	第四级企业	2.50	4.00	3.50
工业类	5	第五级企业	3.50	6.40	5.00
工业类	6	第六级企业	5.00	8.00	7.00

一级工业险：适用于钢铁、机器制造、耐火材料、水泥、砖石制品等工业。

二级工业险：适用于一般机械零件制造、修配工业，如自行车五金零件制造厂。

三级工业险：适用于以一般物资为主要原料的棉纺品、食品、轻工、电器、仪表、日常生活用品等工业。

四级工业险：适用于以竹、木、皮毛或一般可燃物资为主要原料或以一般危险品为主要原料进行复合生产的工业；棉、棉麻、塑料及其制成品、化纤、医药制造等加工工业；以油脂为原料的工业和文具、纸制品工业。

五级工业险：适用于以一般危险品及部分特别危险品为主要原料进行复合生产、制氧、挥发性试剂及塑料和染料制造的工业；大量使用竹、木、稻草主要原料的木器家具或工具，以及竹器、草编制品制造工业；油布、油纸制造工业。

六级工业险：适用于以特别危险品（如磷、醚及其他爆炸品）为主要原料进行复合生产的工业和染料工业。

2. 仓储类

凡储存大宗物资的仓库、露堆、罩棚、油槽、储气柜、地窖、趸船等，均适用于仓储险费率。根据仓储商品和物资的性质及危险程度不同，仓储险费率可分为 4 个级别：一般物资、危险品、特别危险品、金属材料及粮食专储。某保险公司仓储险费率如表 3-3 所示。

表3-3　某保险公司仓储险费率　　　　　　　　　　　　　　　　　　　　单位：‰

类别	号次	占用性质	基本险年费率 费率1	一切险年费率 费率2	综合险年费率 费率3
仓储类	7	一般物资	0.60	1.50	1.00
	8	危险品	1.50	3.00	2.00
	9	特别危险品	3.00	5.00	4.00
	10	金属材料及粮食专储	0.35	1.00	0.50

3．普通类

工业及仓储业以外的其他行业使用普通险费率。根据投保企业的性质及风险状况不同，普通险费率可分为3个级别。某保险公司普通险费率如表3-4所示。

表3-4　某保险公司普通险费率　　　　　　　　　　　　　　　　　　　　单位：‰

类别	号次	占用性质	基本险年费率 费率1	一切险年费率 费率2	综合险年费率 费率3
普通类	11	社会团体、机关、事业单位	0.65	1.60	1.00
	12	综合商业、饮食服务、商贸、写字楼、展览馆、体育场所、交通运输业、牧场、农场、林场、科研院所、住宅、邮政、电信、供电高压线路、输电设备	1.50	2.40	2.00
	13	石油化工、液化油气供应站、日用杂品商店、废旧物资收购站、修理行、文化娱乐场所、加油站	2.50	3.00	3.00

在实际业务中，企业中途退保或投保期限不满一年，应按照短期费率计算保险费。某保险公司短期费率表如表3-5所示。

表3-5　某保险公司短期费率表

保险期限（月）	1	2	3	4	5	6	7	8	9	10	11	12
占年费率的比例（%）	10	20	30	40	50	60	70	80	85	90	95	100

（二）企业财产保险费率的影响因素

1．投保险种

目前，企业财产保险可供投保人选择的险种主要有基本险、一切险和综合险。不同险种的保险责任范围不同，费率水平也不同。某保险公司部分费率表如表3-6所示。

表3-6　某保险公司部分费率表　　　　　　　　　　　　　　　　　　　　单位：‰

号次	占用性质	基本险年费率 费率1	一切险年费率 费率2	综合险年费率 费率3
1	第一级企业	0.60	1.60	1.00
2	第二级企业	1.00	2.00	1.50
3	第三级企业	1.45	2.40	2.00

2. 建筑物的结构

一般来说，房屋的建筑结构分为钢筋结构、砖石结构和木结构等。根据建筑结构不同，可划分建筑等级。房屋的建筑等级分为三级：一级建筑的屋架、内外墙、地坪、楼坪、扶梯用钢筋水泥、砖石或钢铁构造，屋顶用水泥、砖瓦、铁皮、石棉、沥青或铺满石屑的油毛毡平顶构造；二级建筑的屋架、地坪、楼坪、扶梯用木料构造，外墙主要用砖石、水泥或其他不易燃烧的材料构造，屋顶用砖石、铁皮、石棉、沥青或铺满石屑的油毛毡平顶构造；凡次于二级建筑的各种建筑物统归为三级建筑。由此可见，房屋的建筑结构不同、建筑等级不同，其强度、稳定性和耐久性就不同，遭受风险的毁损程度就不同。因此，在厘定企业财产保险费率时应根据房屋的建筑结构差别对待。

3. 占用性质

占用性质是指建筑物的使用性质。虽然房屋的建筑结构相同，但房屋的用途不同，其风险程度也不同。例如，同样是一级建筑，在一间房屋中存放易燃易爆物品，在另一间房屋中存放金属材料，前者的风险就会高于后者。

4. 地理位置

企业财产保险的保险标的所处的地理位置不同，面临的自然灾害的风险程度不同。因此，在确定费率时应考虑标的物所在地的自然地理条件及水文气象特征，如标的物是否沿江沿河，以及标的物所在地是否低于江水警戒线，历史发生暴风雨的季节和降水量等。

5. 周围环境

每个建筑物都有独特的环境。有的建筑物连成一片，在建筑物之间没有适当的防火隔离，有的建筑物处于街道拥挤的区域。这些因素对发生灾害事故时进行抢险救灾有很大的影响，在确定费率时应加以考虑。

6. 投保人或被保险人的安全管理水平

投保人或被保险人的安全管理水平是确定费率的重要因素。投保企业有完善的安全管理制度并能贯彻实施，企业管理层的安全意识高，防灾防火设施齐全，风险发生的概率就低。

除以上因素外，保险人在确定费率时还应考虑其他因素，如投保人的历史损失记录、保险业的市场竞争等。

四、企业财产保险的赔偿处理

（一）企业财产保险的赔偿方式

保险标的发生保险责任范围内的损失，保险人有权选择下列方式赔偿。

（1）货币赔偿：保险人以支付保险金的方式赔偿。

（2）实物赔偿：保险人以实物替换受损标的，该实物应具有受损标的出险前同等的类型、结构、状态和性能。

（3）修复：保险人自行或委托他人修复受损标的。但对受损标的在修复或替换过程中，被保险人进行的任何变更、性能增加或改进所产生的额外费用，保险人不负责赔偿。

(二) 企业财产保险的赔偿计算

1. 固定资产的赔偿计算

（1）全部损失。

① 当保险金额≥出险时的重置价值时，赔偿金额以不超过该项财产出险时的重置价值为限。

② 当保险金额<出险时的重置价值时，赔偿金额以不超过该项财产的保险金额为限。

（2）部分损失。

① 当保险金额≥出险时的重置价值时，按实际损失计算赔偿金额，即按受损财产恢复原状所需要的修复费用计算赔偿金额。

② 当保险金额<出险时的重置价值时，应按下列公式计算赔偿金额（赔款）：

$$赔款 = 实际损失或受损财产恢复原状所需修复费用 \times \frac{保险金额}{出险时的重置价值}$$

2. 流动资产的赔偿计算

（1）全部损失。

① 当保险金额≥出险时的账面余额时，赔偿金额以不超过该项财产出险时的账面余额为限。

② 当保险金额<出险时的账面余额时，赔偿金额以不超过该项财产的保险金额为限。

（2）部分损失。

① 当保险金额≥出险时的账面余额时，按实际损失计算赔偿金额。

② 当保险金额<出险时的账面余额时，应按下列公式计算赔偿金额（赔款）：

$$赔款 = 实际损失或受损财产恢复原状所需修复费用 \times \frac{保险金额}{出险时的账面余额}$$

3. 账外资产和代保管财产的赔偿计算

（1）全部损失。

① 当保险金额≥出险时的重置价值或账面余额时，赔偿金额以不超过该项财产出险时的重置价值或账面余额为限。

② 当保险金额<出险时的重置价值或账面余额时，赔偿金额以不超过该项财产的保险金额为限。

（2）部分损失。

① 当保险金额≥出险时的重置价值或账面余额时，按实际损失计算赔偿金额。

② 当保险金额<出险时的重置价值或账面余额时，应按下列公式计算赔偿金额（赔款）：

$$赔款 = 实际损失或受损财产恢复原状所需修复费用 \times \frac{保险金额}{出险时的重置价值或账面余额}$$

4. 施救费用的赔偿处理

在保险事故发生后，为了减少保险财产的损失，被保险人对保险财产采取施救、保护、整理措施而支出的合理费用，保险人承担赔偿责任，但应注意以下几个问题。

（1）注意区分保险财产和非保险财产所发生的施救费用。能够明确区分的，保险人只负责保险财产的施救费用；不能区分的，应根据被施救保险财产价值占全部被施救财产价值的比例计算。计算公式为：

$$保险财产施救费用=全部施救费用 \times \frac{被施救保险财产价值}{全部被施救财产价值}$$

（2）施救费用在保险财产损失赔偿金额以外另行计算，但以保险财产的保险金额为限。当保险财产的损失或施救费用超过保险金额时，可按推定全损处理。

（3）计算保险财产赔款时不按比例分摊计算的，施救费用的赔偿金额也不按比例分摊计算；反之则按保险财产的赔偿比例计算施救费用的赔偿金额。计算公式为：

$$应赔施救费用=保险财产施救费用 \times \frac{保险金额}{保险价值}$$

5．残值的赔偿处理

保险财产受损后，如果有残值，应由保险双方当事人协商处理。如果残值折价归被保险人所有，由双方协商确定其价值，并在保险赔款中扣除。受损保险财产赔款计算不按比例分摊的，残值也不按比例分摊，反之则按比例分摊。

计算示例

企业财产保险赔款计算

某企业投保了企业财产保险，其中固定资产按照账面原值确定保险金额，保险金额为600万元，流动资产按照最近12个月中某一月的账面余额确定保险金额，保险金额为200万元。在保险期限内该企业发生火灾，造成固定资产损失300万元，施救费用1万元，出险时的重置价值为1000万元；流动资产损失100万元，施救费用0.5万元，出险时的账面余额为500万元。请计算保险公司的赔款。

解：

1．固定资产损失赔款

根据题意可知，固定资产的保险金额为600万元，出险时的重置价值（保险价值）为1000万元，损失为300万元，施救费用为1万元。为不足额保险，根据比例赔偿方式计算赔款：

固定资产损失部分赔款＝固定资产实际损失×（保险金额/出险时的重置价值）
　　　　　　　　　　＝300×（600/1000）
　　　　　　　　　　＝180（万元）

固定资产施救费用赔款＝固定资产施救费用×（保险金额/保险价值）
　　　　　　　　　　＝1×（600/1000）
　　　　　　　　　　＝0.6（万元）

2．流动资产损失赔款

根据题意可知，流动资产的保险金额为200万元，出险时的账面余额（保险价值）为500万元，损失为100万元，施救费用为0.5万元。为不足额保险，根据比例赔偿方式计算赔款：

流动资产损失部分赔款=流动资产实际损失×（保险金额/出险时的账面余额）
=100×（200/500）
=40（万元）
流动资产施救费用赔款=流动资产施救费用×（保险金额/保险价值）
=0.5×（200/500）
=0.2（万元）

因此，保险公司的赔款为：180+0.6+40+0.2=220.8（万元）。

任务三　解读企业财产保险产品

任务情景

一家纺织厂的厂房、机器设备在火灾中损毁，由于厂房修复、机器设备重置和安装需要一段时间，致使该厂在这段时间生产停止，造成业务中断，由此带来预期利润的损失。

请分析，该厂可通过投保企业财产保险的什么险种来对损失进行补偿？

知识探究

我国的企业财产保险由主险和附加险构成。企业财产保险的险种基本统一，主险有基本险、综合险、一切险，附加险有利润损失保险和机器损坏保险等。基本险、综合险和一切险，在承保标的的范围、保险金额和保险价值的确定、赔偿方式、赔偿计算方面与企业财产保险相同，此处不再赘述，仅详细介绍不同险种的保险责任范围。

一、企业财产保险基本险

（一）保险责任

在保险期间，由于下列原因造成保险标的的损失，保险人按照保险合同的约定负责赔偿。

1. 火灾

火灾责任是在时间或空间上失去控制的燃烧对保险标的造成的损坏。构成保险合同的火灾责任必须同时具备以下3个条件。

（1）有燃烧现象，即有热、有光、有火焰。

（2）偶然、意外发生的燃烧。

（3）燃烧失去控制并有蔓延的趋势。

因此，仅有燃烧现象并不等于构成本保险中的火灾责任。在生产、生活中有目的地用火，如为了防疫而焚毁被污染的衣物等属于正常燃烧，不属于火灾责任。因烘、烤、烫、烙造成焦糊变质等损失，既无燃烧现象，又无蔓延的趋势，也不属于火灾责任。

电机、电器、电气设备因使用过度、超电压、碰线、弧花、漏电、自身发热所造成的本身损毁，不属于火灾责任。但如果发生了燃烧，失去控制并蔓延，就构成了火灾责任，保险人应对电机、电器、电气设备本身的损失负责赔偿。

典型案例

电梯受损拒赔案

案情介绍：

某事业单位向某保险公司投保企业财产保险，承保房屋建筑及附属机器设备等设施。在保险期间，被保险人向保险公司报案，表示保险设备中有一部电梯线路起火，造成配电柜起火使两部进口电梯受损，损失金额超过100万元。

接到报案后，保险公司对事故现场进行查勘。该单位独立在大厦办公，办公大楼使用一年左右，调查人员到现场查勘时已看不到火灾的情景，只是在空气中有较重的胶皮气味，对受损标的检查后发现线路有烧焦痕迹，电梯配电柜多处有熏黑痕迹，经检测该配电柜多处受损，须重新更换。

案件发生后，被保险人认为这属于火灾责任，向保险公司索赔。保险公司根据查勘情况，并咨询电梯的重置价，认真展开案件分析、讨论后认为：该案件属于意外发生的事故，有燃烧现象，但没有形成火灾责任，同时受损的真正原因也不在保险责任范围内，应予拒赔。

案例分析：

保险理赔过程中首先要考虑出险原因，在此基础上确定保险责任是否成立。火灾责任的构成有3个条件：一是有燃烧现象，即有热、有光、有火焰；二是偶然、意外发生的燃烧；三是燃烧失去控制并有蔓延的趋势。以上3个条件必须同时满足，火灾责任才能成立。从本案事故看，本起事故的确是突然发生的，也是正常情况下不可预料的燃烧，符合"偶然、意外发生的燃烧"这一条件。事故发生时有很大的浓烟，有烧焦的线路，可确定有热、有光，同时有可能有火焰。火灾责任成立的第一个条件也满足。本起事故责任认定的关键是确认燃烧是否失去控制并有蔓延的趋势。由于燃烧仅造成电梯本身损毁，没有蔓延，燃烧没有失去控制，也没有蔓延的趋势，因此本起事故不满足火灾责任成立的第三个条件，火灾责任没有形成。

同时，为严谨起见，保险公司对事故发生的原因进行了进一步的调查和推证。经查实，该单位有严格的管理制度，电梯平常运转正常，有专门的维修商进行日常维护，但是调查人员在调查最后一次维修记录时发现恰好是出险当日。根据这一信息，调查人员对电梯的维修情况进行了深入了解，最终查明事故发生的原因是维修人员工作失误，造成设备短路，致使设备因电气原因损坏，但被保险人并未投保机器损坏保险。在对有关条款进行解释的基础上，保险公司最终拒赔了本起事故。

资料来源：根据《国际金融报》"案例聚焦"栏目"不满足火灾责任条件——电梯受损遭拒赔"编辑整理。

2. 爆炸

爆炸责任是由于物质在物理原因和化学原因的作用下，物质结构的温度急剧升高、压力急剧增加所形成的能力释放现象对保险标的造成的损坏。爆炸是物质在瞬间分解或燃烧时释放大量的热和气体，并以强大的压力向四周扩散，以致产生破坏的现象。爆炸分物理性爆炸和化学性爆炸。

（1）物理性爆炸：由于液体变为蒸汽或气体膨胀，压力急剧增加并大大超过容器所能承受的压力极限，因而发生爆炸，如锅炉、空气压缩机、压缩气体钢瓶、液化气罐爆炸等。

（2）化学性爆炸：物体在瞬息分解或燃烧时放出大量的热和气体，并以很大的压力向四周扩散的现象，如火药爆炸、可燃性粉尘纤维爆炸、可燃气体爆炸及各种化学物品的爆炸等。

因物体本身的瑕疵、使用损耗、产品质量低劣或由于容器内部承受"负压"（内压比外压小）造成的损失，不属于爆炸责任。

3．雷击

雷击责任是由于雷电现象对保险标的造成的损坏。雷电为积雨云中、云间或云地之间产生的放电现象。雷击的破坏形式分直接雷击与感应雷击。

（1）直接雷击：由于雷电直接击中保险标的造成损失，属于直接雷击责任。

（2）感应雷击：由于雷击产生的静电感应或电磁感应使屋内对地绝缘金属物体产生高电位放出火花引起的火灾，导致电器本身的损毁，或因雷电的高电压感应，致使电器部件的损毁，属于感应雷击责任。

4．飞行物体及其他空中运行物体坠落

飞行物体及其他空中运行物体坠落责任是凡在空中飞行或运行过程中的飞机、飞机部件或飞行物体突然发生的坠落现象对陆地上的保险标的造成的损坏。通常包括以下几种情形。

（1）空中飞行器、人造卫星、陨石坠落，吊车、行车在运行时发生的物体坠落。

（2）在施工过程中，因人工开凿或爆炸而致石方、石块、土方飞射或塌下而造成保险标的的损失，可以先予赔偿，然后向负有责任的第三方追偿。

（3）建筑物倒塌、倒落、倾倒造成保险标的的损失，视同空中运行物体坠落责任。如果涉及第三者责任，可以先赔后追。但是，对建筑物本身的损失，不管是否属于保险标的都不负责赔偿。

5．可保损失

（1）因施救而引起的保险财产损失。

它是指在发生保险事故时，为抢救保险标的或防止灾害蔓延，采取合理的、必要的措施而造成保险标的的损失。发生保险事故时为抢救保险标的或防止灾害蔓延而不可避免地造成保险标的的损失，列为保险人赔偿责任，但对非保险标的的损失不负责赔偿。例如，在发生火灾时，保险标的在抢救过程中，产生碰破、水渍损坏等损失，以及灾后搬回原地、途中的损失；因抢救受灾物资而将保险房屋的墙壁、门窗等破坏造成的损失；发生火灾时为隔断火道，将未着火的保险房屋拆毁造成的损失；遭受火灾后，为防止损坏的保险房屋、墙壁倒塌压坏其他保险标的而将其拆除造成的损失。

（2）与之相关的费用损失。

① 施救、保护、整理费用。在发生保险责任范围内的灾害事故时，被保险人应对面临或遭受灾害事故的财产采取必要的施救、保护、整理措施，以减少保险财产的损失，因此而支出的合理费用，保险人应负责赔偿。对这一条责任，应掌握好 3 点：首先，必须是因

保险责任范围内的灾害事故而发生的费用，如在救火时，被保险人使用的消防设备的损坏、灭火药剂的消耗、抢运保险财产的运输费用和临时堆存费，均属此项责任；其次，必须是为了减少保险财产损失而发生的费用，如因保险财产被火烧坏和受到水渍损坏而需要修理、整理、分档、清洗、摊晒、改装等，由此产生的雇请人员的人工费、物料消耗费等；最后，必须是必要的和合理的费用，如果所支出的费用超过了被施救、保护、整理的保险财产的价值，就不能认为是必要的和合理的费用。

② 追偿费用。当发生应由第三方负责的损失时，保险人可在被保险人提出要求并将向第三方追偿的权力移交给保险人后，先对被保险人进行赔偿，然后向第三方追偿，由此发生的追偿费用，可由保险人承担。

③ 仲裁、诉讼费用。当被保险人和保险人发生争议时，可以申请由仲裁机关进行仲裁或向法院提出诉讼。仲裁、诉讼费用可由保险人承担。

④ 其他有关费用。例如，为了认定损失是否属保险责任范围，所支付的保险财产的检验鉴定、公估的合理费用等。

（二）责任免除

（1）由于下列原因造成的损失、费用，保险人不负责赔偿。

① 投保人、被保险人及其代表的故意或重大过失行为。

重大过失行为是指行为人不但没有遵守法律规范对其的较高要求，甚至连人们都应当注意并能注意的一般标准也未达到的行为。

② 行政行为或司法行为。

行政行为或司法行为是指各级政府部门、执法机关或依法履行公共管理、社会管理职能的机构下令破坏、征用、罚没保险标的的行为。

③ 战争、类似战争行为、敌对行动、军事行动、武装冲突、罢工、骚乱、暴动、政变、谋反、恐怖活动。

恐怖活动是指任何人以某一组织的名义或参与某一组织，使用武力或暴力对任何政府进行恐吓或施加影响的行为。

④ 地震、海啸及其次生灾害。

地震是指地壳发生的震动；海啸是指由海底地震、火山爆发或水下滑坡、塌陷所激发的海洋巨波。

⑤ 核辐射、核裂变、核聚变、核污染及其他放射性污染。

⑥ 大气污染、土地污染、水污染及其他非放射性污染，但因保险事故造成的非放射性污染不在此限。

⑦ 保险标的的内在或潜在缺陷、自然磨损、自然损耗、大气（气候或气温）变化、正常水位变化或其他渐变原因，物质本身变化、霉烂、受潮、鼠咬、虫蛀、鸟啄、氧化、锈蚀、渗漏、自燃、烘焙。

自燃是指可燃物在没有外部热源直接作用的情况下，由于其内部的物理作用（如吸附、辐射等）、化学作用（如氧化、分解、聚合等）或生物作用（如发酵、细菌腐败等）而发热，热量积聚导致升温，当可燃物达到一定温度时，未与明火直接接触而发生燃烧的现象。

⑧ 暴雨、洪水、暴风、龙卷风、冰雹、台风或飓风、暴雪、冰凌、突发性滑坡、崩塌、泥石流、地面突然下陷下沉。

⑨ 水箱、水管爆裂。

水箱、水管爆裂包括冻裂和意外爆裂两种情况。水箱、水管爆裂一般是由水箱、水管本身瑕疵或使用耗损或严寒结冰造成的。

⑩ 盗窃、抢劫。

（2）下列损失、费用，保险人也不负责赔偿。

① 保险标的遭受保险事故引起的各种间接损失。

② 广告牌、天线、霓虹灯、太阳能装置等建筑物外部附属设施，存放于露天或简易建筑内部的保险标的及简易建筑本身，由于雷击造成的损失。

简易建筑指符合下列条件之一的建筑：使用竹木、芦席、篷布、茅草、油毛毡、塑料膜、尼龙布、玻璃钢瓦等材料为顶或墙体的建筑；顶部封闭，但直立面非封闭部分的面积与直立面总面积的比例超过10%的建筑；屋顶与所有墙体之间的最大距离超过一米的建筑。

③ 锅炉及压力容器爆炸造成其本身的损失。

④ 任何原因导致供电、供水、供气及其他能源供应中断造成的损失和费用。

⑤ 保险合同中载明的免赔额或按保险合同中载明的免赔率计算的免赔额。

（3）其他不属于保险责任范围内的损失和费用，保险人不负责赔偿。

企业财产保险承担的保险责任为列明的风险责任，对于责任免除不可能完全列举，因此凡是不属于保险责任中列举的灾害事故损失、费用等都属于责任免除。

二、企业财产保险综合险

保险人不仅承担基本险的保险责任，而且在此基础上将保险责任范围扩展到12种自然灾害造成的保险标的的损失。

（一）保险责任

在保险期间，由于下列原因造成保险标的的损失，保险人按照保险合同的约定负责赔偿。

（1）火灾。

（2）爆炸。

（3）雷击。

（4）12种自然灾害：暴雨、洪水、暴风、龙卷风、冰雹、台风或飓风、暴雪、冰凌、突发性滑坡、崩塌、泥石流、地面突然下陷下沉。

① 暴雨：每小时降雨量达16毫米以上，或连续12小时降雨量达30毫米以上，或连续24小时降雨量达50毫米以上的降雨。

② 洪水：山洪暴发、江河泛滥、潮水上岸及倒灌。但规律性的涨潮、自动灭火设施漏水及在常年水位以下或地下渗水、水管爆裂不属于洪水责任。

③ 暴风：风力达8级、风速为17.2米/秒以上的自然风（保险中的暴风责任与气象中的不同，保险中对其进行了扩展）。

④ 龙卷风：一种范围小而时间短的猛烈旋风，陆地上最大风速范围为 79 米/秒～103 米/秒，极端最大风速为 100 米/秒以上。

⑤ 冰雹：从强烈对流的积雨云中降落到地面的冰块或冰球，直径大于 5 毫米，核心坚硬的固体降水。

⑥ 台风或飓风：台风是中心附近最大平均风力 12 级或以上，即风速为 32.6 米/秒以上的热带气旋；飓风是一种与台风性质相同，但出现的区域不同的热带气旋，台风出现在西北太平洋海域，而飓风出现在印度洋、大西洋海域。

⑦ 暴雪：连续 12 小时的降雪量大于或等于 10 毫米的降雪现象（保险中的暴雪责任与气象中的不同，保险中对其进行了扩展）。

⑧ 冰凌：春季江河解冻时冰块漂浮遇阻，堆积成坝，堵塞江道，造成水位急剧上升，以致江水溢出江道，漫延成灾。陆上有些地区，如山谷风口酷寒致使雨雪在物体上结成冰块，成下垂形状，越结越厚，重量增加，由于下垂的拉力致使物体毁坏，也属冰凌责任。

⑨ 突发性滑坡：斜坡上不稳的岩土体或人为堆积物在重力作用下突然整体向下滑动的现象。

⑩ 崩塌：石崖、土崖、岩石受自然风化、雨蚀造成崩溃下塌，以及大量积雪在重力作用下从高处突然崩塌滚落。

⑪ 泥石流：由于雨水、冰雪融化等水源激发的、含有大量泥沙和石块的特殊洪流。

⑫ 地面突然下陷下沉：地壳因为自然变异使地层收缩而发生突然塌陷。对于因海潮、河流、大雨侵蚀或在建筑房屋前没有掌握地层情况，地下有孔穴、矿穴，以致地面突然塌陷，也属地面突然下陷下沉责任。但未按建筑施工要求导致建筑地基下沉、裂缝、倒塌等，不在此列。

（5）飞行物体及其他空中运行物体坠落。

（6）被保险人拥有财产所有权的自用的供电、供水、供气设备因保险事故遭受损坏，引起停电、停水、停气造成保险标的的直接损失，保险人按照保险合同的约定也负责赔偿。

"三停"所致保险标的的损失必须同时具备下列 3 个条件才属保险责任。

① 必须是被保险人拥有财产所有权并自己使用的供电、供水、供气设备，包括本单位拥有所有权和使用权的专用设备及本单位拥有所有权又与其他单位共用的设备。所谓设备包括发电机、变压器、配电间、水塔、线路、管道等供应设备。

② 必须是由于保险责任范围内的灾害事故造成的"三停"损失。

③ 仅限于对被保险人的机器设备、在产品和贮藏物品等保险标的的损坏或报废负责。

典型案例

生物制药厂"三停"损失案例

案情介绍：

某生物制药厂将其全部财产投保了企业财产保险综合险。有一天，由于供电输入系统发生故障而引起停电事故，造成该厂冷藏库内的生物制品变质。厂方认为，这次突然停电事故是该厂自身的供电输入系统发生了故障，并不是供电部门的责任，纯属意外事故，应属保险责任范围。

案例分析：

"意外事故"是一种统称，但保险责任范围内的意外事故是指保险条款列举的特定的意外事故，并不包括一切意外事故造成的损失。本案停电原因是供电输入系统发生故障，不属于保险责任范围，不符合以上对"三停"损失赔偿必须具备的3个条件中的第二个条件"必须是由于保险责任范围内的灾害事故造成的'三停'损失"。因此，本案也就不构成保险责任，保险公司不负赔偿责任。

资料来源：李立，李玉菲. 财产保险[M]. 2版. 北京：中国人民大学出版社，2014.

（7）前款原因造成的保险事故发生时，为抢救保险标的或防止灾害蔓延，采取必要的、合理的措施而造成保险标的的损失，保险人按照保险合同的约定负责赔偿。

（8）保险事故发生后，被保险人为防止或减少保险标的的损失所支付的必要的、合理的费用，保险人按照保险合同的约定也负责赔偿。

（二）责任免除

综合险的责任免除与基本险相比，主要区别是把前述12种自然灾害从责任免除中剔除，列为综合险的保险责任。此外，在综合险的责任免除中，还特别列明了存放于露天或简易建筑内部的保险标的及简易建筑本身，由于雷击、暴雨、洪水、暴风、龙卷风、冰雹、台风或飓风、暴雪、冰凌、沙尘暴造成的损失。综合险的责任免除其余内容与基本险相同，具体如下。

（1）由于下列原因造成的损失、费用，保险人不负责赔偿。

① 投保人、被保险人及其代表的故意或重大过失行为。

② 行政行为或司法行为。

③ 战争、类似战争行为、敌对行动、军事行动、武装冲突、罢工、骚乱、暴动、政变、谋反、恐怖活动。

④ 地震、海啸及其次生灾害。

⑤ 核辐射、核裂变、核聚变、核污染及其他放射性污染。

⑥ 大气污染、土地污染、水污染及其他非放射性污染，但因保险事故造成的非放射性污染不在此限。

⑦ 保险标的的内在或潜在缺陷、自然磨损、自然损耗，大气（气候或气温）变化、正常水位变化或其他渐变原因，物质本身变化、霉烂、受潮、鼠咬、虫蛀、鸟啄、氧化、锈蚀、渗漏、自燃、烘焙。

⑧ 水箱、水管爆裂。

⑨ 盗窃、抢劫。

（2）下列损失、费用，保险人也不负责赔偿。

① 保险标的遭受保险事故引起的各种间接损失。

② 广告牌、天线、霓虹灯、太阳能装置等建筑物外部附属设施，存放于露天或简易建筑内部的保险标的及简易建筑本身，由于雷击、暴雨、洪水、暴风、龙卷风、冰雹、台风

或飓风、暴雪、冰凌、沙尘暴造成的损失。

③ 锅炉及压力容器爆炸造成其本身的损失。

④ 保险合同中载明的免赔额或按保险合同中载明的免赔率计算的免赔额。

（3）其他不属于保险责任范围内的损失和费用，保险人不负责赔偿。

三、企业财产保险一切险

（一）保险责任

（1）在保险期间，由于发生自然灾害或意外事故造成保险标的的损失，保险人按照保险合同的约定负责赔偿。

自然灾害是雷击、暴雨、洪水、暴风、龙卷风、冰雹、台风或飓风、沙尘暴、暴雪、冰凌、突发性滑坡、崩塌、泥石流、地面突然下陷下沉及其他人力不可抗拒的破坏力强大的自然现象。沙尘暴是强风将地面大量尘沙吹起，使空气变得混浊，水平能见度小于 1 千米的天气现象。

意外事故是不可预料的及被保险人无法控制并造成物质损失的突发性事件，包括火灾和爆炸。

（2）前款原因造成的保险事故发生时，为抢救保险标的或防止灾害蔓延，采取必要的、合理的措施而造成保险标的的损失，保险人按照保险合同的约定负责赔偿。

（3）保险事故发生后，被保险人为防止或减少保险标的的损失所支付的必要的、合理的费用，保险人按照保险合同的约定也负责赔偿。

（二）责任免除

（1）由于下列原因造成的损失、费用，保险人不负责赔偿。

① 投保人、被保险人及其代表的故意或重大过失行为。

② 行政行为或司法行为。

③ 战争、类似战争行为、敌对行动、军事行动、武装冲突、罢工、骚乱、暴动、政变、谋反、恐怖活动。

④ 地震、海啸及其次生灾害。

⑤ 核辐射、核裂变、核聚变、核污染及其他放射性污染。

⑥ 大气污染、土地污染、水污染及其他非放射性污染，但因保险事故造成的非放射性污染不在此限。

⑦ 保险标的的内在或潜在缺陷、自然磨损、自然损耗，大气（气候或气温）变化、正常水位变化或其他渐变原因，物质本身变化、霉烂、受潮、鼠咬、虫蛀、鸟啄、氧化、锈蚀、渗漏、烘焙。

⑧ 盗窃、抢劫。

（2）下列损失、费用，保险人也不负责赔偿。

① 保险标的遭受保险事故引起的各种间接损失。

② 设计错误、原材料缺陷或工艺不善造成保险标的本身的损失。

③ 广告牌、天线、霓虹灯、太阳能装置等建筑物外部附属设施，存放于露天或简易建筑内部的保险标的及简易建筑本身，由于雷击、暴雨、洪水、暴风、龙卷风、冰雹、台风或飓风、暴雪、冰凌、沙尘暴造成的损失。
④ 锅炉及压力容器爆炸造成其本身的损失。
⑤ 非外力造成机械或电气设备本身的损失。
⑥ 被保险人及其雇员的操作不当、技术缺陷造成被操作的机械或电气设备的损失。
⑦ 盘点时发现的短缺。
⑧ 任何原因导致公共供电、供水、供气及其他能源供应中断造成的损失和费用。
⑨ 保险合同中载明的免赔额或按保险合同中载明的免赔率计算的免赔额。

企业财产保险主险的保险责任如表 3-7 所示。

表 3-7 企业财产保险主险的保险责任

类别	自然灾害	意外事故	自有设备的"三停"责任	施救时的损失和合理费用
基本险	雷击	火灾、爆炸、飞行物体及其他空中运行物体坠落	—	负责
综合险	暴雨、洪水、暴风、龙卷风、冰雹、台风或飓风、暴雪、冰凌、突发性滑坡、崩塌、泥石流、地面突然下陷下沉 12 种自然灾害和雷击	同上	被保险人拥有财产所有权的自用的供电、供水、供气设备因保险事故遭受损坏，引起停电、停水、停气造成保险标的的直接损失	负责
一切险	除责任免除外的自然灾害和意外事故导致的直接物质损失或灭失			负责

四、利润损失保险

（一）利润损失保险的概念

传统的企业财产保险只对因保险事故的发生造成的保险标的的直接损失提供保障，因保险事故的发生而引起的间接损失（如因停产、减产、营业中断带来的利润损失）则不负赔偿责任。而利润损失保险是作为企业财产保险的一种附加险来承保的。

利润损失保险又称营业中断保险或间接损失保险，是对传统的企业财产保险中不保的间接损失提供保障的保险。它主要承保由于火灾和其他约定的自然灾害和意外事故的发生，使被保险人在保险财产从受损到恢复至营业前状况的一段时间内，因停产、停业或营业受到影响所造成的利润损失和受灾的营业中断期间所需开支的必要费用等间接损失。

（二）利润损失保险的投保条件

（1）被保险人必须在足额投保企业财产保险主险的基础上，才能投保利润损失保险。

利润损失保险是企业财产保险的附加险，其必须依附在企业财产保险主险的基础上，而且所承保的风险必须与企业财产保险主险一样。因此，投保人只有在投保了企业财产保险主险的基础上，才能投保利润损失保险。

（2）利润损失保险只适用于有盈利的企业投保。

利润损失保险是对企业因保险事故的发生造成的保险标的的间接损失承保，如果允许经营亏损的企业投保，则容易产生道德风险。

（三）利润损失保险的保险期和赔偿期

1．保险期

利润损失保险的保险期一般为一年，以保险单载明的起讫时间为准。

2．赔偿期

企业受灾后，一般会立即进行修建或重建、重置，使其能在短期内恢复到受灾前水平，并能进行正常营业，从受灾到恢复正常营业的恢复时间称为赔偿期。

保险期与赔偿期是两个不同的概念。保险期是保险单规定的起讫时间，只有在保险单的保险期限内发生保险事故，保险人才能对损失负责；而赔偿期则是在保险期限内发生保险事故之日起到恢复正常营业的一段时间。利润损失保险只赔偿被保险人在赔偿期内的利润损失。保险期与赔偿期的关系如图 3-1 所示。

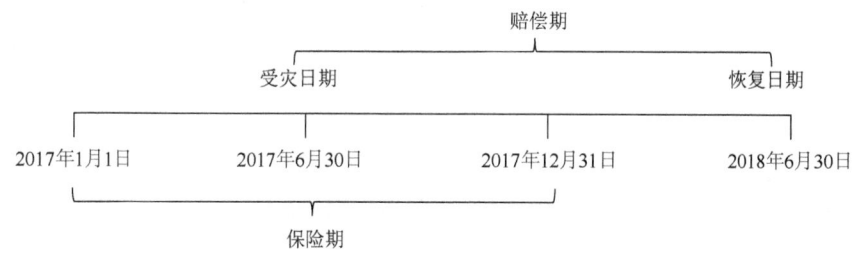

图 3-1 保险期与赔偿期的关系

从图 3-1 中可以看出，利润损失保险的保险期为一年，即从 2017 年 1 月 1 日 0 时起至 2017 年 12 月 31 日 24 时止。如果保险财产于 2017 年 6 月 30 日遭受火灾，须花一年时间才能恢复正常营业，则 2017 年 6 月 30 日至 2018 年 6 月 30 日就为赔偿期。

赔偿期有最大赔偿期和实际赔偿期两种。最大赔偿期是投保人向保险人申请投保的赔偿期。在投保时，投保人根据发生一次最大可能损失预计从受灾到恢复正常的一段时间作为保险赔偿期，一般用多少个月表示。它是保险人负责毛利润损失的最长期限，故称为最大赔偿期。实际赔偿期是发生保险事故后保险人实际应负责的赔偿期。例如，赔偿期为 3 个月，而被保险人 2 个月就恢复了正常营业，则保险人负责 2 个月的毛利润损失；如果被保险人 4 个月才恢复正常营业，则保险人只能负责 3 个月的毛利润损失。

（四）利润损失保险的保险责任

1．承保的风险

利润损失保险是依附在企业财产保险主险基础上的一种扩大责任的保险，其所承保的风险与企业财产保险主险相同，如基本险承保的风险是火灾、爆炸、雷击、飞行物体及其他空中运行物体坠落，则利润损失保险同样承保上述风险。

2．保障的项目

利润损失保险承保的风险虽与企业财产保险主险相同，但二者保障的项目不同。利润损失保险承保的是投保企业的生产营业设备由于遭受自然灾害或意外事故,造成企业生产停顿或营业中断而引起的间接损失。归纳起来,其保障的项目有3类:毛利润损失、审计费用和工资。

(1)毛利润损失。

利润损失保险所承保的毛利润损失为分别按照营业额的减少和营业费用的增加计算的损失之和,扣除在赔偿期内被保险人因保险事故的发生而从毛利润中减少或停止支付的费用。

① 因营业额减少所致的毛利润损失。

因营业额减少所致的毛利润损失的计算公式为:

因营业额减少所致的毛利润损失=毛利润率×(标准营业额-赔偿期内实际营业额)

例如,某企业于2019年1月1日投保企业财产保险和利润损失保险,2018年该企业的毛利润率为30%。该企业于2019年7月1日发生火灾,需要6个月恢复生产,赔偿期为2019年7月1日至2019年12月31日,标准营业额按上年同期(2018年7月1日至2018年12月31日)的营业额估算,即500 000元,赔偿期内实际营业额为300 000元,则:

因营业额减少所致的毛利润损失=(500 000-300 000)×30%=60 000(元)

在实务中,计算毛利润损失时,还要考虑企业的营业发展趋势和通货膨胀等因素,即将标准营业额加上营业增长因素的百分比才能得到"应有的营业额"。实际标准营业额的计算公式为:

实际标准营业额=标准营业额×(1+营业额增长率+通货膨胀率)

在上例中,约定一年后营业增长率为10%,通货膨胀率为8%,则:

实际标准营业额=500 000×(1+10%+8%)=590 000(元)

毛利润损失=(590 000-300 000)×30%=87 000(元)

延伸阅读

利润损失保险的相关概念

1. 利润、毛利润和毛利润率

利润也称净利润,是衡量企业财务损益状况的指标。利润为正值,说明企业盈利;反之,企业亏损。

毛利润是指已扣减生产成本,但仍未扣净所有支出的销售或营业收入。在保险业务中,通常有以下两种计算毛利润的方法。

(1)"加"法,即将企业净利润加上各种可保险的维持费用(也称固定费用)。维持费用包括高层管理人员工资、水电费、广告费、租金、利息、保险费等。这些费用在营业中断期间仍需支出,并非随着营业额的减少同比减少,因此它是具有保险利益的,在计算毛利润时可以概括进来。

(2)"减"法,即采用下列计算毛利润的公式:

毛利润=营业额+年终库存-上年库存-特定营业费用

公式中的特定营业费用(也称生产费用)包括原材料采购费、消耗性物料采购费、运输费、包装费、生产工人工资、制造费、取暖费等。这些费用在营业中断后就无须支出，因此无保险利益可言。在实务中，上年库存和年终库存数额应按照被保险人正常的会计计算方法确定，并适当折旧，如下表所示。

项　目	金额（万元）	项　目		金额（万元）
营业额	100 000	上年库存		20 000
本年库存	20 000	特定营业费用	原材料采购费	50 000
			运输费	5000
			包装费	5000
			生产工人工资	8000
			制造费	1000
			取暖费	1000
—	—	毛利润		30 000
合计	120 000	合计		120 000

根据毛利润计算公式得到：毛利润=100 000+20 000-20 000-70 000=30 000（万元）。

毛利润率是指发生在损失日前的会计年度内毛利润占营业额的比例。其计算公式为：

$$毛利润率 = \frac{毛利润}{营业额} \times 100\%$$

该毛利润是企业已经实现的利润，而利润损失保险所保的是企业本年度可能实现但尚未实现的利润。在一般情况下，企业可用上年度的毛利润率推算本年度的毛利润，保险人也可以用上年度的毛利润作为确定承保年度的毛利润和保险金额的基础。

2．营业额和标准营业额

营业额是指企业在营业处所经营业务过程中的营业收入，即出售产品、提供服务的收入。用公式表示为：

营业额=生产费用+维持费用+净利润

标准营业额是指与赔偿期相应的上年度同期的营业额，即上年度可比的营业额。例如，规定赔偿期为2015年的4、5、6三个月，标准营业额为2014年的4、5、6三个月的营业额。有时也可以灾前几个月的营业额为标准营业额。例如，规定赔偿期为2015年的7、8、9三个月，则以2015年的4、5、6三个月的营业额为标准营业额。

3．营业额的减少

营业额的减少即营业收入的减少，是指正常的标准营业收入与赔偿期内非正常营业收入的差额。

资料来源：董玉凤，戴丽.财产保险[M].北京：中国金融出版社，2014.

② 因营业费用增加所致的毛利润损失。

因营业费用增加所致的毛利润损失是指企业在遭受保险事故所造成的财产损失后，为了避免或减少营业中断的损失而额外支出的必要的、合理的费用，如果这些费用不予以支出，则赔偿期内的营业额就会因保险事故的发生而减少。保险人承保的该项损失应具备两个条件：一是这些费用的支出在主观上是为了避免或减少营业损失，缩短营业中断的时间；二是这些增加的费用不能超过一定的"经济限度"，即不能超过赔偿期内挽回的营业额与毛利润率的乘积。用公式表示为：

$$经济限度=赔偿期内挽回的营业额×毛利润率$$

如在上例中，赔偿期为6个月，期间租用厂房6个月，付房租12 000元。假设赔偿期内挽回的营业额为50 000元，使赔偿期内的实际营业额达到了300 000元，保险人对房租的赔偿要看是否在经济限度内：

经济限度=50 000×30%=15 000（元）

该例中的租房费用为12 000元，没有超过经济限度15 000元，根据因营业额减少所致的毛利润损失的计算公式，该企业可获得保险保障的毛利润损失总额为：87 000+12 000=99 000（元）。

（2）审计费用。

发生保险合同约定的保险事故后，被保险人在申请赔偿时，按照保险人的要求为提供有关账表、账表审计结果或其他证据所付给被保险人聘请的注册会计师的合理的、必要的费用，保险人在保险合同约定的赔偿限额内也负责赔偿。

（3）工资。

工资通常是指支付给雇员报酬的总额，包括奖金、加班费、生活补助、保险费、节假日工资及其他与工资相关的款项。由于工资属于可变费用，投保人可以投保也可以不投保，如果投保，可以不另行单列而计入毛利润中一起投保，保险人也可以应投保人的要求，以一定时期的工资总额为保险金额承保。

（五）利润损失保险的责任免除

保险人不负责赔偿下列损失。

（1）因投保人、被保险人的故意或重大过失行为产生或扩大的任何损失。

（2）由于利润损失保险合同主险条款责任范围以外的原因产生或扩大的损失。

（3）因地震、海啸及其次生灾害产生或扩大的损失。

（4）由于政府对受损财产的修建或修复的限制而产生或扩大的损失。

（5）因恐怖主义活动产生或扩大的损失。

（6）保险合同载明的免赔额或保险合同约定的免赔期内的损失。

（六）利润损失保险的保险金额（赔偿限额）

1．毛利润损失的保险金额

利润损失保险所保障的是企业在正常的生产经营情况下有根据地实现的收益和支出。因此，其保险金额是以企业上年度的毛利润为依据计算出来的，即预期毛利润。如果预计企业的经营状况将在上年度的基础上进一步提高，同时考虑到通货膨胀的因素，反映企业毛利润水平的实际货币量将比上年度增加，因此可在上年度毛利润的基础上加上一定的利润增长因素，作为保险人承保利润损失保险的保险金额。其计算公式为：

$$本年度预期毛利润=上年度营业额×（1+营业额增长率+通货膨胀率）×毛利润率$$

预期毛利润只是利润损失保险的保险标的可能实现的最高值，投保人可以在预期毛利润以内确定利润损失保险的保险金额。如果利润损失保险的保险金额超过预期毛利润，超过的部分为超额保险，保险人不负责赔偿。

当然，利润损失保险的保险金额与赔偿期有密切的联系。一般来说，如果赔偿期不超过 12 个月，保险金额应为预期的毛利润额；如果赔偿期超过 12 个月，保险金额则按比例增加。例如，规定赔偿期为 18 个月，保险金额就应该是预期的毛利润额的 150%。

2．审计费用的赔偿限额

审计费用的赔偿限额由投保人自行确定并在保险合同中载明。

关于工资的保险金额已经在保障的项目里说明，此处不再赘述。

（七）利润损失保险的费率

利润损失保险是作为企业财产保险的附加险承保的，所以利润损失保险的费率通常以所承保的基础保险单的基本费率为基础，再根据赔偿期的长短及其他调整系数确定。利润损失保险的费率一般可按以下原则和步骤确定。

（1）以承保的企业财产保险的费率为基准费率。

（2）根据不同行业、不同工作的标准费率进行增减。

（3）根据其他影响损失的因素进行增减。

（4）根据赔偿期的长短进行调整。

延伸阅读

中国人民财产保险股份有限公司营业中断保险费率表

1．基准费率

财产损失引起的毛利润损失：企业财产保险实际费率的 2 倍。

机器损坏引起的毛利润损失：机器损坏保险实际费率的 4 倍。

赔偿期为 12 个月，基准免赔期为 30 天。

此处免赔系数一律取 1.0。

2．费率的调整系数

（1）免赔系数如下表所示。

免赔	调整系数
基准免赔	1.0
基准免赔的 2 倍	0.8
基准免赔的 3 倍	0.7

（2）赔偿期系数如下表所示。

赔偿期	调整系数
6 个月	0.65
12 个月	1.00
18 个月	0.87

续表

赔偿期	调整系数
24 个月	0.75
30 个月	0.68
36 个月	0.60

3．保险费计算方法

保险费=（毛利润保险金额+审计费用赔偿限额）×基准费率×免赔系数×赔偿期系数

如果同时承保财产损失和机器损坏引起的毛利润损失，则需要分别计算财产损失引起营业中断的保险费和机器损坏引起营业中断的保险费，并将二者求和作为总保险费。

资料来源：根据中国人民财产保险股份有限公司产品条款编辑整理。

（八）利润损失保险的赔偿处理

1．确定保险责任

保险人承担利润损失赔偿责任需要符合以下条件。

（1）利润损失保险必须发生在被保险人所占有或指定的场所。例如，因临近场所发生火灾，使被保险人感到自己的场所不安全，擅自停止营业的，保险人不负责赔偿；而临近场所发生火灾致使被保险人的场所遭受水患或烟熏，或者致使被保险人的营业通道堵塞而停止营业，由此带来的营业中断损失应由保险人负责赔偿。

（2）营业中断必须是必要的。尽管企业发生了火灾，但损失轻微不必停业，此时业主停业造成的利润损失保险人不负责赔偿。

（3）损失必须是由保险责任范围内的损失原因引起的。例如，某企业投保了企业财产保险基本险，但因为台风造成企业营业中断，台风不属于企业财产保险基本险和利润损失保险的保险责任范围，对企业因营业中断造成的利润损失保险人不负责赔偿。

（4）物质损失必须发生在保险期内，若营业中断延续到保险期满后，对于超过保险期的利润损失，保险人也负责赔偿。

2．确定实际赔偿期

实际赔偿期是从损失发生之日起到生产或营业完全恢复到原有水平为止。实际赔偿期不能超过保险合同约定的赔偿期，如果超过，则以保险合同载明的赔偿期为准。

3．保险赔偿

利润损失保险赔偿金额的计算公式为：

赔偿金额=毛利润损失×保险金额/（毛利润率×年度营业额）

或

赔偿金额=(因营业额减少所致的毛利润损失+因营业费用增加所致的毛利润损失-所保固定费用的结余部分)×保险金额/（毛利润率×年度营业额）

计算示例

利润损失保险赔款计算

某企业投保企业财产保险基本险并附加利润损失保险,保险金额为240 000元,最大赔偿期为6个月。在保险期限内发生保险事故火灾,赔偿期内实际营业额下降为300 000元,其中有100 000元为花租金40 000元租房而挽回的营业额。该企业的标准营业额为500 000元,上年度毛利润率为20%,全年毛利润为300 000元,固定费用结余为3000元。请计算保险公司的保险赔款。

解:(1)因营业额减少所致的毛利润损失=(500 000-300 000)×20%=40 000(元)。

(2)因营业费用增加所致的毛利润损失=20 000(元)。

因为,经济限度=100 000×20%=20 000(元),而40 000>20 000,因此对40 000元租金,保险人最多只能负责20 000元。

(3)赔偿金额=(40 000+20 000-3000)×240 000/300 000=45 600(元)。

如果该企业在投保利润损失保险时,根据本年度的生产趋势和通货膨胀率对营业额与毛利润指标进行了适当调整,如估计该年的营业额比上年增长10%,通货膨胀率为8%,则保险人应赔偿的因营业额减少所致的毛利润损失为:

因营业额减少所致的毛利润损失=(500 000×118%-300 000)×20%=58 000(元)

如果企业在投保利润损失保险时,在保险单中规定免赔天数为20天,则保险人应承担的因营业额减少所致的毛利润损失为:

因营业额减少所致的毛利润损失=(500 000×118%-300 000)×20%×(160/180)=51 555.56(元)

专业能力训练

◇ 思考讨论

1. 企业财产保险的适用范围是什么?
2. 企业财产保险基本险与综合险的保险责任范围的区别是什么?
3. 利润损失保险保障的项目有哪些?

◇ 案例分析

1. 某铜厂于某年5月17日向某保险公司投保了企业财产保险,投保财产的范围包括冶炼系统、电解车间、硫酸车间,保险期为一年。该铜厂按照合同约定交付了保险费。同年7月14日,铜厂硫酸车间的硫酸转换器倒塌,设计单位经分析,得出结论:铜冶炼过程中所产生的烟气中的一氧化碳气体含量偏高,转化器内气温剧增,超过最高限温600℃,导致转化器和部分壳体被溶化,最后倒塌。厂方以"火灾"为由向保险公司索赔,保险公司根据事故原因和《财产保险综合险条款解释》,认为该案不构成企业财产保险的火灾责任,予以拒赔。双方发生争议，于是诉至法院。请根据企业财产保险基本知识分析保险公司的拒赔理由是否成立。

2．某年7月，某市因连续几天的暴雨造成洪灾，洪水流进了该市某烟酒副食公司的一个纸烟仓库，纸烟底下一层被水浸泡，直接损失12万元。上面几层纸烟虽未被浸泡，但已受潮。经过有关专家检验建议，该公司为防止损失扩大，采取措施将其全部拨到各营业点立即按5折削价出售，销售差价达35万元。事后，该公司向保险公司索赔。在处理该案时，保险公司赔付了被水浸泡过的纸烟的损失，但拒绝赔付未被水浸泡过而被削价处理的纸烟的销售差价，遂起纠纷。请根据企业财产保险基本知识分析保险公司是否应承担销售差价的损失。

◇ 综合实训

实训一　企业财产保险产品分析

实训目的：运用企业财产保险的主要内容及其险种的相关知识，解读企业财产保险条款。

实训要求：选择目前保险市场上某一家保险公司的企业财产保险产品，详细阅读其合同的条款，进行保险产品利益演示。

实训二　保险理赔计算

实训目的：运用企业财产保险理赔处理的知识进行保险理赔计算。

实训要求：根据背景资料计算保险公司的赔偿金额。

背景资料：

爱华造纸有限责任公司于2018年2月20日向某保险公司投保企业财产保险综合险，并附加利润损失保险，保险期为2018年2月21日0时起到2019年2月20日24时止。2018年7月19日夜，该公司的一个原料仓库因电线短路酿成火灾，虽经多方奋力抢救，仍造成了严重的损失。后经保险公司委托的保险公估公司评估，火灾造成损失情况为：烧毁了约2700平方米的库房；150箱成品纸遭受不同程度损坏，其中有60箱纸属于全部损失；此次事故共发生施救费用20万元；另外被保险人恢复正常生产大约需要3个月的时间。请分析此案，并回答下列问题。

1．假设受损成品纸的保险金额是5400万元，出险时的账面余额为6300万元，实际损失为5000万元，受损后的残值为275万元。那么，如不计施救费用，保险人应承担的赔偿金额是多少？

2．假设利润损失保险单规定的保险金额为1326万元，赔偿期为3个月。火灾发生后赔偿期营业额下降到360万元，而标准营业额为520万元，上年度毛利润率为25%，全年的毛利润为1560万元，则保险人应承担的赔偿金额是多少？

项目四
解析家庭财产保险

学习目标

知识目标
- 掌握家庭财产保险的概念、普通家庭财产保险的主要内容
- 理解家庭财产保险的特点
- 熟悉家庭财产保险附加险
- 了解家庭财产保险的其他类型

技能目标
- 能解读家庭财产保险条款,辨析家庭财产保险的险种
- 能运用家庭财产保险基础知识进行保险实务案例分析
- 能运用家庭财产保险理赔知识进行保险理算

关键术语

家庭财产保险　家庭财产两全保险　投资理财型家庭财产保险　第一危险赔偿方式

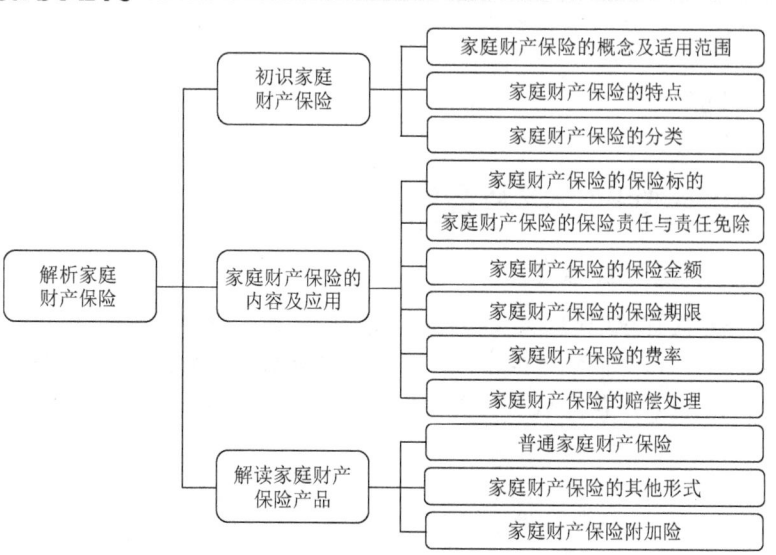

知识结构

解析家庭财产保险
- 初识家庭财产保险
  - 家庭财产保险的概念及适用范围
  - 家庭财产保险的特点
  - 家庭财产保险的分类
- 家庭财产保险的内容及应用
  - 家庭财产保险的保险标的
  - 家庭财产保险的保险责任与责任免除
  - 家庭财产保险的保险金额
  - 家庭财产保险的保险期限
  - 家庭财产保险的费率
  - 家庭财产保险的赔偿处理
- 解读家庭财产保险产品
  - 普通家庭财产保险
  - 家庭财产保险的其他形式
  - 家庭财产保险附加险

案例导入

某年某月13日上午9时许,某高档小区一栋18层的居民楼发生火灾。起火点是7楼王女士家的书房,先是冒起浓烟,后又发现明火。本来不算大的火,因楼内消防栓没水,加上小区内施工使消防车无法进入,王女士和家人只好用脸盆接水灭火,耽误了最佳扑救时机,导致火灾损失扩大。两个小时后,挖掘机破门为消防车开道,消防员到达起火点并于十几分钟后将火扑灭,所幸无人员伤亡。但王女士家的书房被这场火烧得面目全非,屋内的东西已化为灰烬,客厅、卧室的家具、地面、墙面上蒙着一层厚厚的黑灰。据王女士介绍,这套房子是她一年前花了100多万元买的,这次火灾让她损失了20多万元,遗憾的是,王女士并没有投保家庭财产保险,所有的损失都要自己承担。

资料来源:根据中国太平洋保险(集团)股份有限公司官网案例编辑整理。

随着人们生活水平的提高,许多家庭的自有财产大幅增值。但在日常生活中,个人和家庭对风险的预测能力有限,对风险的抵御能力也有限,一旦发生事故,就会造成家庭财产的损失,使家庭背负沉重的经济负担。通过投保家庭财产保险可以转移家庭财产风险,安定居民生活,保障社会稳定。

任务一 初识家庭财产保险

任务情景

近年来,我国保险市场整体上持续快速发展,但家庭财产保险的发展严重滞后。在上海、北京、广州等大城市中,家庭财产保险的投保率低于10%,中小城市家庭财产保险的投保率更低,与发达国家形成了鲜明的对比。

请分析,家庭财产保险的特点是什么?其投保率不高的原因是什么?

知识探究

一、家庭财产保险的概念及适用范围

(一)家庭财产保险的概念

家庭财产保险简称家财险,是以城乡居民家庭的自有财产或代他人保管、与他人共有的财产为保险标的,以合同约定的自然灾害或意外事故造成保险标的的损失为保险责任的一种财产保险。家庭财产保险属于火灾保险的范畴,强调保险标的的实体性和保险地址的固定性。

（二）家庭财产保险的适用范围

家庭财产保险适用于我国城乡居民家庭或个人，以及外国驻华人员及其家庭成员。凡属于城乡居民家庭或个人、外国驻华人员的自有财产，以及代他人保管或与他人共有的财产，都可投保家庭财产保险。个体工商户及合作经营组织（包括个体劳动者、手工业者、小商小贩等）生产或经营用的厂房、工具、器具、原材料、商品等，即使属于城乡居民家庭或个人所有，但一般不能投保家庭财产保险，可另行投保个体工商户和合作经营组织财产保险。

二、家庭财产保险的特点

家庭财产保险虽然和企业财产保险同属于火灾保险的范畴，但作为一个独立的财产保险业务，它具有自身的特点。

（一）业务分散，潜力巨大

家庭财产保险的保障对象是城乡居民，而城乡居民尤其是农村居民居住分散，除少数城镇居民可以通过其所在单位或社区统一投保家庭财产保险外，绝大多数居民的家庭财产保险都需要由保险人或其代理人通过展业获取或由居民自愿到保险公司的营业部投保。每个家庭都是展业对象，都可能成为被保险人，因此家庭财产保险的业务非常分散。我国家庭财产保险面对的是一个有几亿户家庭的潜在市场，虽然业务分散，但发展潜力巨大。

（二）额小量大，成本偏高

尽管随着我国经济的发展和人民生活水平的提高，城乡居民的物质财富日益增长，但与其他保险的单笔业务量相比，家庭财产保险的业务量有限，每笔家庭财产保险业务的保险金额不会很大，少则几千元，多则几万元，所收取的单笔保险费则更少。虽然保险人处理的家庭财产保险赔付金额小，但赔案的数量很多。

家庭财产保险的业务分散性和单笔业务的额小量大，必然使保险经营成本增加，保险人若要收到与企业财产保险相似的保险费，需要付出更多的人力、物力、财力。这正是一些保险人不太愿意集中精力开拓家庭财产保险市场的原因。

（三）风险结构特殊

家庭财产保险面临的主要是火灾、盗窃等风险，这种风险结构与团体火灾保险的风险结构有着巨大的差异。因此，保险人需要有针对性地做好风险选择与防损工作。

（四）赔偿方式独特

在家庭财产保险实务中，保险人对家庭财产保险的理赔一般采取有利于被保险人的第一危险赔偿方式。这种方式将被保险人的财产价值视为两个部分：第一部分为保险金额部分，也是保险人应当负责的部分；超过保险金额的即为第二部分，它由被保险人自己负责。凡保险金额内的损失全部由保险人负责赔偿，而不需要像企业财产保险那样按照保险金额与投保财产实际价值的比例分摊损失。

（五）险种设计灵活

家庭财产保险业务面向普通的城乡居民，为满足他们的不同需要并使其真正具有吸引力，保险人不仅提供普通家庭财产保险，还推出具有还本性质的家庭财产两全保险和家庭财产长效还本保险，以及综合承保财产损失与有关责任的保险等。因此，城乡居民的投保选择较多。

三、家庭财产保险的分类

按照不同的标准，家庭财产保险可分为不同的类型。

（一）根据保险标的划分

根据保险标的的不同，家庭财产保险可分为房屋保险和其他财产保险。房屋保险是指以房屋及其附属设备为保险标的的保险，主要保障火灾、爆炸、雷击等自然灾害和意外事故造成的房屋的损失，如农房保险、房屋装潢保险等；其他财产保险的保险标的是除房屋外的其他家庭财产，如我国历史上有关的自行车保险等。

（二）根据保险责任范围划分

根据保险责任范围的不同，家庭财产保险可分为综合家财险和单一家财险。综合家财险是指由保险人在一张保险单中承保被保险人的多项保险标的、多种风险责任的保险，如普通家庭财产保险、团体家庭财产保险等；单一家财险是指由保险人在一张保险单中承保被保险人某一类财产或某一种风险责任的保险，如液化气罐保险、家用电器专项保险等。

（三）根据承保业务的独立与否划分

根据承保业务的独立与否，家庭财产保险可分为主险和附加险。主险是指以保险合同为依据的家庭财产保险业务，具有独立性和综合性的特点，如家庭财产保险综合险（综合家财险）；附加险是指只能依附于主险之上，不能独立承保的家庭财产保险业务，通常属于主险不保的某一项除外风险或不保财产，如家用电器用电安全保险等。在家庭财产保险经营实务中，主险主要为了满足大众化的风险保障需求，而附加险则主要为了满足保险客户的特殊需求，它们共同构成了家庭财产保险系列，供投保人自主选择。

任务二　家庭财产保险的内容及应用

任务情景

张先生最近和自己的爱人刘小姐办理了婚姻登记。他除了忙着买房、装修、置办家具和家电，还想为将来的小家庭安排家庭财产保障计划，于是向某保险公司的业务顾问咨询家庭财产保险的相关问题。

若你是该保险公司的业务顾问，请向客户介绍家庭财产保险主要内容，向客户说明哪些财产可以投保，哪些情况下可以获得理赔。

知识探究

一、家庭财产保险的保险标的

家庭财产保险的保险标的分为可保标的、特约可保标的、不保标的。

（一）可保标的

在家庭财产保险经营实务中，凡是坐落于保险单载明的固定地点，属于被保险人自有或代保管或负有安全管理责任的财产，都可以投保家庭财产保险。其共同的特点是都处于被保险人的直接管理控制下，具体包括以下几种。

（1）房屋及其附属设备。房屋是指用于居住、生活的场所；房屋的附属设备是指固定装置在房屋中的冷暖、卫生、照明、供水设备等。

（2）各种生活资料，包括衣服、行李、文具、文化娱乐用品、家用电器、非机动交通工具等。

（3）农村家庭的农具、工具和已经收获的农副产品。但拖拉机、农业机器等需要另行投保专项险种。

（4）与他人共有的财产。共有是指财产的所有权主体有两个或两个以上，与他人共有的且由其负责的上述财产可以投保家庭财产保险。

（5）代保管财产。代保管财产是指受他人委托，代其保管并负有维护其安全管理责任的财产。但从事生产、经营的个体工商户，如洗染店、寄售店、修理店、服装加工店、私人旅馆小件寄存等，代他人加工、修理、保管的财产，不在家庭财产保险代保管财产之列，不能投保家庭财产保险。

（6）租用的财产。租用的财产是指以付出一定租金为代价而使用他人的财产，如租用房屋、家具、电器等。

（二）特约可保标的

投保人必须向保险人特约才能投保的财产包括以下两种。

（1）财产的实际价值难以确定，必须由专业鉴定人员或公估机构进行评估后才能确定价值的财产，如金银、珠宝、玉器等。

（2）不属于普通的家庭财产，为专业人员在家庭从事业余研究或发明创造所使用的专业仪器和设备，如无线电测试仪器、专业光学设备等。

（三）不保标的

家庭财产保险中保险人不予承保的财产包括以下几种。

（1）个体工商户和合作经营组织的营业器具、工具和原材料等，保险人通常将其作为单独承保的内容，但经保险人同意也可以纳入家庭财产保险的承保范围。

（2）价值高、物品小，出险后难以核实的财产或无法鉴定价值及无市场价值的财产。例如，金银、珠宝、货币、有价证券、票证、邮票、字画、文件、技术资料等，一般不能列为家庭财产保险的保险标的。但有的保险人为了满足保险客户的需要，也将上述项目中的部分财产纳入家庭财产保险的承保范围。

（3）日常生活所必需的日用消费品，如食品、烟酒、药品等。

（4）处于危险状态的财产，如危险房屋、常年处于警戒水位以下的财产、洪水来临即将淹没的财产等。

（5）法律规定不允许个人收藏、保管或拥有的财产，如枪支、弹药、爆炸物品等。

（6）应投保其他险种的财产。例如，处于生长期的农作物应当投保专门的农业保险；机动车辆应当投保机动车辆保险及第三者责任保险；运输中的货物应当投保货物运输保险等。

（7）保险人从风险管理的角度出发，声明不予承保的财产。

二、家庭财产保险的保险责任与责任免除

（一）保险责任

在保险期间，由于下列原因造成保险标的的损失，保险人按照保险合同的约定负责赔偿。

（1）火灾、爆炸。

（2）雷击、台风、龙卷风、暴风、暴雨、洪水、雪灾、雹灾、冰凌、泥石流、崖崩、突发性滑坡、地面突然下陷下沉。

（3）飞行物体及其他空中运行物体坠落，外来不属于被保险人所有或使用的建筑物和其他固定物体的倒塌。

（4）保险事故发生后，被保险人为防止或减少保险标的的损失所支付的必要的、合理的费用，保险人按照保险合同的约定也负责赔偿。

（二）责任免除

（1）由于下列原因造成的损失、费用，保险人不负责赔偿。

① 战争、敌对行为、军事行动、武装冲突、罢工、骚乱、暴动、恐怖活动、盗窃、抢劫。

② 核辐射、核爆炸、核污染及其他放射性污染。

③ 被保险人及其家庭成员、寄宿人、雇佣人员的违法、犯罪或故意行为。

④ 地震、海啸及其次生灾害。

⑤ 行政行为或司法行为。

（2）下列损失、费用，保险人也不负责赔偿。

① 保险标的遭受保险事故引起的各种间接损失。

② 家用电器因使用过度、超电压、短路、断路、漏电、自身发热、烘烤等原因所造成本身的损毁。

③ 坐落在蓄洪区、行洪区、河岸边、低洼地区，以及防洪堤以外、当地常年警戒水位线以下的家庭财产，由于洪水所造成的一切损失。

④ 保险标的本身的缺陷、保管不善导致的损毁。
⑤ 保险标的变质、霉烂、受潮、虫咬、自然磨损、自然损耗、自燃、烘焙造成本身的损失。
⑥ 保险合同中载明的免赔额。

典型案例

保险财产未受损赔偿案

案情介绍：

某年 11 月 26 日，某市一小区发生了一起火灾，保户赵某除在火灾中抢救出了自家的一套家庭影院机外，其他财产全部被焚毁，损失达 5 万余元。火灾过后，赵某来到他所投保的保险公司索赔，该保险公司经办人员一看保险单，就拒绝了赵某的索赔要求。原来，赵某虽然投保了家庭财产保险，但他是选择投保，即只投保了家庭影院机，其他财产均未投保。赵某看到保险公司拒赔，总觉得自己救出家庭影院机太亏，但又无可奈何。

案例分析：

本案是一个典型的保险财产未受损案例，它涉及如何正确理解保险合同内容的问题，赵某的索赔不仅是合理的，也是合法的要求。赵某牺牲未保险财产，目的是抢救保险财产，即使这不属于保险合同中关于保险财产的损失赔偿规定，也可以视为为抢救保险财产而支付的施救费用。这种行为符合《保险法》第五十七条"保险事故发生时，被保险人应当尽力采取必要的措施，防止或者减少损失。保险事故发生后，被保险人为防止或者减少保险标的的损失所支付的必要的、合理的费用，由保险人承担；保险人所承担的费用数额在保险标的损失赔偿金额以外另行计算，最高不超过保险金额的数额"的规定，也符合赵某与保险公司签订的《家庭财产保险合同》中关于"因防止灾害蔓延或因施救、保护所采取必要的措施而造成保险财产的损失和支付的合理费用由保险人负责赔偿"这一条款的规定。

结论：

赵某向保险公司索赔是合理合法的要求，保险公司应在保险金额范围内给予部分或全部赔偿。本案中赵某的未保险财产损失达 5 万余元，超过了其保险财产价值，赵某不可能从保险公司处获得全部赔偿。同时，其他受损财产由于笨重或零碎，也不易施救，赵某即使放弃抢救保险财产而去抢救未保险财产，也不可能将其全部救出。因此，赵某的损失只能得到部分补偿。

资料来源：根据百度文库资料编辑整理。

三、家庭财产保险的保险金额

家庭财产保险的保险金额的确定方式有两种。

（一）由投保人根据财产的实际价值确定

由于家庭财产无账目可查，而且财产的品种、质量、规格、新旧程度不一，价值确定困难，一般情况下，家庭财产保险的保险金额由投保人根据财产的实际价值自行确定。其中，房屋及室内附属设备、室内装潢的保险金额由投保人根据财产的购置价或市场价确定，室内财产的保险金额由投保人根据投保当时的实际价值确定。

在保险实务中，投保人通常被要求按保险单上规定的保险财产项目分别列明保险金额，再合计总保险金额。分项越细，保险金额越接近财产的实际价值；不分项的，则按照各大类财产在保险金额中所占的比例确定。家庭财产保险的保险金额的确定方式如表 4-1 所示。

表 4-1 家庭财产保险的保险金额的确定方式

保险财产	保险金额		
房屋及室内附属设备、室内装潢	保险金额由投保人确定并在合同中载明，保险价值则为出险时的重置价值		
室内财产	1. 保险金额根据实际价值分项确定		
	2. 不分项的按比例确定	农村家庭	城市家庭
	①家用电器及文体娱乐用品	30%	40%
	②衣物及床上用品	15%	30%
	③家具及其他生活用具	30%	30%
	④农机具	25%	0
特约财产	保险金额由投保人和保险人双方约定		

（二）设置不同的保险金额档次，由投保人选择

保险人提供以千元为单位设置的不同的保险金额，投保人可以根据自己的经济状况和实际需要进行自主选择，多投多保、少投少保。

四、家庭财产保险的保险期限

一般情况下，家庭财产保险的保险期限为一年，期满后投保人可以续保，但必须另行办理续保手续。家庭财产保险的起讫时间可以约定，也可以不约定。采用约定方式的，通常须在保险单中载明，如规定某保险单自 2018 年 10 月 1 日 0 时起至 2019 年 9 月 30 日 24 时止；采用非约定方式的，通常自保险单签发之日 0 时起至保险期限届满之日 24 时止。

随着家庭财产保险业务的发展和险种的开发，目前保险市场上也出现了一些多年期的家庭财产保险产品，保险人可以规定几个保险期限，由投保人自行选择，如 2 年、3 年、5 年等。

五、家庭财产保险的费率

家庭财产保险的费率主要根据保险财产坐落地点的实际危险程度确定，可分为城市、乡镇和农村 3 类危险级别，每个级别又可以根据保险财产的实际坐落地点和周围环境划分为若干档次。根据建筑结构和建筑材料的不同，保险人在确定家庭财产保险的费率时也有所不同。家庭财产保险（房屋）的基本费率如表 4-2 所示。

表 4-2 家庭财产保险（房屋）的基本费率

房屋结构	年费率
钢结构	0.4%
钢、钢筋混凝土结构	
钢筋混凝土结构	
混合结构	0.6%
砖木结构	1.0%

由于不同地区的家庭财产保险风险不一，其费率在地区之间也存在较大的差异，但我国目前的家庭财产保险在区域范围内实行无差别费率，费率的标准为2%～5%。

六、家庭财产保险的赔偿处理

家庭财产保险的赔偿处理采用第一危险赔偿和比例赔偿相结合的方式。

（一）房屋及室内附属设备、室内装潢的赔偿

在家庭财产保险中，保险事故发生后，保险人对于房屋及室内附属设备、室内装潢的赔偿采用比例赔偿方式，计算公式为：

$$赔偿金额 = 保险金额 \times 损失价值 / 财产价值$$

（二）室内财产的赔偿

在家庭财产保险中，保险事故发生后，保险人对于室内财产的赔偿采用第一危险赔偿方式。第一危险赔偿方式又称第一损失赔偿方式，是将保险财产的价值分为两个部分：一部分为与保险金额相等的部分，称为第一危险责任，发生的损失称为第一损失；另一部分为超过保险金额的部分，称为第二危险责任，发生的损失称为第二损失。保险人只对第一危险责任负责，只赔偿第一损失，即只要损失金额在保险金额范围之内，保险人就负赔偿责任，赔偿金额的多少只取决于保险金额与保险价值，而不考虑保险金额与保险价值之间的比例关系。

（三）施救费用的赔偿

在家庭财产保险中，保险事故发生后，保险人对所支付的必要、合理的施救费用，按实际支出另行计算，最高不超过受损标的的保险金额。若该受损标的按比例赔偿，则该项费用也按相同的比例赔偿。

任务三 解读家庭财产保险产品

任务情景

张先生是一个很有风险保障意识的人，他想要为自己的新家购置一份家庭财产保险，但目前市场上的家庭财产保险产品种类繁多，他不知道应如何选择。

若你是某保险公司的工作人员,请向客户张先生介绍你公司的家庭财产保险产品,并根据张先生的情况推荐适合的家庭财产保险产品。

知识探究

一、普通家庭财产保险

普通家庭财产保险是保险人专门为了城乡居民开设的一种通用型家庭财产保险产品,它曾经是保险人面向城乡居民提供的唯一险种,现在则变成了家庭财产保险中的一种主要险种。其他家庭财产保险产品基本上都是在普通家庭财产保险的基础上衍生出来的业务,因此它具有基础地位。普通家庭财产保险的主要内容与任务二中家庭财产保险的主要内容相同,这里不再赘述。

二、家庭财产保险的其他形式

(一)家庭财产两全保险

家庭财产两全保险是一种兼具经济补偿和到期还本双重性质的长期家庭财产保险。它结合储蓄的部分功能,将保险费设计为保险储金的形式,在规定的保险期内,无论是否发生保险事故,保险期满时,被保险人都可以领取以保险费的形式交付给保险人的保险储金,而保险人经营该种保险业务所获得的实际保险费是在保险期内运用保险储金所产生的利息收入。其具有如下特点。

1. 保险金额固定化

保险储金按保险金额每千元计算,投保人应在投保时一次交清。

2. 保险期限多样化

家庭财产两全保险的最长期限不能超过 10 年,由保险双方协商确定,以年为单位,从约定起保日 0 时起至期满日 24 时止,如到期投保人不申请退保,保险单自动续保。

3. 以保险储金的利息收入代替保险费

家庭财产两全保险以保险储金的利息收入代替保险费,投保人无须另行交纳保险费。家庭财产两全保险的保险储金由保险金额和保险储金率决定,其计算公式如下:

$$保险储金率 = \frac{保险费率}{投保期定期存款年利率} \times (1-代扣利息税率)$$

$$保险储金 = 保险金额 \times 保险储金率$$

4. 保险期满退还保险储金

家庭财产两全保险中保险储金的性质是储蓄性的,在保险期满时,不论被保险人在保险期内有无获得赔偿,也不论保险合同在保险期满前是否终止,保险人均退还全部保险储金。投保人如果愿意续保,保险人可将原来应退还的保险储金作为续保时应交的保险储金。

典型案例

家庭财产两全保险索赔案

案情介绍：

付某于某年 4 月 8 日将其家庭财产向某保险公司投保了家庭财产两全保险，交纳保险储金 8000 元，期限为 3 年，保险期满 1 年，如果被保险人不提取保险储金，可自动续保。同年 10 月 26 日，付某家突然起火，当时患病在床的付某当场被烧死，其房屋及财产也受到严重损坏。事故发生后，经公安部门调查发现：事故为付妻所致，其目的是摆脱丈夫。事后，付妻被判死刑。付某唯一的弟弟在处理付某的后事时发现了其生前的保险单，遂向保险公司索赔。保险公司认为：公安部门的结论是，该火灾事故是由于付妻故意行为所致，因此对于房屋及财产的损失，保险公司并无赔偿责任。对此付弟无异议，但随后他提出了退还保险储金的要求。保险公司认为，根据保险合同的规定，保险储金应退还给被保险人，在本案中被保险人及其妻子均已死亡，且保险合同未载明受益人，因此付弟不能领取这笔保险储金。付弟认为，保险合同虽未载明受益人，但是这笔保险储金可作为被保险人的遗产，由自己继承。

在该案中，保险公司是否应承担赔偿责任？这笔保险储金是否可以作为被保险人的遗产，由被保险人的弟弟继承？

案例分析：

本案中保险公司的理由不成立。因为本案中被保险人（投保人）投保的是家庭财产两全保险，它与普通家庭财产保险不同，它除具有保障性和储蓄性外，还具有自动续保、长期有效、续保期满返还保险储金的特点。在订立保险合同时，被保险人交纳一定数额的保险储金后，保险公司可以将保险储金所得的投资收益作为保险费。也就是说，这款保险产品主要利用保险储金的收益换取家庭财产的保险保障，到期后保险公司应将保险储金返还给被保险人。因此，这笔保险储金是被保险人付某的合法财产。

根据《中华人民共和国继承法》的规定，故意杀害被继承人的，丧失继承权，因此付某的妻子丧失继承权，而作为付某唯一的弟弟，付弟理应成为第二顺位继承人，可以继承哥哥所留的遗产。

资料来源：王静. 财产保险业务（教师用书）[M]. 北京：中国财政经济出版社，2011.

（二）家庭财产长效还本保险

家庭财产长效还本保险是在家庭财产两全保险的基础上衍生出的险种。其主要特点是一次投保，长期有效。投保人在投保时交付一定数额的保险储金，保险期满 1 年后，若投保人不申请退保，保险单将自动续保，长期有效，直到被保险人退保或死亡，保险责任才终止。家庭财产长效还本保险同样以储金利息冲抵保险费，其业务经营与家庭财产两全保险相似，但其降低了保险业务成本，为保险人积累了大量的可用于投资的资金，也避免了投保人每年续保的麻烦。

（三）投资理财型家庭财产保险

投资理财型家庭财产保险是一种兼具保障与投资双重性质的家庭财产保险。投保人交纳保险投资资金后，在保险期内不仅可获得普通家庭财产保险的保障，保险期满后无论是否获得过保险赔偿，都可获得固定的投资收益。投资理财型家庭财产保险的保险期限一般较长，多为1~10年，其收益率与银行利息保持联动，期限越长，收益率越高。

（四）组合型家庭财产保险

组合型家庭财产保险是既能保财产又能保人身的组合家庭财产保险。它不仅为投保人的房屋和家庭财产提供保障，还增加了家庭成员的意外伤害和居家责任、家庭雇佣责任等，甚至将商用财产、搬迁费用等新的保障项目也列入了保险责任范围。组合型家庭财产保险具有保障全面、灵活度高的特点，根据不同保障责任和保险金额确定保险费，基本每年在千元以上，如中国人保"美满e家"组合保险。在保险责任方面，它提供了集家庭财产险、责任保险、意外保险和健康保险于一体的全面保障方案，以及从低到高的4种方案的灵活选择。它除提供通用的火灾、爆炸、盗窃、抢劫和管道破裂保障外，还根据城市中高端客户群体的风险特征，以及他们置业、休闲的消费习惯，为他们提供个人旅行行李物品丢失补偿、搬迁费用损失补偿、家庭雇佣责任保险、家养宠物责任保险等增值保障和服务，并对交通事故提供双倍赔偿，保障额度较高。

延伸阅读

中国人保"美满e家"组合保险

中国人保"美满e家"是一种新式的组合保险产品，包括家庭财产保险、责任保险、人身保险3个重要险种，具有保障范围的全面性及投保的便捷性等特点，是针对当代家庭生活专门定制的一款保险产品。"美满e家"的保障项目如下表所示。

保障项目	保险金额	保障说明
火灾爆炸险	5~100万元	承保由于火灾、爆炸等原因导致的房屋及室内附属设备、室内装潢和室内财产损失。每次事故，房屋及室内附属设备、室内装潢、室内财产的总共绝对免赔额200元
盗抢险	1~10万元	承保经公安部门确认的因遭受外部人员盗窃、抢劫行为所致丢失的直接损失。每次事故绝对免赔额200元
管道破裂水渍险	1~10万元	承保因室内的自来水管道、下水管道和暖气管道（含暖气片）突然破裂致使水流外溢或邻居家及公共区域漏水造成的室内装潢、室内财产损失。每次事故绝对免赔额200元
居家责任险	2~10万元	承保被保险人或其家庭成员在家庭住址内因过失造成第三者人身伤亡或财产损失。每次事故免赔率20%
意外身故给付	1~50万元	因意外伤害而不幸导致身故的，我们将按保险合同约定给付身故保险金
意外残疾给付	0~50万元	因意外伤害而不幸导致残疾的，我们将按保险合同约定给付残疾保险金
意外住院津贴	50~100元/天	提供因意外伤害而入住医疗机构进行治疗的每日住院津贴。住院津贴免赔天数为3天，每次最多给付60天，总给付最多180天

从表中可以看出,"美满 e 家"组合保险的条款内容丰富,几乎涵盖了不同地域、不同结构的家庭可能发生的各种意外情况,保障范围的全面性解决了客户分别购买不同种类保险时面对众多选择的烦恼。不仅如此,该产品最多还可支持 9 人同时投保,子女、配偶、父母及配偶的父母可投保于一张保险单,让全家在尽享天伦之乐的同时轻松拥有财产保障。此外,投保人还可以根据自己的实际情况,自由选择参保人数、保险金额及意外保险被保险人,自主定制保险产品。

资料来源:中国人民保险集团股份有限公司官网。

三、家庭财产保险附加险

为满足投保人的多种需求,家庭财产保险还开办了多种附加险。

(一)附加盗抢保险条款

1. 保险责任与责任免除

(1)保险责任。

保险房屋及室内附属设备、室内装潢和存放于保险单载明地址房屋内的保险标的,由于遭受外来人员撬/砸门窗、翻墙掘壁、持械抢劫,并有明显现场痕迹,经公安部门确认系盗抢(盗窃或抢劫)行为所致丢失、损毁的直接损失且 3 个月以内未能破案,保险人负责赔偿。

(2)责任免除。

由于下列原因造成的损失、费用,保险人不负责赔偿。

① 保险标的因外人无明显盗窃痕迹、窗外钩物行为所致的损失。
② 保险标的因门窗未锁而遭盗窃所致的损失。
③ 保险标的因被保险人的雇佣人员、同住人员、寄宿人员盗窃所致的损失。
④ 附加险合同规定的免赔额。

2. 保险金额

附加盗抢保险的保险金额以投保家庭财产保险综合险的保险金额为限;便携式用品(笔记本电脑、摄像机、照相器材等)的保险金额以该附加险保险金额的 10%为限。

3. 保险费率

附加盗抢保险的费率一般为 1‰~2‰。

4. 赔偿处理

(1)保险标的发生盗抢事故后,被保险人应立即向当地公安部门如实报案,并通知保险人,否则保险人有权拒绝赔偿保险金。

(2)盗抢责任损失赔偿后,被保险人应将权益转让给保险人,破案追回的保险标的应归保险人所有,被保险人如愿意收回被追回的保险标的的,必须将其已领取的保险金退还给保险人,保险人对被追回保险标的的损毁部分按照实际损失给予补偿。

(3)被保险人向保险人报案后,从案发时起 3 个月后,被盗抢的保险标的仍未查获,方可办理赔偿手续。

典型案例

家庭财产盗窃索赔案

案情介绍:

王某一家三口在一栋大杂院内居住。某年春节临近,王某在保险营销人员的推荐下,将其家庭财产有选择地进行了投保,其中包括一台价值1.8万元的笔记本电脑(保险金额为2.5万元)。春节期间,王某一家要回老家探亲,临行前锁上房门暗锁,之后又在邻居刘某等人的帮助下加上了一把明锁。等王某一家休假一个月后回到家时,发现明锁完好,暗锁却被打开了,进门后发现笔记本电脑不见了。原来,盗窃犯撬开了明锁锁垫,捅开了暗锁进入房间拿走了笔记本电脑,又将明锁拧好,伪装成原样,故邻居一直未能发现失盗。之后,王某向保险公司索赔。保险公司认为它对于王某的笔记本电脑失盗不能赔偿,原因在于:一是明锁完好,暗锁也未被损坏,无明显被盗痕迹,不符合家庭财产保险中关于"失盗必须有明显被盗痕迹"的规定;二是王某归家一个月,他对于笔记本电脑何时失盗也搞不清,没有尽到及时通报的义务;三是王某的笔记本电脑失盗,其邻居均未察觉,直到王某回来时才协同报案。因此,笔记本电脑的丢失不符合赔偿的原则,保险公司不承担赔偿责任。遂成纠纷。

案例分析:

(1)保险合同已生效。《保险法》第十四条规定:"保险合同成立后,投保人按照约定交付保险费,保险人按照约定的时间开始承担保险责任。"王某在回乡探亲之前依法办理了投保手续,标志着保险公司自合同签订日起应该为王某的家庭财产提供包括盗窃风险在内的风险保障。笔记本电脑的丢失发生在保险合同的有效期内,保险人应按保险合同的规定进行理赔。

(2)王某的笔记本电脑丢失系盗窃行为所致。一方面,王某一家临行前不仅锁上了暗锁还加上了明锁,表明被保险人已尽了安全管理的义务;另一方面,王某一家归来发现失盗不仅以笔记本电脑的不复存在为依据,而且还有明锁为证,明锁被撬开锁垫再恢复原样,虽然不易察觉,仍是可以验证出来的,不能因此视为无明显痕迹,因此根据笔记本电脑的不复存在、明锁的损坏及邻居的证实,可以断定笔记本电脑丢失是盗窃行为所致。

(3)王某未能及时通报笔记本电脑失盗情有可原。虽然家庭财产保险条款中有被保险人在保险事故发生后应及时通知保险人的规定,《保险法》也有同样的规定,但王某未能及时报案是因为其回乡探亲的特殊原因所致,不能认定其未尽立即报案义务。王某回家发现保险财产被盗,随即向保险公司报案,应属于及时通知了保险人,即遵循了《保险法》的规定。

(4)邻居未能及时察觉王某家笔记本电脑失盗,不能作为保险人拒赔的理由。尽管《保险法》第二十二条规定:"保险事故发生后,按照保险合同请求保险人赔偿或者给付保险金时,投保人、被保险人或者受益人应当向保险人提供其所能提供的与确认保险事故的性质、原因、损失程度等有关的证明和资料。"即保险财产失盗需要有人证和物证,但人证和物证不是必要条件，因为盗窃行为是违法行为，行为人必定避开他人的注意而实施盗窃行为。因此，王某邻居的未察觉只能表明犯罪分子盗窃笔记本电脑时伪装成功，保险公司不能据此认为笔记本电脑失盗可疑而加以拒赔。

结论：

由以上分析可见，本案属保险公司应该赔付的案件。为维护自己的保险权益，王某在向保险公司索赔不获的情况下应向有关机关申请仲裁或向法院起诉，要求保险公司履行赔付保险财产损失的义务。

资料来源：许飞琼. 财产保险案例分析[M]. 北京：中国金融出版社，2004.

（二）附加家用电器用电安全保险条款

1. 保险责任与责任免除

（1）保险责任。

由于下列原因致使电压异常而引起家用电器的直接损坏，保险人负责赔偿。

① 供电线路因遭受家庭财产保险综合险责任范围内的自然灾害和意外事故的袭击而损坏。

② 供电部门或施工部门失误。

③ 供电线路发生其他意外事故。

（2）责任免除。

由于下列原因造成的损失、费用，保险人不负责赔偿。

① 被保险人的故意行为及违章用电、偷电或错误接线造成家用电器的损坏。

② 家用电器超负荷运行、自然磨损、固有缺陷、原有损坏、用电过度、自身发热及超过使用年限后的损坏。

③ 其他不属于保险责任范围内的损失。

④ 附加险合同规定的免赔额。

2. 保险金额

附加家用电器用电安全保险的保险金额以投保家庭财产保险综合险家用电器部分的保险金额为限。

（三）附加现金、金银珠宝盗抢保险条款

1. 适用范围

凡投保家庭财产保险综合险，并附加盗抢保险、且附加盗抢保险的保险金额超过 10 000（含 10 000）元的投保人，方可投保该附加险。

2. 保险标的

附加现金、金银珠宝盗抢保险的保险标的为被保险人所有或使用并存放于保险单载明地址房屋内的现金、金银珠宝（包括首饰、贵金属）。投保人就以上各项保险标的可以选择投保，并在保险单中载明。

3．保险责任与责任免除

（1）保险责任。

在保险期间，保险单载明的保险标的由于遭受外来人员盗抢，并已经公安部门确认为盗抢行为所致丢失的直接损失，保险人按照附加险合同的约定承担赔偿责任。

（2）责任免除。

由于下列原因造成的损失、费用，保险人不负责赔偿。

① 因未锁房门致使保险标的遭受盗窃的损失。

② 因窗外钩物行为所致的损失。

③ 因被保险人的家庭成员、家庭雇佣人员、暂居人员盗抢或纵容他人盗抢而造成的损失。

④ 附加险合同规定的免赔额。

4．保险金额

附加现金、金银珠宝盗抢保险的保险金额以投保家庭财产盗抢保险的保险金额为限。

（四）附加管道破裂及水渍保险条款

1．保险责任与责任免除

（1）保险责任。

在保险期间，因被保险人室内的自来水管道、下水管道和暖气管道（含暖气片）突然破裂致使水流外溢或邻居家及公共区域漏水造成被保险人家庭财产的损失，保险人按照附加险合同的约定承担赔偿责任。

（2）责任免除。

由于下列原因造成的损失、费用，保险人不负责赔偿。

① 因被保险人私自改动原管道设计致使管道破裂造成家庭财产的损失。

② 因被保险人管道试水、试压致使管道破裂跑水造成家庭财产的损失。

③ 附加险合同规定的免赔额。

2．保险金额

附加管道破裂及水渍保险的保险金额以投保家庭财产保险的保险金额为限。

（五）附加地震责任保险条款

1．适用范围

附加地震责任保险只有在投保了家庭财产保险有关主险的基础上，方可投保。投保人在投保该附加险时，可选择保险标的的种类，既可单独投保房屋或室内财产，也可一并投保。

2．保险责任与责任免除

（1）保险责任。

在保险期间，保险标的因破坏性地震（国家地震部门公布的震级大于 5 级且裂度达到Ⅵ度以上的地震）振动或由此引起的海啸、火灾、火山爆发、埋没、爆炸、地陷、地裂、泥石流及滑坡而造成的直接损失，保险人负责赔偿。保险标的在连续 72 小时内遭受一次或多次地震（余震）所致损失应视为一次单独事故。

（2）责任免除。

保险人不负责赔偿下列各项损失。

① 保险标的未达到国家建筑质量要求（包括抗震设防标准）的损失。

② 引发核爆炸、核反应、核辐射或放射性污染的损失。

③ 被保险人的各种间接损失。

④ 首次投保该附加险，保险期限开始之日起 60 日内发生地震导致保险标的发生的损失，但续保不受此限。

⑤ 每次事故绝对免赔率，一般为 20%。

3. 赔偿处理

发生地震保险事故后，保险人按照保险标的实际损失扣除根据附加险合同规定的免赔率计算的免赔额后承担赔偿责任，但最高不超过附加险合同载明的相应保险金额。

（六）附加第三者责任保险条款

1. 保险责任与责任免除

（1）保险责任。

在保险期间，被保险人（或其同住的家庭成员及雇员）在保险单载明的住所，因过失造成第三者的人身伤亡或财产的直接损失，依法应由被保险人承担的经济赔偿责任，保险人按照附加险合同的约定负责赔偿。

保险事故发生后，被保险人因保险事故而被提起仲裁或诉讼的，对应由被保险人支付的仲裁或诉讼费用及事先经保险人书面同意支付的其他必要的、合理的费用，保险人按照附加险合同的约定也负责赔偿。

（2）责任免除。

下列损失、费用和责任，保险人不负责赔偿。

① 欺诈、酗酒、斗殴及在精神错乱、病理性痴呆的情况下引起的损害赔偿责任。

② 涉及知识产权、姓名权、肖像权、名誉权、荣誉权的赔偿责任。

③ 精神损害赔偿责任。

④ 使用或驾驶各种动力与非动力交通运输工具造成的损害赔偿责任和费用。

⑤ 违反国家保护环境防止污染的规定，由污物、水、气、噪声、磁波和电子波造成的财产和人身损害事故的赔偿责任和费用。

⑥ 对被保险人的家庭成员、雇员民事侵权造成的财产或人身损害事故的赔偿费用。

⑦ 饲养的动物造成的损害赔偿责任和费用。

⑧ 燃放烟花爆竹引起的民事损害赔偿责任和费用。

⑨ 惩罚性赔偿及罚款。

⑩ 各种间接损失及附加险合同规定的免赔额。

2. 责任限额及免赔额（率）

责任限额是在保险期间保险人承担相应保险责任的最高限额。附加第三者责任保险的责任限额包括第三者人身伤亡及医疗费用赔偿限额、第三者财产损失赔偿限额、法律费用赔偿限额。责任限额由投保人和保险人协商确定，并在保险单中载明。

每次事故免赔额（率）由投保人与保险人在签订附加险合同时协商确定，并在保险单中载明。

3. 赔偿处理

（1）被保险人向保险人申请赔偿时，应提供法律确认的文件副本及申请赔偿报告书，以及投保人、被保险人所能提供的其他与确认保险事故的性质、原因、损失程度等有关的证明和资料。

（2）如一次责任事故的赔偿金额达到相应的责任限额，则该保险责任即行中止，被保险人如需恢复原责任限额，投保人应补交保险费，并由保险人出具批单批注；如一次责任事故的赔偿金额未达到相应的责任限额，其有效责任限额应是责任限额减去赔偿金额后的余额。

专业能力训练

◇ 思考讨论

1. 家庭财产保险具有哪些特点？
2. 家庭财产保险的保险标的有哪些？
3. 家庭财产保险的赔偿方式有哪些？

◇ 案例分析

某年2月5日，某县个体经商户赵某将其房屋及其他家庭财产向保险公司投保了家庭财产保险，保险金额达10万元。同年5月1日清晨，赵某决定停业一天，携带儿子外出逛逛，于是给摩托车擦灰并加汽油。当时，其5岁的儿子嚷着要火柴点香放鞭炮，赵某让儿子到外边去放。没过一会儿，其儿子拿着一根点燃的香从外边跑进来，不小心引燃了汽油，酿成了火灾，幸亏邻居们赶来救火，大火才被扑灭，但赵某的房屋及家庭财产受损严重，核算其损失达64 000余元。事故发生后，赵某认为是自己儿子惹的祸，也顾忌招来"放火图赔"之嫌，故未向保险公司索赔。请思考，保险公司是否要承担赔偿责任？

◇ 综合实训

实训一　家庭财产保险产品分析

实训目的：运用家庭财产保险主要内容和险种的相关知识，解读家庭财产保险条款。

实训要求：选择目前保险市场上某一家保险公司的家庭财产保险产品，详细阅读保险合同的条款，进行保险产品利益演示。

项目四 解析家庭财产保险

实训二 保险理赔计算

实训目的：运用家庭财产保险理赔处理的知识进行保险理赔计算。

实训要求：根据背景资料计算保险公司的赔偿金额。

背景资料：

张某将所住房屋和家庭室内财产分别向甲、乙两家保险公司投保，投保时房屋市场价值为 50 万元，保险金额为 50 万元，家庭室内财产市场价值为 10 万元，保险金额为 6 万元。保险期间因失火导致房屋全部被烧毁，家庭室内财产也受到一定程度的损失。试问：

1. 理赔时房屋市场价值跌至 45 万元，保险公司的赔偿金额为多少？若房屋市场价值涨至 60 万元，保险公司的赔偿金额为多少？

2. 若火灾发生前，张某因生意缺少流动资金，将房屋一半典当得现金 20 万元，张某同时将此变更通知保险公司，保险公司进行了批改处理。发生火灾后，房屋的市场价值涨至 80 万元，此时保险公司的赔偿金额为多少？

3. 如果家庭室内财产的损失为 5 万元，保险公司的赔偿金额为多少？如果家庭室内财产的损失为 9 万元，保险公司的赔偿金额为多少？

项目五
解析运输工具保险

学习目标

知识目标

- 掌握运输工具保险的概念、险种体系
- 掌握机动车辆保险、船舶保险、飞机保险的概念
- 掌握机动车辆保险、船舶保险、飞机保险的险种和主要内容
- 理解运输工具保险及相关险种的特点

技能目标

- 能解读运输工具保险条款,辨析运输工具保险的险种
- 能运用运输工具保险基础知识进行保险实务案例分析
- 能运用运输工具保险各险种理赔知识进行保险理算
- 能运用机动车辆保险费率的知识进行保险费计算

关键术语

运输工具保险　机动车辆保险　船舶保险　飞机保险

项目五 解析运输工具保险

知识结构

```
解析运输工具保险
├── 初识运输工具保险
│   ├── 运输工具保险的概念
│   ├── 运输工具保险的特点
│   └── 运输工具保险的险种体系
├── 解读机动车辆保险
│   ├── 机动车辆保险的概念
│   ├── 机动车辆保险的特点
│   ├── 机动车辆保险的险种体系
│   ├── 机动车辆商业保险
│   └── 机动车辆交通事故责任强制保险
├── 解读船舶保险
│   ├── 船舶保险的概念
│   ├── 船舶保险的适用范围
│   ├── 船舶保险的特点
│   └── 船舶保险的险种和主要内容
└── 解读飞机保险
    ├── 飞机保险的概念
    ├── 飞机保险的特点
    └── 飞机保险的险种和主要内容
```

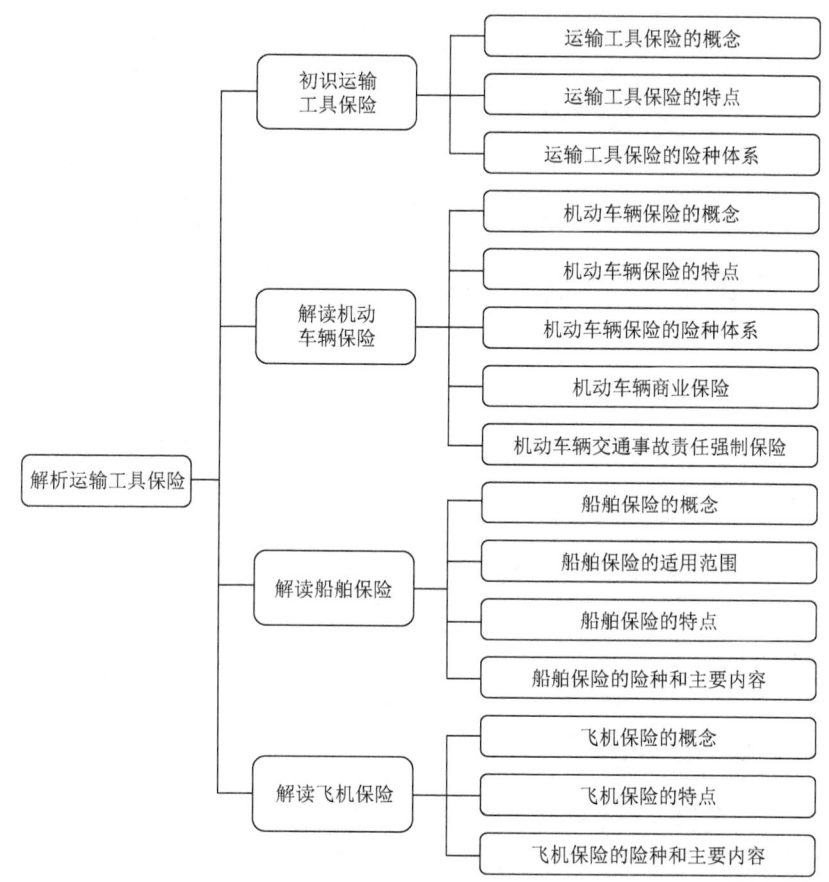

案例导入

中交某航道局下属某企业 2015 年 1 月相继调派多艘大功率工程船赴南海海域执行任务。被派遣的 T 轮在广州接受中国船级社的适拖检验后，拖带起航，至近南海海域附近，遭遇持续大风浪，船体进水致沉没，沉没海域水深达 4000 米。事故导致船舶实际全损，无人员伤亡。

事发后，被保险人及时向保险公司报案。太平洋产险作为首席承保人，当即通知国内其他共保公司平安产险、大地保险、阳光保险及国外再保险人，多家机构联合派出专业人员第一时间在船员到达的第一港口海南进行事故调查。查明事实后，当即预付 50%赔款 7727 万元；在获得海事主管机关对事故原因的调查报告后，迅速赔付余款 7727 万元结案。

本案是一起典型的工程船远距离拖航沉没案件。随着海洋开发、港口建设需求的不断发展，船舶海上拖航已成为航运业不可缺少的一部分。而海上拖航调遣作业易受环境因素影响，专业性强、风险较高，保险业所提供的风险保障能有效满足上述保险需求。

资料来源：根据沃保网案例资料编辑整理。

在保险公司的业务中，运输工具保险是其中重要的一类，它转移了运输工具在运输过程中的各种风险，为相关企业"保驾护航"。运输工具保险承保因遭受自然灾害和意外事故造成运输工具本身的损失，以及对第三者的人身伤亡和财产损失依法应负的经济赔偿责任。由于不同的运输工具在运输过程中会遇到各种不同的自然灾害和意外事故，因此将运输工具保险划分为机动车辆保险、飞机保险和船舶保险。

任务一　初识运输工具保险

任务情景

现代物流业是集多种业务于一身的综合性的大型服务业，运输是物流活动中的关键环节之一，物流企业在运输过程中面临多种风险。某物流企业预向某保险公司投保运输工具保险。

请分析，物流企业将面临哪些运输过程中的风险？有哪些保险产品可以为其提供保障？

知识探究

一、运输工具保险的概念

运输工具保险是以各种运输工具及其有关利益、责任为保险标的的保险。保险人承保被保险人由于运输工具在保险期间遭遇自然灾害和意外事故造成的各种损失和费用，以及因意外事故应负的民事赔偿责任。

二、运输工具保险的特点

（一）保险标的的流动性

运输工具保险的保险标的通常不受固定地点的限制，经常处于流动状态，如机动车辆常常在行驶中出险、船舶常常在航行中发生碰撞或搁浅等意外事故。

（二）承保风险的多样性

运输工具的流动性决定了运输工具保险承保的风险具有多样性。运输工具保险既承保运输工具在静止状态下的风险，又承保其在运行中的风险。运输工具面临的地区和环境不同，面临的风险也不同，导致了承保的风险复杂多样。例如，机动车辆保险既承保停放期间可能遇到的雹灾、火灾、外界物体倒塌等风险，又承保运行中发生的碰撞或倾覆、行驶中平行坠落等风险；船舶保险既承保水上航行中的固有风险，如海啸、台风、碰撞、触礁、沉没等风险，又承保停泊时的风险。

（三）承保范围的广泛性

运输工具保险不仅对运输工具在遭遇自然灾害和意外事故后造成的运输工具本身的损失和发生的各种费用提供保障，还对因意外事故引发的被保险人对第三者应负的民事赔偿责任提供保障。可见，运输工具保险既涉及财产损失保险，又涉及责任保险，是一种综合性保险。它为被保险人提供的承保范围广泛，能够很好地满足被保险人转移相关风险的要求。

（四）保险理赔的复杂性

由于运输工具保险的保险标的经常处于流动状态，因此它可能遭受的风险既多又广，造成损失的原因多种多样，既有各种人为因素，又有各种非人为因素，不仅会发生一种原因致损的情况，也经常发生几种原因共同致损的情况。而且在很多时候，车辆、船舶受损都是由于碰撞事故所致，保险事故涉及除保险双方外的第三方，这势必加大运输工具保险定损和理赔的难度。总之，对保险理赔人员来说，分析致损原因、确定赔偿责任，是一项相当复杂且细致的工作。

三、运输工具保险的险种体系

根据不同的标准，运输工具保险的分类不同。按照运输工具的不同，运输工具保险可分为机动车辆保险、船舶保险、飞机保险、铁路机车保险、卫星保险等；按照是否具有涉外因素，运输工具保险可分为国内运输工具保险和涉外运输工具保险。国内运输工具保险的主要险种有：国内船舶保险、国内渔船保险、机动车辆保险及第三者责任保险、铁路车辆保险、国内航线飞机保险及第三者责任保险、卫星保险；涉外运输工具保险的主要险种有：汽车保险及第三者责任保险、船舶保险、国际航线飞机保险、飞机试飞保险。运输工具保险的险种体系如图5-1所示。

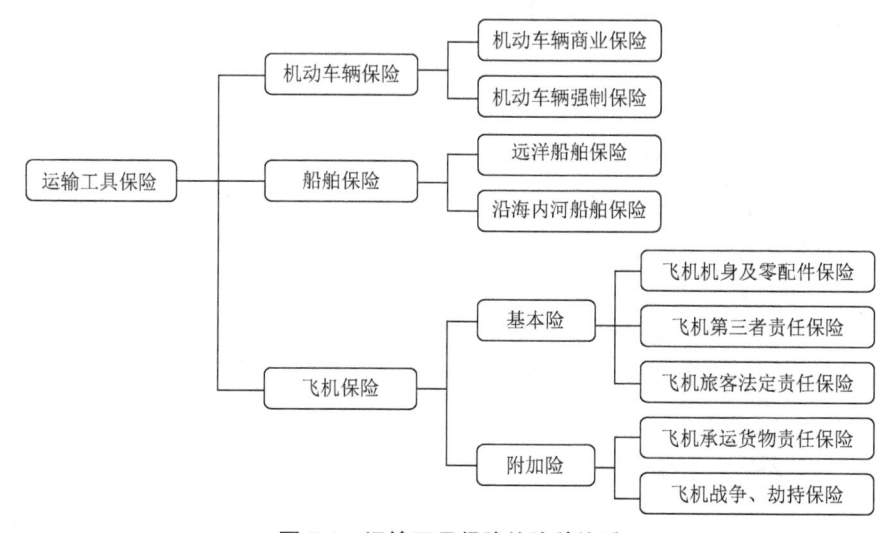

图5-1 运输工具保险的险种体系

任务二　解读机动车辆保险

任务情景

某天中午，A 女士在地下车库驾车驶离自己的车位时，不慎撞上对面车位上 B 先生停放的豪华汽车，撞坏了该车的前保险杠。交警认定，A 女士负有全部责任。汽车 4S 店给 B 先生两种处理方案：一是维修，需要 4.5 万元；二是更换，需要 16.5 万元。

车主 B 先生表示，自己的汽车是新购买的，价值 500 多万元，足额投保了交强险和商业保险，责任方 A 女士应该给自己更换保险杠。

A 女士表示，自己今年 66 岁，家境困难，驾驶的捷达车是 2009 年出资 5 万元购买的，由于仅投保了交强险，保险公司最多赔偿 2000 元，自己无力承担 16.5 万元的维修费用。

若你是保险公司的理赔人员，应该如何处理该案？

知识探究

一、机动车辆保险的概念

机动车辆保险是以机动车辆本身及第三者责任等为保险标的的一种运输工具保险。它不仅是运输工具保险中最主要的险种，也是整个财产保险中最重要的业务来源。在我国，机动车辆保险包括商业保险和强制保险，是非寿险业务中的第一大业务，占有举足轻重的地位。

根据《中国保险行业协会机动车商业保险示范条款（2020 版）》的规定，被保险机动车是指"在中华人民共和国境内（不含港、澳、台地区）行驶，以动力装置驱动或者牵引，上道路行驶的供人乘用或者用于运送物品以及进行专项作业的轮式车辆（含挂车）、履带式车辆和其他运载工具，但不包括摩托车、拖拉机、特种车"。

二、机动车辆保险的特点

（一）保险标的流动性强，风险大，行程不固定，常异地出险

机动车辆保险的保险标的是在陆地上处于运动状态的各种车辆，流动性很大；同时，由于陆地上的运行条件错综复杂，路况不一，加上人车混行和各种车辆混行，机动车辆发生交通事故的风险很大，出险的概率大大高于处于静止状态的财产。此外，机动车辆的运行路线往往不固定，许多车祸经常发生在非保险合同签订地或非被保险人所在地。因此，该险种的保险标的及风险很难为保险人所控制，给机动车辆保险的承保与理赔带来诸多不便。

（二）业务量大，投保率高，符合风险分散的原则

世界各国机动车辆的存量和增量都较大，我国的各种机动车辆总量也在逐年增加，而

且还会随着社会经济的发展而持续增长。由于机动车辆在运行中的风险极大，这些机动车辆就构成了业务量极大的保险市场，而对机动车辆第三者责任保险投保的法律强制，则使得这一市场能够得到充分的发掘。因此，相对于其他财产保险而言，机动车辆保险的保险标的数量众多，保险人可以大量承保，投保率与承保率都较高，符合风险分散的原则。

（三）保险理赔具有特殊性

在一般的财产损失保险条款中常有如下规定：保险金额是保险人承担赔偿责任的最高限额，保险标的遭受部分损失后经保险人赔偿，其保险金额相应减少；当保险赔款之和等于保险金额时，无论是否保险期满，保险责任都终止。在机动车辆保险条款中则规定：当被保险机动车部分损失的一次赔款金额与免赔金额之和等于保险金额时，机动车辆损失保险的保险责任才终止；第三者责任事故赔偿后，无论每次事故的赔款是否达到保险责任限额，保险责任继续有效，直至保险期满；如果在投保交强险的同时，投保了机动车辆第三者责任保险，交强险先于机动车辆第三者责任保险赔付。保险理赔的这些特殊规定使机动车辆保险明显区别于其他财产损失保险。

三、机动车辆保险的险种体系

机动车辆保险分为强制保险和商业保险两大类，目前我国实行的交强险属于强制保险，其他险种属于商业保险。机动车辆商业保险又可以分为主险和附加险，投保人可根据自身需要选择投保。银保监会印发的《关于实施车险综合改革的指导意见》指出，自2020年9月19日起车险综合改革正式施行。据此，我国机动车辆保险的险种体系如表5-1所示。

表5-1　我国机动车辆保险的险种体系

机动车辆强制保险险种	机动车辆商业保险险种	
	主险	附加险
机动车辆交通事故责任强制保险（交强险）	1. 机动车辆损失保险 2. 机动车辆第三者责任保险 3. 机动车车上人员责任保险	绝对免赔率特约条款、发动机进水损坏除外特约条款、新增加设备损失险、车身划痕损失险、修理期间费用补偿险、车上货物责任险、精神损害抚慰金责任险、车轮单独损失险、法定节假日限额翻倍险、医保外医疗费用责任险、机动车增值服务特约条款

四、机动车辆商业保险

（一）机动车辆损失保险

1. 概念和保险标的

机动车辆损失保险是指被保险机动车遭受保险责任范围内的自然灾害或意外事故，造成被保险机动车本身损失，保险人依照保险合同的约定给予赔偿的一种财产损失保险。其保险标的与机动车辆保险的保险标的一致。

2. 投保条件

参加投保的机动车辆须具备如下条件。

（1）领有车辆牌照，即经公安机关交通管理部门审核、检验合格，下发的正式或临时牌照。牌照的式样、颜色根据车辆的大小、类别有所区别。

（2）领有行车执照，即经公安机关交通管理部门检验合格后，填发的机动车行驶证，证上填有车辆（包括挂车）的车长、车深、车宽、轴距、轮胎、发动机号、车架号码等。

（3）具有年检合格证。新车应有制造厂出具的合格证明，旧车则必须有车辆年检合格证明。

3．保险责任

（1）在保险期间，被保险人或被保险机动车驾驶人（以下简称"驾驶人"）在使用被保险机动车的过程中，因自然灾害、意外事故造成被保险机动车直接损失，且不属于免除保险人责任的范围，保险人依照保险合同的约定负责赔偿。

（2）在保险期间，被保险机动车被盗窃、抢劫、抢夺，经出险地县级以上公安机关刑侦部门立案证明，满60天未查明下落的全车损失，以及因被盗窃、抢劫、抢夺受到损坏造成的直接损失，且不属于免除保险人责任的范围，保险人依照保险合同的约定负责赔偿。

（3）发生保险事故时，被保险人或驾驶人为防止或减少被保险机动车的损失所支付的必要的、合理的施救费用，由保险人承担；施救费用数额在被保险机动车损失赔偿金额以外另行计算，最高不超过保险金额。

4．责任免除

（1）下列情况下，不论任何原因造成被保险机动车的任何损失和费用，保险人均不负责赔偿。

① 事故发生后，被保险人或驾驶人故意破坏、伪造现场，毁灭证据。

② 驾驶人有下列情形之一者：

- 交通肇事逃逸；
- 饮酒、吸食或注射毒品、服用国家管制的精神药品或麻醉药品；
- 无驾驶证，驾驶证被依法扣留、暂扣、吊销、注销期间；
- 驾驶与驾驶证载明的准驾车型不相符合的机动车。

③ 被保险机动车有下列情形之一者：

- 发生保险事故时被保险机动车行驶证、号牌被注销；
- 被扣留、收缴、没收期间；
- 竞赛、测试期间，在营业性场所维修、保养、改装期间；
- 被保险人或驾驶人故意或重大过失，导致被保险机动车被利用从事犯罪行为。

（2）下列原因导致的被保险机动车的损失和费用，保险人不负责赔偿。

① 战争、军事冲突、恐怖活动、暴乱、污染（含放射性污染）、核反应、核辐射。

② 违反安全装载规定。

③ 被保险机动车被转让、改装、加装或改变使用性质等，导致被保险机动车危险程度显著增加，且未及时通知保险人，因危险程度显著增加而发生保险事故的。

④ 投保人、被保险人或驾驶人故意制造保险事故。

（3）下列损失和费用，保险人不负责赔偿。

① 因市场价格变动造成的贬值、修理后因价值降低引起的减值损失。

② 自然磨损、朽蚀、腐蚀、故障、本身质量缺陷。

③ 投保人、被保险人或驾驶人知道保险事故发生后，故意或因重大过失未及时通知，致使保险事故的性质、原因、损失程度等难以确定的，保险人对无法确定的部分，不承担赔偿责任，但保险人通过其他途径已经知道或应当及时知道保险事故发生的除外。

④ 因被保险人违反关于核定损失的约定，导致无法确定的损失。

⑤ 车轮单独损失，无明显碰撞痕迹的车身划痕，以及新增加设备的损失。

⑥ 非全车被盗抢、仅车上零部件或附属设备被盗抢。

5．保险金额

机动车辆损失保险的保险金额根据投保时被保险机动车的实际价值确定。投保时被保险机动车的实际价值由投保人与保险人根据投保时的新车购置价减去折旧金额后的价格协商确定，或者根据其他市场公允价值协商确定。折旧金额可根据保险合同列明的参考折旧系数（见表5-2）确定。

表5-2 参考折旧系数表

车辆种类	月折旧系数			
	家庭自用	非营业	营业	
			出租	其他
9座以下客车	0.6%	0.6%	1.1%	0.9%
10座以下客车	0.9%	0.9%	1.1%	0.9%
微型载货汽车	—	0.9%	1.1%	1.1%
带拖挂的载货汽车	—	0.9%	1.1%	1.1%
低速货车和三轮汽车	—	1.1%	1.4%	1.4%
其他车辆	—	0.9%	1.1%	0.9%

折旧按月计算，不足一个月的部分，不计折旧。最高折旧金额不超过投保时被保险机动车新车购置价的80%。

$$折旧金额=新车购置价 \times 被保险机动车已使用月数 \times 月折旧系数$$

新车购置价是指保险合同签订地购置与被保险机动车同类型新车的价格，无同类型新车价格的，由投保人与保险人协商确定。

市场公允价值是指熟悉市场情况的买卖双方在公平交易的条件下和自愿的情况下所确定的价格，或者无关联的双方在公平交易的条件下一项资产可以被买卖或一项负债可以被清偿的成交价格。

6．保险期限

机动车辆损失保险的保险期限为一年，以保险单载明的起讫时间为准。

7．免赔额

对于投保人与保险人在投保时协商确定绝对免赔额的，保险人在依据保险合同约定计算赔款的基础上，增加每次事故绝对免赔额。

8. 赔偿处理

（1）赔偿方式。

发生保险事故后，保险人依据机动车辆损失保险条款约定在保险责任范围内承担赔偿责任。赔偿方式由保险人与被保险人协商确定。

（2）核定损失。

因保险事故损坏的被保险机动车，修理前被保险人应当会同保险人检验，协商确定维修机构，以及修理项目、方式和费用。无法协商确定的，双方委托共同认可的有资质的第三方进行评估。

（3）残值处理。

被保险机动车遭受损失后的残余部分由保险人、被保险人协商处理。如折归被保险人的，由双方协商确定其价值并在赔款中扣除。

（4）代位追偿。

因第三方对被保险机动车的损害而造成保险事故，被保险人向第三方索赔的，保险人应积极协助；被保险人也可以直接向保险人索赔，保险人在保险金额内先行赔付被保险人，并在赔偿金额内代位行使被保险人对第三方请求赔偿的权利。

被保险人已经从第三方获得损害赔偿的，保险人在进行赔偿时，应相应扣减被保险人已从第三方获得的赔偿金额。

保险人未赔偿之前，被保险人放弃对第三方请求赔偿的权利的，保险人不承担赔偿责任。

被保险人故意或因重大过失致使保险人不能行使代位请求赔偿的权利的，保险人可以扣减或要求返还相应的赔款。

保险人向被保险人先行赔付的，保险人向第三方行使代位请求赔偿的权利时，被保险人应当向保险人提供必要的文件和所知道的有关情况。

（5）理赔计算。

机动车辆损失赔款按以下方法计算。

① 全部损失，计算公式为：

赔款=保险金额-被保险人已从第三方获得的赔偿金额-绝对免赔额

② 部分损失。

被保险机动车发生部分损失，保险人按实际修复费用在保险金额内计算赔款，计算公式为：

赔款=实际修复费用-被保险人已从第三方获得的赔偿金额-绝对免赔额

③ 施救费用。

在施救的财产中，含有机动车辆损失保险未保险的财产，应按保险财产的实际价值占总施救财产的实际价值的比例分摊施救费用。

（6）其他注意事项。

被保险机动车发生保险事故，导致全部损失，或者一次赔款金额与免赔金额之和（不含施救费用）达到保险金额的，保险人按保险合同的约定支付赔款后，保险责任终止，保险人不退还机动车辆损失保险及其附加险的保险费。

（二）机动车辆第三者责任保险

1. 概念

机动车辆第三者责任保险是指在保险期间，被保险人或其允许的驾驶人在使用被保险机动车的过程中发生意外事故，致使第三者遭受人身伤亡或财产直接损毁，依法应当对第三者承担的损害赔偿责任，保险人依照保险合同的约定，对超过交强险各分项赔偿限额的部分负责赔偿的保险。

2. 保险责任

保险人依据被保险机动车一方在事故中所负的事故责任比例，承担相应的赔偿责任。被保险人或被保险机动车一方根据有关法律法规规定，选择自行协商或由公安机关交通管理部门处理事故，但未确定事故责任比例的，按照下列规定确定事故责任比例。

（1）被保险机动车一方负主要事故责任的，事故责任比例为70%。

（2）被保险机动车一方负同等事故责任的，事故责任比例为50%。

（3）被保险机动车一方负次要事故责任的，事故责任比例为30%。

（4）涉及司法或仲裁程序的，以法院或仲裁机构最终生效的法律文书为准。

3. 责任免除

（1）下列情况下，不论任何原因造成的人身伤亡、财产损失和费用，保险人均不负责赔偿。

① 事故发生后，被保险人或驾驶人故意破坏、伪造现场，毁灭证据。

② 驾驶人有下列情形之一者：

- 交通肇事逃逸；
- 饮酒、吸食或注射毒品、服用国家管制的精神药品或麻醉药品；
- 无驾驶证，驾驶证被依法扣留、暂扣、吊销、注销期间；
- 驾驶与驾驶证载明的准驾车型不相符合的机动车；
- 非被保险人允许的驾驶人。

③ 被保险机动车有下列情形之一者：

- 发生保险事故时被保险机动车行驶证、号牌被注销；
- 被扣留、收缴、没收期间；
- 竞赛、测试期间，在营业性场所维修、保养、改装期间；
- 全车被盗窃、被抢劫、被抢夺、下落不明期间。

（2）下列原因导致的人身伤亡、财产损失和费用，保险人不负责赔偿。

① 战争、军事冲突、恐怖活动、暴乱、污染（含放射性污染）、核反应、核辐射。

② 第三者、被保险人或驾驶人的故意行为、犯罪行为，第三者与被保险人或其他致害人恶意串通的行为。

③ 被保险机动车被转让、改装、加装或改变使用性质等，导致被保险机动车危险程度显著增加，且未及时通知保险人，因危险程度显著增加而发生保险事故的。

（3）下列人身伤亡、财产损失和费用，保险人不负责赔偿。

① 被保险机动车发生意外事故，致使任何单位或个人停业、停驶、停电、停水、停气、停产、通信或网络中断、电压变化、数据丢失造成的损失及其他各种间接损失。

② 第三者财产因市场价格变动造成的贬值、修理后因价值降低引起的减值损失。

③ 被保险人及其家庭成员、驾驶人及其家庭成员所有、承租、使用、管理、运输或代管的财产的损失，以及本车上财产的损失。

④ 被保险人、驾驶人、本车车上人员的人身伤亡。

⑤ 停车费、保管费、扣车费、罚款、罚金或惩罚性赔款。

⑥ 超出《道路交通事故受伤人员临床诊疗指南》和国家基本医疗保险同类医疗费用标准的费用部分。

⑦ 律师费，未经保险人事先书面同意的诉讼费、仲裁费。

⑧ 投保人、被保险人或驾驶人知道保险事故发生后，故意或因重大过失未及时通知，致使保险事故的性质、原因、损失程度等难以确定的，保险人对无法确定的部分，不承担赔偿责任，但保险人通过其他途径已经知道或应当及时知道保险事故发生的除外。

⑨ 因被保险人违反关于核定损失的约定，导致无法确定的损失。

⑩ 精神损害抚慰金。

⑪ 应当由交强险赔偿的损失和费用；保险事故发生时，被保险机动车未投保交强险或交强险合同已经失效的，对于交强险责任限额以内的损失和费用，保险人不负责赔偿。

典型案例

机动车辆第三者责任保险中"第三者"和"车上人员"如何认定

案情介绍：

郑某乘坐某大型汽车沿312国道由西向东行驶，行至立交桥时，驾驶该车的司机杨某对路面动态疏于观察，遇紧急情况时采取措施不当，致使车辆失控，将乘坐在车内的郑某甩出车外，郑某随后又被该车碾压致重伤。交警就涉案交通事故出具事故认定书，认定杨某负事故全部责任，郑某不负事故责任。涉案肇事车辆系徐某所有，涉案交通事故发生在杨某根据徐某的指派从事雇佣活动的过程中。该车投有机动车辆第三者责任保险（保险金额为50万元，不计免赔额）、机动车车上人员责任保险（保险金额为5万元）。事故发生后，因保险公司只按照机动车车上人员责任保险的责任限额对涉案交通事故给予理赔，遂发生纠纷诉至法院。

案例分析：

本案为机动车辆交通事故责任纠纷，根据交警出具的事故认定书可以得知司机杨某负事故全部责任，郑某无责。但根据最高人民法院《关于审理人身损害赔偿案件适用法律若干问题的解释》第九条规定："雇员在从事雇佣活动中致人损害的，雇主应当承担赔偿责任；雇员因故意或者重大过失致人损害的，应当与雇主承担连带赔偿责任。雇主承担连带赔偿责任的，可以向雇员追偿。"该车的所有权人为徐某，司机杨某为徐某雇佣人员，杨某事发时正在执行徐某指派的任务，由于杨某的重大过失行为造成郑某遭受交通事故，杨某应当与徐某承担连带赔偿责任。

第三者责任保险是以被保险人对第三者的赔偿责任为保险标的，以填补被保险人对第三者承担赔偿责任所受损失的保险。郑某在涉案交通事故发生前为涉案车辆的"车上人员"，涉案车辆保险合同中所涉及的"第三者"和"车上人员"均为在特定时空条件下的临时性身份，即"第三者"和"车上人员"均不是永久的、固定不变的身份，二者可以因特定时空条件的变化而转化。意外事故发生时，郑某已处于涉案车辆之外，因此不属于涉案车辆的"车上人员"，而应属于"第三者"。

因此，郑某系涉案交通事故的受害人，属于除投保人、被保险人和保险人外的，因被保险机动车发生意外事故而遭受人身伤亡或财产损失的受害者。郑某应当按照机动车辆第三者责任保险进行理赔，而非根据机动车车上人员责任保险理赔。

资料来源：根据《中华人民共和国最高人民法院公报》相关报道编辑整理。

4．责任限额

机动车辆第三者责任保险的每次事故责任限额，由投保人和保险人在签订保险合同时协商确定。

主车和挂车连接使用时视为一体，发生保险事故时，由主车保险人和挂车保险人按照保险单上载明的机动车辆第三者责任保险责任限额的比例，在各自的责任限额内承担赔偿责任。

5．赔偿处理

（1）赔款计算。

① 当[（依合同约定核定的第三者损失金额-交强险的分项赔偿限额）×事故责任比例]等于或高于每次事故责任限额时：

$$赔款=每次事故责任限额$$

② 当[（依合同约定核定的第三者损失金额-交强险的分项赔偿限额）×事故责任比例]低于每次事故责任限额时：

$$赔款=（依合同约定核定的第三者损失金额-交强险的分项赔偿限额）×事故责任比例$$

（2）对第三者的赔偿。

保险人对被保险人给第三者造成的损害，可以直接向该第三者赔偿。被保险人给第三者造成损害，对第三者应负的赔偿责任确定的，根据被保险人的请求，保险人应当直接向该第三者赔偿。被保险人怠于请求的，第三者有权就其应获赔偿部分直接向保险人请求赔偿。被保险人给第三者造成损害，未向该第三者赔偿的，保险人不得向被保险人赔偿。

（3）赔偿标准。

保险人按照《道路交通事故受伤人员临床诊疗指南》和国家基本医疗保险同类医疗费用标准核定医疗费用的赔偿金额。未经保险人书面同意，被保险人自行承诺或支付的赔偿金额，保险人有权重新核定。不属于保险人赔偿范围或超出保险人应赔偿金额的，保险人不承担赔偿责任。

（三）机动车车上人员责任保险

1．概念

机动车车上人员责任保险又称司乘人员保险，是指在保险期间，被保险人或其允许的驾驶人在使用被保险机动车的过程中发生意外事故，导致被保险机动车车上人员遭受人身伤亡，保险人负责承担相应赔偿责任的保险。

车上人员是指意外事故发生的瞬间，在符合国家有关法律法规允许搭乘人员的被保险机动车车体内或车体上的人员。

2．保险责任

在保险期间，被保险人或其允许的驾驶人在使用被保险机动车的过程中发生意外事故，致使车上人员遭受人身伤亡，且不属于免除保险人责任的范围，依法应当对车上人员承担的损害赔偿责任，保险人依照保险合同的约定负责赔偿。

保险人依据被保险机动车一方在事故中所负的事故责任比例，承担相应的赔偿责任。被保险人或被保险机动车一方根据有关法律法规规定，选择自行协商或由公安机关交通管理部门处理事故，但未确定事故责任比例的，按照下列规定确定事故责任比例。

（1）被保险机动车一方负主要事故责任的，事故责任比例为70%。

（2）被保险机动车一方负同等事故责任的，事故责任比例为50%。

（3）被保险机动车一方负次要事故责任的，事故责任比例为30%。

（4）涉及司法或仲裁程序的，以法院或仲裁机构最终生效的法律文书为准。

3．责任免除

（1）下列情况下，不论任何原因造成的人身伤亡，保险人均不负责赔偿。

① 事故发生后，被保险人或驾驶人故意破坏、伪造现场，毁灭证据。

② 驾驶人有下列情形之一者：

- 交通肇事逃逸；
- 饮酒、吸食或注射毒品、服用国家管制的精神药品或麻醉药品；
- 无驾驶证，驾驶证被依法扣留、暂扣、吊销、注销期间；
- 驾驶与驾驶证载明的准驾车型不相符合的机动车；
- 非被保险人允许的驾驶人。

③ 被保险机动车有下列情形之一者：

- 发生保险事故时被保险机动车行驶证、号牌被注销；
- 被扣留、收缴、没收期间；
- 竞赛、测试期间，在营业性场所维修、保养、改装期间；
- 全车被盗窃、被抢劫、被抢夺、下落不明期间。

（2）下列原因导致的人身伤亡，保险人不负责赔偿。

① 战争、军事冲突、恐怖活动、暴乱、污染（含放射性污染）、核反应、核辐射。

② 被保险机动车被转让、改装、加装或改变使用性质等，导致被保险机动车危险程度显著增加，且未及时通知保险人，因危险程度显著增加而发生保险事故的。

③ 投保人、被保险人或驾驶人故意制造保险事故。

（3）下列人身伤亡、损失和费用，保险人不负责赔偿。

① 被保险人及驾驶人以外的其他车上人员的故意行为造成的自身伤亡。

② 车上人员因疾病、分娩、自残、斗殴、自杀、犯罪行为造成的自身伤亡。

③ 罚款、罚金或惩罚性赔款。

④ 超出《道路交通事故受伤人员临床诊疗指南》和国家基本医疗保险同类医疗费用标准的费用部分。

⑤ 律师费，未经保险人事先书面同意的诉讼费、仲裁费。

⑥ 投保人、被保险人或驾驶人知道保险事故发生后，故意或因重大过失未及时通知，致使保险事故的性质、原因、损失程度等难以确定的，保险人对无法确定的部分，不承担赔偿责任，但保险人通过其他途径已经知道或应当及时知道保险事故发生的除外。

⑦ 精神损害抚慰金。

⑧ 应当由交强险赔付的损失和费用。

4．责任限额

在机动车车上人员责任保险中，驾驶人每次事故责任限额和乘客每次事故每人责任限额由投保人和保险人在签订保险合同时协商确定，投保乘客座位数按照被保险机动车的核定载客数（驾驶员座位除外）确定。

5．赔偿处理

（1）赔款计算。

① 对每座的受害人，当［（依合同约定核定的每座车上人员人身伤亡损失金额-应由交强险赔偿的金额）×事故责任比例］等于或高于每次事故每座责任限额时：

$$赔款=每次事故每座责任限额$$

② 对每座的受害人，当［（依合同约定核定的每座车上人员人身伤亡损失金额-应由交强险赔偿的金额）×事故责任比例］低于每次事故每座责任限额时：

$$赔款=（依合同约定核定的每座车上人员人身伤亡损失金额-应由交强险赔偿的金额）×事故责任比例$$

（2）赔偿标准。

保险人按照《道路交通事故受伤人员临床诊疗指南》和国家基本医疗保险同类医疗费用标准核定医疗费用的赔偿金额。未经保险人书面同意，被保险人自行承诺或支付的赔偿金额，保险人有权重新核定。不属于保险人赔偿范围或超出保险人应赔偿金额的，保险人不承担赔偿责任。

（四）机动车辆商业保险附加险

机动车辆商业保险附加险包括绝对免赔率特约条款、发动机进水损坏除外特约条款、新增加设备损失险、车身划痕损失险、修理期间费用补偿险、车上货物责任险、精神损害抚慰金责任险、车轮单独损失险、法定节假日限额翻倍险、医保外医疗费用责任险、机动车增值服务特约条款。

（1）绝对免赔率特约条款。根据绝对免赔率特约条款的规定，绝对免赔率为5%、10%、

15%、20%，由投保人和保险人在投保时协商确定，具体以保险单载明的数额为准。被保险机动车发生主险约定的保险事故，保险人按照主险的约定计算赔款后，应扣减该特约条款约定的免赔额，即实际赔款=按主险约定计算的赔款×（1-绝对免赔率）。

（2）发动机进水损坏除外特约条款。发动机进水损坏除外特约条款是指在保险期间，被保险人或其允许的驾驶人在使用被保险机动车的过程中，因发动机进水后导致的发动机的直接损毁，保险人不负责赔偿的保险。

（3）新增加设备损失险。新增加设备损失险是指在保险期间，被保险机动车因发生机动车辆损失保险责任范围内的事故，造成车上新增加设备的直接损毁，保险人按照实际损失进行赔偿的保险。

（4）车身划痕损失险。车身划痕损失险是指在保险期间，被保险人或其允许的驾驶人在使用被保险机动车的过程中，发生无明显碰撞痕迹的车身划痕损失，保险人按照保险合同的约定负责赔偿的保险。

（5）修理期间费用补偿险。修理期间费用补偿险是指在保险期间，被保险人或其允许的驾驶人在使用被保险机动车的过程中，发生机动车辆损失保险责任范围内的事故，造成车身损毁，致使被保险机动车停驶，保险人在保险金额内向被保险人补偿修理期间的费用，作为代步车费用或弥补停驶损失的保险。

（6）车上货物责任险。车上货物责任险是指在保险期间，发生意外事故致使被保险机动车所载货物遭受直接损毁，依法应由被保险人承担的损害赔偿责任，保险人负责赔偿的保险。

（7）精神损害抚慰金责任险。精神损害抚慰金责任险是指在保险期间，被保险人或其允许的驾驶人在使用被保险机动车的过程中，发生主险保险事故，造成第三者或车上人员的人身伤亡，受害人据此提出精神损害赔偿请求，保险人依据法院的判决及保险合同的约定，对应由被保险人或其允许的驾驶人支付的精神损害抚慰金，在扣除交强险应当支付的赔款后，由保险人在保险责任限额内负责赔偿的保险。

（8）车轮单独损失险。车轮单独损失险是指在保险期间，被保险人或被其允许的驾驶人在使用被保险机动车的过程中，因遭受自然灾害、意外事故，导致被保险机动车未发生其他部位的损失，仅有车轮（含轮胎、轮毂、轮毂罩）单独的直接损失，且不属于免除保险人责任的范围，保险人按照保险合同的约定负责赔偿的保险。

（9）法定节假日限额翻倍险。根据法定节假日限额翻倍险条款的规定，在保险期间，被保险人或其允许的驾驶人在法定节假日期间使用被保险机动车发生机动车辆第三者责任保险责任范围内的事故，并经公安部门或保险人查勘确认的，被保险机动车第三者责任保险所适用的责任限额在保险单载明的基础上增加一倍。

（10）医保外医疗费用责任险。医保外医疗费用责任险是指在保险期间，被保险人或其允许的驾驶人在使用被保险机动车的过程中，发生主险保险事故，对于被保险人依照中华人民共和国法律（不含港、澳、台地区法律）应对第三者或车上人员承担的医疗费用，保险人对超出《道路交通事故受伤人员临床诊疗指南》和国家基本医疗保险同类医疗费用标准的部分负责赔偿的保险。

（11）机动车增值服务特约条款。机动车增值服务特约条款包括道路救援服务特约条款、车辆安全检测特约条款、代为驾驶服务特约条款、代为送检服务特约条款 4 个独立的特约条款，投保人可以选择投保全部特约条款，也可以选择投保其中部分特约条款。保险人依照保险合同的约定，按照承保的特约条款分别提供增值服务。

① 道路救援服务特约条款：在保险期间，被保险人或其允许的驾驶人在使用被保险机动车的过程中发生故障而丧失行驶能力时，保险人或其受托人根据被保险人的请求，向被保险人提供如下道路救援服务：
- 单程 50 千米以内拖车；
- 送油、送水、送防冻液、搭电；
- 轮胎充气、更换轮胎；
- 车辆脱离困境所需的拖拽车、吊车。

② 车辆安全检测特约条款：在保险期间，为保障车辆安全运行，保险人或其受托人根据被保险人的请求，为被保险机动车提供车辆安全检测服务。车辆安全检测服务项目包括：
- 发动机检测（机油、空滤、燃油、冷却等）；
- 变速器检测；
- 转向系统检测（含车轮定位测试、轮胎动平衡测试）；
- 底盘检测；
- 轮胎检测；
- 汽车玻璃检测；
- 汽车电子系统检测（全车电控电器系统检测）；
- 车内环境检测；
- 蓄电池检测；
- 车辆综合安全检测。

③ 代为驾驶服务特约条款：在保险期间，保险人或其受托人根据被保险人的请求，在被保险人或其允许的驾驶人因饮酒、服用药物等原因无法驾驶或存在重大安全驾驶隐患时提供单程 30 千米以内的短途代驾服务。

④ 代为送检服务特约条款：在保险期间，按照《中华人民共和国道路交通安全法实施条例》，被保险机动车须由机动车安全技术检验机构实施安全技术检验时，根据被保险人的请求，由保险人或其受托人代替车辆所有人进行车辆送检。

五、机动车辆交通事故责任强制保险

（一）机动车辆交通事故责任强制保险的概念

机动车辆交通事故责任强制保险简称交强险，是指由保险人对被保险机动车发生道路交通事故造成受害人（不包括本车人员和被保险人）的人身伤亡、财产损失，在责任限额内予以赔偿的强制性责任保险。

（二）机动车辆交通事故责任强制保险的保险责任与责任免除

1．保险责任

在中华人民共和国境内（不含港、澳、台地区），被保险人在使用被保险机动车的过程中发生保险事故，致使受害人遭受人身伤亡或财产损失，依法应由被保险人承担的损害赔偿责任，保险人按照交强险合同的约定对每次事故在责任限额内负责赔偿。交强险的责任限额如表5-3所示。

表5-3 交强险的责任限额   单位：元

赔偿项目	被保险人有责任	被保险人无责任
死亡伤残	180 000	18 000
医疗费用	18 000	1800
财产损失	2000	100

死亡伤残赔偿限额和无责任死亡伤残赔偿限额项下负责赔偿丧葬费、死亡补偿费、受害人亲属办理丧葬事宜支出的交通费用、残疾赔偿金、残疾辅助器具费、护理费、康复费、交通费、被抚养人生活费、住宿费、误工费，以及被保险人依照法院判决或调解承担的精神损害抚慰金。

医疗费用赔偿限额和无责任医疗费用赔偿限额项下负责赔偿医药费、诊疗费、住院费、住院伙食补助费，以及必要的和合理的后续治疗费、整容费、营养费。

2．责任免除

下列损失和费用，交强险保险人不负责赔偿和垫付。

（1）因受害人故意行为造成的意外事故的损失。

（2）被保险人所有的财产及被保险机动车上的财产遭受的损失。

（3）被保险机动车发生意外事故，致使受害人停业、停驶、停电、停水、停气、停产、通信或网络中断、电压变化、数据丢失造成的损失，以及受害人的财产因市场价格变动造成的贬值、修理后因价值降低引起的减值损失等其他各种间接损失。

（4）因意外事故产生的仲裁或诉讼费用及其他相关费用。

（三）机动车辆交通事故责任强制保险的保险期限

除国家法律、行政法规另有规定外，交强险的保险期限为一年，以保险单载明的起讫时间为准。

（四）机动车辆交通事故责任强制保险的费率

交强险基础费率的厘定主要考虑车辆用途、车辆大小、保障范围、赔偿原则、责任限额、以往损失记录等。将机动车辆分为家庭自用车、非营业客车、营业客车、非营业货车、营业货车、特种车、摩托车、拖拉机八大类，每大类又可按车辆大小及进一步的细分用途进行分类，其相应的基础费率不同。交强险基础费率表如表5-4所示。

表 5-4 交强险基础费率表

车辆大类	序号	车辆明细分类	保险费（元）
家庭自用车	1	家庭自用汽车6座以下	950
	2	家庭自用汽车6座及以上	1100
非营业客车	3	企业非营业汽车6座以下	1000
	4	企业非营业汽车6（含）～10座	1130
	5	企业非营业汽车10（含）～20座	1220
	6	企业非营业汽车20座及以上	1270
	7	机关非营业汽车6座以下	950
	8	机关非营业汽车6（含）～10座	1070
	9	机关非营业汽车10（含）～20座	1140
	10	机关非营业汽车20座及以上	1320
营业客车	11	营业出租租赁6座以下	1800
	12	营业出租租赁6（含）～10座	2360
	13	营业出租租赁10（含）～20座	2400
	14	营业出租租赁20（含）～36座	2560
	15	营业出租租赁36座及以上	3530
	16	营业城市公交6（含）～10座	2250
	17	营业城市公交10（含）～20座	2520
	18	营业城市公交20（含）～36座	3020
	19	营业城市公交36座及以上	3140
	20	营业公路客运6（含）～10座	2350
	21	营业公路客运10（含）～20座	2620
	22	营业公路客运20（含）～36座	3420
	23	营业公路客运36座及以上	4690
非营业货车	24	非营业货车2吨以下	1200
	25	非营业货车2（含）～5吨	1470
	26	非营业货车5（含）～10吨	1650
	27	非营业货车10吨及以上	2220
营业货车	28	营业货车2吨以下	1850
	29	营业货车2（含）～5吨	3070
	30	营业货车5（含）～10吨	3450
	31	营业货车10吨及以上	4480
特种车	32	特种车一	3710
	33	特种车二	2430
	34	特种车三	1080
	35	特种车四	3980
摩托车	36	摩托车50cc及以下	80
	37	摩托车50cc～250cc（含）	120
	38	摩托车250cc以上及侧三轮	400

续表

车辆大类	序号	车辆明细分类	保险费（元）
拖拉机	39	兼用型拖拉机 14.7kW 及以下	按保监产险〔2007〕53 号实行地区差别费率
	40	兼用型拖拉机 14.7kW 以上	
	41	运输型拖拉机 14.7kW 及以下	
	42	运输型拖拉机 14.7kW 以上	

注：①座位和吨位的分类都按照"含起点不含终点"的原则解释。
②特种车一：油罐车、汽罐车、液罐车；特种车二：专用净水车、特种车一以外的罐式货车，以及用于清障、清扫、清洁、起重、装卸、升降、搅拌、挖掘、推土、冷藏、保温等的各种专用机动车；特种车三：装有固定专用仪器设备并从事专业工作的监测、消防、运钞、医疗、电视转播等的各种专用机动车；特种车四：集装箱拖头。
③挂车根据实际的使用性质并按照对应吨位货车的 30% 计算。

交强险的实收保险费实行与被保险机动车道路交通安全违法行为、道路交通事故记录联系的浮动机制。从 2020 年 9 月 19 日起，在车险综合改革中，结合各地区交强险综合赔付率水平，在道路交通事故费率调整系数中引入区域浮动因子，浮动比率中的上下限保持 30% 不变。因此，根据交强险费率浮动因素及浮动比率的所属区域不同，形成了 5 个调整方案，具体如表 5-5 所示。

表 5-5 交强险费率浮动因素及浮动比率

浮动因素	浮动比率				
	A 方案	B 方案	C 方案	D 方案	E 方案
上一个年度未发生有责任道路交通事故	-30%	-25%	-20%	-15%	-10%
上两个年度未发生有责任道路交通事故	-40%	-35%	-30%	-25%	-20%
上三个及以上年度未发生有责任道路交通事故	-50%	-45%	-40%	-35%	-30%
上一个年度发生一次有责任不涉及死亡的道路交通事故	0%	0%	0%	0%	0%
上一个年度发生两次及以上有责任道路交通事故	10%	10%	10%	10%	10%
上一个年度发生有责任道路交通死亡事故	30%	30%	30%	30%	30%

注：与道路交通事故相联系的浮动比率取 5 个调整方案其中之一对应的值，不累加；同时满足多个浮动因素的，按照向上浮动或向下浮动比率的高者计算。

表 5-5 中的 5 个调整方案分别适用于不同的区域，其中，内蒙古、海南、青海、西藏 4 个地区实行 A 方案；陕西、云南、广西 3 个地区实行 B 方案；甘肃、吉林、山西、黑龙江、新疆 5 个地区实行 C 方案；北京、天津、河北、宁夏 4 个地区实行 D 方案；江苏、浙江、安徽、上海、湖南、湖北、江西、辽宁、河南、福建、重庆、山东、广东、四川、贵州 15 个地区实行 E 方案。

签订交强险合同时，投保人应当一次支付全部保险费。保险费按照银保监会批准的交强险费率计算。其计算公式为：

最终保险费=基础保险费×（1+与道路交通事故相联系的浮动比率）

计算示例

2019年11月5日，湖南某投保人投保了一辆5座私家车，首年保险费是950元。他于2020年11月5日续保，首年（2019年11月5日0时至2020年11月4日24时）未发生有责任道路交通事故，那么在2020年11月5日续保时，其保险费应如何计算？

解：保险费=950×（1-10%）=855（元）。

如果他两年没有发生有责任道路交通事故，即在2021年11月5日续保时，其保险费应如何计算？

解：保险费=950×（1-20%）=760（元）。

（五）机动车辆交通事故责任强制保险的垫付与追偿

被保险机动车在以下4种情形下发生保险事故，造成受害人受伤需要抢救的，保险人在接到公安机关交通管理部门的书面通知和医疗机构出具的抢救费用清单后，按照《道路交通事故受伤人员临床诊疗指南》和国家基本医疗保险同类医疗费用标准进行核实。

（1）驾驶人未取得驾驶资格的。

（2）驾驶人醉酒的。

（3）被保险机动车被盗抢期间肇事的。

（4）被保险人故意制造保险事故的。

对于符合规定的抢救费用，保险人在医疗费用赔偿限额内垫付；被保险人在保险事故中无责任的，保险人在无责任医疗费用赔偿限额内垫付。对于其他损失和费用，保险人不负责垫付和赔偿。对于垫付的抢救费用，保险人有权向致害人追偿。

（六）机动车辆交通事故责任强制保险的赔偿处理

（1）被保险机动车发生保险事故的，由被保险人向保险人申请赔偿。被保险人在索赔时，应当向保险人提供以下材料：①交强险的保险单；②被保险人出具的索赔申请书；③被保险人和受害人的有效身份证明、被保险机动车行驶证和驾驶人的驾驶证；④公安机关交通管理部门出具的事故证明，或者人民法院等机构出具的有关法律文书及其他证明；⑤被保险人根据有关法律法规的规定选择自行协商处理事故的，应当提供依照《道路交通事故处理程序规定》规定的记录事故情况的协议书；⑥受害人财产损失程度证明、人身伤残程度证明、相关医疗证明及有关损失清单和费用单据；⑦其他与确认保险事故的性质、原因、损失程度等有关的证明和材料。

（2）保险事故发生后，保险人按照国家有关法律法规规定的赔偿范围、项目和标准，以及交强险合同的约定，并根据《道路交通事故受伤人员临床诊疗指南》和国家基本医疗保险同类医疗费用标准，在交强险的责任限额内核定人身伤亡的赔偿金额。

（3）因保险事故的发生造成受害人人身伤亡的，未经保险人书面同意，被保险人自行承诺或支付的赔偿金额，保险人在交强险责任限额内有权重新核定。因保险事故的发生造成受害人财产损坏需要修理的，被保险人应当在修理前会同保险人检验，协商确定修理或更换项目、方式和费用。否则，保险人在交强险责任限额内有权重新核定。

延伸阅读

交强险与机动车辆第三者责任保险的区别

交强险与机动车辆第三者责任保险的最大区别在于投保方式和理赔时的责任确定不同。具体而言，交强险与机动车辆第三者责任保险有六大不同之处。

（1）投保和承保要求不同。交强险的强制性特点体现在所有上路行驶的机动车的所有人或管理人必须依法投保该险种，《机动车交通事故责任强制保险条例》（以下简称《条例》）也要求具有经营交强险资格的保险公司不能拒绝承保和随意解除合同。而机动车辆第三者责任保险遵循自愿投保原则，保险公司有权进行风险审核、风险选择或限额承保。

（2）赔偿原则不同。交强险实施后，无论被保险人是否在道路交通事故中负有责任，保险公司均将按照《条例》及交强险合同条款的具体要求在责任限额内予以赔偿；而机动车辆第三者责任保险实施后，保险公司主要根据被保险人在道路交通事故中所承担的事故责任来确定其赔偿责任。

（3）保障范围不同。除被保险人故意造成道路交通事故等少数情况外，交强险的保险责任几乎涵盖了所有道路交通风险，且不设免赔率与免赔额；而机动车辆第三者责任保险为有效控制风险、减少损失，规定有不同的责任免除事项和免赔率（额）。

（4）制定费率的原则不同。交强险不以营利为目的，与其他保险业务分开管理、单独核算；而机动车辆第三者责任保险则无须与其他保险业务分开管理、单独核算。

（5）责任限额的确定方式不同。交强险由法律规定实行分项赔偿限额，即分为死亡伤残赔偿限额、医疗费用赔偿限额、财产损失赔偿限额，以及被保险人在道路交通事故中无责任的赔偿限额；而机动车辆第三者责任保险，无论是人伤还是物损均在一个限额内进行赔偿，并由保险公司自行确定责任限额。

（6）保险条款和费率要求不同。交强险实行统一的保险条款和费率，并且费率与交通违章挂钩；而在机动车辆第三者责任保险中，不同保险公司的保险条款和费率存在差异，同一保险公司在不同地区的保险条款和费率也存在差异。

资料来源：根据成都交通事故律师网资料编辑整理。

任务三　解读船舶保险

任务情景

随着经济一体化进程的加快和地区间经济贸易活动的展开，各种货物的运输活动日益频繁。船舶作为一种常用的运输工具，具有运输成本低、承载数量大等优势，在货物运输中发挥着越来越重要的作用。上海某轮船公司"仲宇"轮为规避在航行中面临的自然灾害和意外事故的双重威胁，预向某保险公司投保船舶保险。

请向该轮船公司推荐一款船舶保险产品，并详细说明其承保范围。

知识探究

一、船舶保险的概念

船舶保险是以各种类型的船舶为保险标的，承保其在海上航行或在港内停泊时因遭遇到自然灾害和意外事故而造成的损失的财产保险。

二、船舶保险的适用范围

船舶保险适用于经过合法登记注册的，从事沿海、内河航运业务的各种团体单位和个人的机动船舶和非机动船舶。它的保险标的是各类船舶及水上装置，范围十分广泛。按照结构可将船舶分为铁壳船、木壳船、帆船、水泥船、玻璃钢船、气垫船等；按照用途可将船舶分为客船、货船、油船、驳船、泵船、游船、液化气船等；按照有无机器动力可将船舶分为机动船、非机动船和机帆船等。除上述所指的各类船舶及其附属设备外，各种水上装置（如海洋石油开发中的钻井平台等）也可以作为船舶保险的业务承保。

需要特别指出的是，在船舶保险实务中，保险人一般只承保建成并投入使用（航行）的各种船舶及海上装置，而建造、拆除中的船舶因其价值尚未确定，风险与投入使用的船舶存在很大的差异，所以不纳入承保范围。

三、船舶保险的特点

（一）保险责任以水上风险为限

船舶保险一般采用定期保险或航程保险，其保险责任仅以水上风险为限，承保船舶在航行或停泊期间，因遭受意外事故或水上灾害造成的船舶损失。这与货物运输保险可将责任扩展至内陆的某一仓库不同。

（二）保险责任范围广泛

船舶保险承保被保险人的船舶本身损失、责任和相关费用。它不仅承保自然灾害和意外事故对船舶本身及其附属设备、燃料、供给等造成的损失及碰撞责任、油污费用责任和运输合同中规定的承运人责任等，还承保或附加承保运输费用、船员工资、营运费用等多项费用损失。因此，船舶保险承保的风险具有广泛性，其承保和理赔涉及面广、技术难度大。

（三）风险相对集中

随着高新技术的发展，船舶的科技含量得到大幅度提升，吨位不断增加，设备越来越先进，其价值也越来越高，船舶作为保险标的所面临的风险必然越来越集中，因而一旦发生自然灾害和意外事故，往往损失巨大。例如，美国的船舶保险公司组合承保的三艘液化天然气运输船，因船只绝缘结构不良，赔款损失高达 3 亿美元。

（四）采用定值保险方式

由于船舶具有很大的流动性，同样一艘船在不同的地方价值会有所不同。此外，船舶的市场价值往往会随着航运市场的波动而不断变化，这就使得船舶的实际价值难以确定。因此，船舶保险采用定值保险的方式，即在订立保险合同时，保险双方根据买船价格和投保当时市场价格约定一个合理的金额作为保险价值，避免在理赔时产生纠纷。

（五）保险单不能自动转让

船舶的安全程度和船舶的风险控制手段直接影响保险人的利益，这与船东或经营者的管理经验和管理水平有关。因此，船舶的所有权转让后，船舶面临的风险会有所改变。为控制船舶风险，世界各国的保险法律均对船舶保险单进行了不可转让的规定，这与海上货物运输保险单随提单转让而转让有着明显的区别。

（六）法律适用广泛

船舶保险受《保险法》和《海商法》的制约。而从事运输的被保险船舶属于民用船舶，《保险法》和《海商法》都没有涉及相关事项，因此它可能还要适用于《民法典》。此外，由于船舶保险的国际性特点，它还要受世界各国法律法规及国际司法公约和惯例的制约。

四、船舶保险的险种和主要内容

按船舶航行的区域不同，船舶保险可分为远洋船舶保险和沿海内河船舶保险，分别承保进行远洋和沿海内河运输的船舶，以下将分别进行介绍。

（一）远洋船舶保险

远洋船舶保险是以各类远洋船舶为保险标的的保险。根据我国现行船舶保险条款的规定，远洋船舶保险包括全损险和一切险。

1．保险责任

（1）全损险的保险责任。

① 海上风险。海上风险一般指海上自然灾害和意外事故造成的海上灾难，包括恶劣气候、雷击、海啸、地震、火山爆发、洪水等自然因素造成的不可抗力事件和搁浅、触礁、沉没、失踪、碰撞、触碰任何固定的及浮动的物体或其他物体，以及其他海上灾害。

② 火灾或爆炸。火灾是指船舶本身的火灾及船外的火灾造成船舶的损失；爆炸是指船上装载的货物或配备的设备及岸上的设施发生爆炸造成船舶的损失。

③ 来自船外的暴力盗窃或海盗行为。暴力盗窃是指船上人员以外的不法分子对船舶机器、设备、燃料、物料等进行带有恐吓或威胁船上人员的行窃行为；海盗行为是指那些专门从事海上掠夺的匪徒及不法分子团体，对船舶所载货物、船上贵重物品和船员行李物品进行抢劫，并对船舶造成损失的行为。

④ 抛弃货物。船舶在海上航行中遭遇海难，为了船舶的安全，船长在下令将船上装载的货物抛弃时，可能引起火灾、爆炸，造成船舶全部损失；或者因为抛弃货物造成共同海损时，应由船舶分摊的损失；或者在抛弃货物后，由于重心转移而使船舶断裂所造成的损失。

⑤ 核装置或核反应堆发生的故障或意外事故。它包括船上或岸上的核装置或核反应堆发生故障或意外事故，造成船舶的损失。这种核装置或核反应堆必须用于非军事用途。

⑥ 装卸或移动货物及燃料时发生的意外事故。船舶在装卸或移动货物及燃料时往往要使用吊车，如果不慎发生意外事故就会引起火灾、船体碰损或爆炸，造成船舶的损失。

⑦ 船舶机件或船舶的潜在缺陷。潜在缺陷是指在建造船舶的过程中，由于建造者的疏忽或技术处理不当，合格的验船师用正常的检验方法不能发现的隐患。一般来说，保险人对船舶机件或船舶的潜在缺陷本身的损失不负赔偿责任，但对因船舶的潜在缺陷而造成的损失，承担赔偿责任。

⑧ 船长、船员有意损害被保险人利益的行为（有意行为）。有意行为是指明知其行为将损害船舶所有人的权利，仍有意为之或听任损害发生的一种行为。它包括船长、船员未经船东或船舶保险人同意，擅自将船舶诈售或抵押给他人侵占价款；从事走私或故意穿越封锁线，致使船舶遭受扣押或被没收；恶意弃船或纵火焚烧或将船凿沉。这些不法行为侵害的是被保险人的利益，被保险人作为受害人可以向保险人索赔，但保险人对此索赔的受理应以被保险人没有纵容，没有私下授意船长、船员做出不法行为为前提条件。

⑨ 船长、船员和引水员、修船人员及租船人员的疏忽行为。它是指上述人员在驾驶、引航或修理船舶的过程中，没有采取适当措施，或者采取某种措施没有充分考虑由此引起的后果等，造成船舶的损失。

⑩ 任何政府当局为防止或减轻因承保风险造成船舶损坏而引起的污染所采取的行动。

典型案例

是"搁浅"还是"座浅"

案情介绍：

某年 1 月 1 日，A 进出口公司为其远洋货轮 M 号向某保险公司投保了船舶保险，保险金额为 900 万元，保险期限为 1 年。同年 8 月 1 日，M 号货轮在某码头装载一批货物，未超过核定载重范围。8 月 3 日，当引水员欲将该船舶引离码头时，发现 M 号货轮已经搁浅，于是码头工作人员用两条拖轮将 M 号货轮引离码头。在航行 200 米后，工作人员发现船底破损进水。事故发生后，A 进出口公司请当地一家船舶修理厂进行了修理，支付了修理费用 42 万元。A 进出口公司就此项费用向保险公司索赔。保险公司认为造成该船舶损失的事故不是搁浅而是座浅，保险公司不应当承担赔偿责任，因此拒赔。A 进出口公司在多次索赔未果的情况下向法院提起诉讼。

原告 A 进出口公司称，M 号货轮船底破损进水为搁浅所致，而船舶因搁浅造成的损失在保险责任范围之内，因此保险公司应当对由此产生的修理费用负赔偿责任。

被告保险公司称，本次事故是被保险船舶在静止状态中发生的，因而属于座浅而不是搁浅，按照船舶保险条款的规定，座浅不在保险责任范围之内，所以保险公司对本次事故中的损失不应负赔偿责任。

案例分析：

根据船舶保险条款的规定，被保险船舶由于搁浅所造成的全部损失和部分损失属于保险责任，保险人应负赔偿责任；而被保险船舶由于座浅而引起的事故损失则属于除外责任，保险人不予赔偿。因此，本案中被告保险公司对原告 A 进出口公司的轮船修理费用该不该赔，关键在于本次事故到底是搁浅还是座浅。

搁浅是指船舶在航行中发生意外，船身与河床、浅滩、礁面紧密接触，失去继续航行的能力，被迫陷于相对静止状态的状况。座浅是指船舶在有潮汐的港口停泊时，由于落潮而造成的船底与海底（河底）紧密接触，暂时失去航行能力的状况。本案中 M 号货轮所遭受的事故发生在港口停泊时，而不是在航行中，而且又是水位降低所致，从这一点来看很像座浅。但搁浅与座浅地点发生上的差异只是形式上的差异，而不是本质上的差异。搁浅与座浅本质上的差异在于搁浅的发生是出乎人们预料之外的，属于意外事故，而座浅是人们事先可以预料到的，因此不属于意外事故。由于搁浅属于意外事故，因此保险人对因搁浅所造成的损失负责赔偿，而座浅在人们的预料之中，故保险人对因座浅所造成的损失不负责赔偿。

在本案中，M 号货轮之所以与水底接触造成船体出现裂缝，经查证是由于船闸意外漏水致使泊位水位降低，而船闸意外漏水是船东事先无法估计到的，所以本次事故不能以座浅论，而只能认为是一种特殊形式的搁浅。被告保险公司认为本次事故是座浅，不属于保险责任范围而拒赔，是没有事实依据和法律依据的。

结论：

搁浅属于保险责任范围，因搁浅所造成的船舶损失，保险人负有赔偿责任，因此被告保险公司应当赔偿原告 A 进出口公司由此产生的全部修理费用。

资料来源：根据百度资料编辑整理。

（2）一切险的保险责任。

一切险除承保全损险责任范围内的风险造成的船舶的全部损失外，还负责这些风险造成的船舶的部分损失，以及碰撞责任、共同海损和救助费用、施救费用等。一切险承保的范围比全损险大，但二者承保的风险是相同的。一切险的保险责任包括以下内容。

① 全部损失。全部损失包括船舶由于遭受保险风险而造成的实际全损和推定全损。保险人对全部损失的赔偿以保险金额为限，并且不扣除免赔额。

延伸阅读

实际全损和推定全损

全部损失简称全损，是指保险标的的损毁程度已经属于完全灭失，或者接近其整体价值，或者已经没有修复、施救价值，或者被保险人丧失保险标的。全损包括实际全损和推定全损。

实际全损（Actual Total Loss）也称绝对全损（Absolute Total Loss），是指保险标的因遭

受保险风险而造成实际上的完全毁损或灭失。保险标的的实际全损包括 4 种表现形式：①保险标的灭失；②保险标的已失去原有的性质和用途；③保险标的的所有权丧失，已无法追回；④船舶的失踪。

推定全损（Constructive Total Loss）是指保险标的因遭受保险风险而造成损失以后，虽然事实上并未达到完全毁损或灭失的程度，但实际全损已不可避免，或者为避免实际全损所需支付的费用，超过保险标的的价值。推定全损一般有以下几种情况：①保险标的的实际全损已经无法避免；②为防止实际全损发生，所需支付的费用将超过获救后保险标的的价值；③修理受损标的费用将超过修复后的价值；④为收回已经丧失所有权的保险标的，所需支付的费用将超过其价值。

实际全损或推定全损虽然都属于全损，但有两方面的区别。一是在灭失的性质上不同。实际全损强调的是保险标的遭受保险风险后，确实已经完全灭失或失去原有的性质和用途，并且不能恢复原状或回收，所以它是一种实质性的物质上的灭失；推定全损所涉及的灭失显然不是实质性的，因为保险标的虽然已经受损，但并未完全灭失，可以修复、获救或回收，不过因此而支付的费用将超过该保险标的的修复、获救或收回后的价值，所以它是一种推定性的经济上的灭失。二是在全损索赔的手续上不同。实际全损发生后，被保险人即可按一般的保险索赔程序，要求保险人赔偿全部损失；在推定全损成立的前提下，被保险人既可以按部分损失索赔，也可以要求保险人按推定全损赔偿，如果采用后种索赔方式，则被保险人必须无条件地把受损标的委付给保险人，也就是向保险人提交委付通知。因此，推定全损就实质而言，只是保险人和被保险人双方达成协议后解决保险赔偿问题的办法。

资料来源：顾寒梅，江静. 国际货物运输与保险[M]. 上海：格致出版社，上海人民出版社，2011.

② 部分损失。部分损失是指船舶由于遭受保险风险而造成的一部分损失。保险人在保险金额的限度内负责船舶的部分损失，如果船舶在保险期间连续发生两次或多次事故造成部分损失，尽管累计损失金额超过保险金额，保险人仍负赔偿责任，但在赔偿时应按每次事故扣除免赔额。

③ 碰撞责任。碰撞责任是指被保险船舶与其他船舶碰撞，或者触碰任何固定的、浮动的物体或其他物体所引起的被碰撞第三者的财产损失，被保险人由此应负的法律赔偿责任。它包括被碰撞船舶的损失或修理费用、救助费用；被碰撞船舶所载货物的损坏或灭失；被碰撞船舶或其所载财产因碰撞而造成的污染或玷污（包括预防措施或清除费用）。

④ 共同海损和救助。共同海损是指船舶和船上所载货物遭遇共同危险时，为了共同的安全，有意而合理地做出特殊的牺牲或支付额外的费用。由于这种特殊的牺牲和额外的费用是为船舶、船上所载货物及运费方的共同安全而产生的，因此这种牺牲和费用应由各方受益人按各自的获救价值进行分摊，这种分摊称为共同海损分摊。

救助是指船舶遭受保险风险，单凭自身的力量无法脱离其所处的困境，必须由第三者提供帮助才能解除危险的一种行为，由此行为引起的费用称为救助费用。

延伸阅读

单独海损和共同海损

按保险标的发生的损失性质不同，海损可以分为单独海损和共同海损。单独海损和共同海损与按照损失程度区分的部分损失和全部损失，并没有内在的联系，这两种损失皆属于部分损失，一般来说在部分损失中除共同海损外都是单独海损。

单独海损（Particular Average）是指保险标的因遭受保险风险而造成的无共同海损性质的部分损失。构成单独海损必须具备两个条件：①特定的保险标的单独遭受损失，并非货方和船方共同遭遇到的风险损失；②损失主要由偶然的和意外的海上灾害事故所致，而并非人们故意采取的行为。

共同海损（General Average）是指在同一海上航程中，船舶、货物和其他财产因遭遇自然灾害、意外事故或其他特殊情况而面临共同危险，为了共同的安全和利益，采取有意的、合理的抢救措施所直接造成的特殊牺牲或支出的额外费用。因为共同海损是由采取救难的措施而引起的，它的成立必须同时具备4个条件：①共同海损危险必须是危及船舶和货物共同安全的，而且必须是实际存在的；②共同海损行为必须是有意且合理的；③共同海损牺牲必须是特殊的，共同海损费用必须是额外的，而且是共同海损行为的直接后果；④共同海损行为必须取得效果。

就损失程度而言，单独海损与共同海损均属于部分损失，这是它们的共同点。然而，两种海损的性质和起因完全不同，补偿方式也不同。一是损失的起因，即损失是意外造成的还是人为造成的。单独海损是船舶或货物因遭受保险风险而直接造成的意外损失；共同海损则是为了解除或减轻船货的共同危险而人为造成的损失。二是损失的构成，即损失是仅有保险标的本身的损失，还是既有保险标的本身的损失又有费用损失。单独海损仅指保险标的本身的损失；而共同海损既包括船舶或货物的牺牲，又包括采取共同海损行为所额外支出的费用。三是损失的承担，即损失是由一方承担还是由各方分摊。单独海损由受损的船方或货方单独承担；共同海损则应由受益的船方、货方和运费方三方分摊。

资料来源：顾寒梅，江静. 国际货物运输与保险[M]. 上海：格致出版社，上海人民出版社，2011.

⑤ 施救费用。施救费用是指由于遭受保险风险造成船舶损失或使船舶处于危险之中，被保险人为防止或减少根据船舶保险一切险可以得到赔偿的损失而支付的合理费用。施救费用是一种单独的费用，保险人对施救费用的赔偿不受船舶本身损失、碰撞责任、共同海损所分摊和救助的费用等保险金额的限制，但不得超过船舶保险的保险金额。

⑥ 其他费用。由于船舶碰撞事故或第三者过失造成被保险船舶受损，被保险人或保险人对第三者提起的诉讼或抗辩而支付的法律诉讼费用，可由保险人负责赔偿；另外，为确定保险责任范围内的损失，进行检验、查勘等的合理费用，包括船舶搁浅后检验船底的费用也可由保险人负责赔偿。

2. 责任免除

在远洋船舶保险中，保险人不负责因下列原因所致的损失、责任和费用。

（1）船舶的不适航。船舶的不适航有两种情形：一是船舶航行中的不适航，这种不适航仅指本身的机械性能、结构、设备等技术状况不符合船级规范要求和不具备船舶航行时所需的技术性能要求；二是保险业务中的不适航，这种不适航指人员配备不当、船舶装备或装载不妥。由于海上运输的复杂性和管理的特殊性，保险人对不适航的规定限定在一定的范围内，即以被保险人在船舶开航时知道或应该知道此种不适航为限。

（2）被保险人及其代表（包括船长）的疏忽或故意行为。

（3）被保险人应予以发现的正常磨损、锈蚀、腐烂，或保养不周，或材料缺陷（包括不良状态部件的更换及修理）。

（4）战争、内战、革命、叛乱及由此引起的内乱或敌对行为。

（5）捕获、扣押、拘留、羁押、没收或封锁期间。

（6）各种战争武器，包括水雷、鱼雷、炸弹、原子弹、氢弹或核武器。

（7）罢工、被迫停工或其他类似事件。

（8）民变、暴动或其他类似事件。

（9）任何人怀有政治动机的恶意行为。

（10）被保险船舶被征用或被征购。

3. 保险期限

远洋船舶保险的保险期限的确定有两种方式：定期保险和航程保险。

（1）定期保险。

定期保险的保险期限最长为一年，起讫时间以保险单载明的日期为准。保险到期时，如被保险船舶尚在航行中或处于危险中，或者在避难港或中途港停靠，经被保险人事先通知保险人，并按日比例加付保险费后，保险合同可继续负责到船舶抵达目的港为止。船舶在延长保险期限内发生全部损失，须加交 6 个月的保险费。

（2）航程保险。

航程保险的保险期限以保险单载明的行程为准，起讫时间按以下规定进行确定。

① 不载货船舶，自起运港解缆或起锚时开始至目的港抛锚或系缆完毕时终止。

② 载货船舶，自起运港装货时开始至目的港卸货完毕时终止。但自船舶抵达目的港当日午夜 0 时起，最多不超过 30 天；超过者应事先征得保险人同意并加付保险费后，保险合同继续有效，最长延长期限为 90 天。

4. 保险金额和保险价值

远洋船舶保险的保险金额和保险价值的确定有 3 种方式。

（1）新船按出厂价格确定。除新船外，使用年限不久（如钢制船舶使用 5 年以内、木质船舶使用 3 年以内）的船舶也视为新船，按出厂价格确定保险金额，新船的保险价值按重置价值确定。

（2）旧船按实际价值确定，或由保险双方协商确定，或按船东会计账面净值确定。旧船的保险价值按实际价值确定，保险金额按保险价值确定，也可以由保险双方协商确定，但保险金额不得超过保险价值。

（3）个体船舶按实际价值的成数确定，最高不超过 70%。

除此之外，远洋船舶在确定保险金额和保险价值时还应考虑船舶的使用年限、新旧程度、船体结构及船舶用途等因素。

5. 保险费（率）

远洋船舶保险的费率通常是年费率，由保险双方协商确定。在厘定费率时要考虑以下因素：船舶结构、种类、性质、船龄、吨位、航行区域、航行季节、被保险人的管理水平和声誉、责任范围、同类业务以往的损失记录、国际保险市场的价格等。

6. 赔偿处理

(1) 全部损失的赔偿处理。

① 被保险船舶被完全毁损或严重损坏，不能恢复原状，或者被保险人不可避免地丧失该船舶，视为实际全损，按保险金额进行赔偿。

② 被保险船舶未按预计到达目的港，时间超过两个月，尚未得到其行踪消息，视为实际全损，按保险金额进行赔偿。

③ 当被保险船舶实际全损已不能避免，或者恢复、修理、救助的费用或这些费用的总和超过保险价值时，在向保险人发出委付通知后可视为推定全损，不论保险人是否接受委付，均按保险金额进行赔偿。如果保险人接受了委付，则保险标的属保险人所有。

(2) 部分损失的赔偿处理。

① 对本保险项下海损的索赔，以新换旧均不扣减。

② 保险人对船底除锈或喷漆的索赔不予负责，除非与海损修理直接相关。

③ 船东为使船舶适航进行必要的修理，或者通常在进入干船坞时，被保险船舶也需就所承保的损坏进坞修理，进出船坞和船坞使用费用应分摊。如船舶仅为本保险所承保的损坏必须进坞修理时，被保险人于船舶在坞期间进行检验或其他修理工作，只要被保险人的修理工作不曾延长船舶在坞时间或增加任何其他船坞的使用费用，保险人不得扣减其应支付的船坞使用费用。

(3) 其他注意事项。

① 被保险人为获取和提供资料及文件所花费的时间和劳务，以及被保险人委派以其名义行事的任何经理人、代理人管理或代理公司等的佣金或费用，除非经保险人同意，否则保险人不给予赔偿。

② 凡保险金额低于约定价值或低于共同海损和救助费用分摊金额时，保险人对承保损失和费用的赔偿，按保险金额在约定价值或分摊金额中所占的比例计算。

③ 被保险船舶与同一船东所有的或由同一管理机构经营的船舶之间发生碰撞或接受救助，应视为第三方船舶一样，保险人予以负责。

（二）沿海内河船舶保险

沿海内河船舶保险与远洋船舶保险相比，在保险标的、保险责任、责任免除等方面均存在不同。

1. 保险标的

沿海内河船舶保险承保的船舶，是指依照中华人民共和国的法律法规和主管部门的规章进行登记注册，在中华人民共和国境内水域从事合法运营和作业航行的船舶，包括海船、河船和其他可视为船舶的水上移动或浮动的装置。船舶包括船壳和按照国家级行政管理部门的有关规定应配备的机器、设备、仪器和索具，但船上配备的燃料、物料、给养、淡水等不属于该保险标的的范围，用于军事目的的船舶和渔业船舶也不属于该保险标的的范围。

2. 保险责任

沿海内河船舶保险的险种与远洋船舶保险一样，也分为全损险和一切险。但在保险责任范围上，沿海内河船舶保险的保险责任采用列明风险的方式，保险单上没有列明的风险，保险人不予负责。

（1）全损险的保险责任。

由于下列原因造成被保险船舶发生全部损失，保险人负责赔偿。

① 8级以上（含8级）大风、洪水、地震、海啸、雷击、崖崩、滑坡、泥石流、冰凌。

② 火灾、爆炸。

③ 碰撞、触碰。

④ 搁浅、触礁。

⑤ 由上述灾害或事故引起的倾覆、沉没。

⑥ 船舶失踪。船舶失踪必须具备以下3个条件：一是船舶在航行中失踪；二是船员和船舶同时失踪；三是失踪满6个月以上。

（2）一切险的保险责任。

一切险在全损险的基础上扩大了承保的保险责任，范围扩大的部分如下。

① 碰撞、触碰责任。它是指被保险船舶在可航水域碰撞其他船舶，或者触碰码头、港口设施、航标，致使上述物体发生的直接损失和费用，包括被碰撞船舶上所载货物的直接损失，依法应由被保险人承担的赔偿责任。一切险对每次碰撞、触碰责任，仅负责赔偿金额的3/4，但在保险期间一次或多次累计的赔偿金额以不超过保险金额为限。一切险对于非机动船舶不负碰撞、触碰责任，但被保险船舶由同一保险公司承保的拖轮拖带时，可视为机动船舶，负碰撞、触碰责任。

② 共同海损、救助和施救费用。一切险负责赔偿依照国家有关法律或规定应当由被保险船舶分摊的共同海损。被保险船舶在发生保险事故时，被保险人为防止或减少损失，而采取救助及施救措施所支付的必要的、合理的救助或施救费用、救助报酬，也由一切险保险人负责赔偿。共同海损、救助和施救三项费用之和的累计赔偿金额以不超过保险金额为限。

3. 责任免除

沿海内河船舶保险的保险人对下列情况所造成的损失、责任和费用不予负责。

（1）船舶的不适航、不适拖。船舶的不适拖是指拖轮的拖带行为引起的被托船舶的损失、责任和费用，非拖轮的拖带行为引起的一切损失、责任和费用，保险人均不予负责。

（2）船舶正常的维修保养、喷漆，船体自然磨损、锈蚀、腐烂及机器本身发生的故障，舵、螺旋桨、桅、锚、锚链、橹及子船的单独损失。

（3）浪损、座浅。浪损是指正常风浪引起的船舶自身损耗；座浅是指船舶在浅水区停泊或作业时，因潮汐或装载而引起的船舶吸底现象，而使船舶在水底造成的损失及船底与水底摩擦而又未搁浅造成的损失。

（4）被保险人及其代表（包括船长）的故意或违法犯罪行为。

（5）清理航道、防止或清除污染的责任和费用，水产养殖及设施、捕捞设施、水下设施、桥的损失和费用。

（6）因保险事故引起被保险船舶及第三者的间接损失、费用及人身伤亡或由此引起的责任和费用。

（7）战争、军事行动、扣押、骚乱、罢工、哄抢和政府征用、没收。

（8）其他不属于保险责任范围内的损失。

由于是列明责任，凡未在保险责任范围内列明的原因引起的船舶损失和费用，保险人也不负责赔偿。

4．保险期限

除另有约定外，沿海内河船舶保险的保险期限最长为一年，起讫时间以保险单载明的日期为准。

5．保险金额和保险价值

沿海内河船舶保险的保险金额可以按保险价值确定，也可以由保险双方协商确定，但保险金额不得超过保险价值。在确定保险金额时，还应考虑船舶的使用年限、新旧程度、船体结构及用途等因素。

沿海内河船舶保险的保险价值与船龄相关。船龄在3年（含）以内的船舶视为新船，新船的保险价值按重置价值确定；船龄在3年以上的船舶视为旧船，旧船的保险价值按实际价值确定。

6．赔偿处理

（1）全损险的赔偿处理。

船舶发生全部损失时按照保险金额进行赔偿，但当保险金额大于实际价值时，以不超过出险时的实际价值计算赔偿金额。推定全损必须由被保险人提出，保险人可以接受或拒绝接受委付，保险人的拒绝不影响对推定全损的赔偿，但保险人接受委付后，船舶的所有权及负担的义务与责任将转移给保险人。

（2）一切险的赔偿处理。

① 全部损失。按全损险计算赔偿金额。

② 部分损失。新船按实际发生的损失、费用进行赔偿，但当保险金额小于保险价值时，按保险金额与保险价值的比例计算赔偿金额，计算公式为：

$$实际赔偿金额=（实际损失和费用-残值）\times \frac{保险金额}{保险价值}-免赔额$$

旧船按保险金额与投保或出险时的新船重置价格的比例计算赔偿金额，两者以高者为准。

部分损失的赔偿金额以不超过保险金额或实际价值为限，两者以低者为准。但当一次或多次累计的赔偿金额等于保险金额时，则保险责任即行终止。

③ 碰撞、触碰责任。碰撞、触碰责任的累计赔偿金额不得超过保险金额。

④ 共同海损、救助和施救费用。保险人对这三项费用的赔偿，累计赔偿金额以不超过保险金额为限。

（3）其他注意事项。

① 当被保险船舶发生保险事故内的损失时，被保险人必须与保险人协商后方可进行修

理或支付费用，否则保险人有权重新核定或拒绝赔偿。

② 当被保险船舶发生海损事故时，凡涉及船舶、货物或运费方共同安全的，对救助或施救费用、救助报酬的赔偿，保险人只负责获救船舶价值与获救的船、货、运费总价值的比例分摊部分。

③ 船舶失踪。自船舶在合理时间内未从被获知最后消息的地点到达目的地时起6个月后立案受理。

④ 保险人对每次赔款均按保险合同的约定扣除免赔额，但全部损失和碰撞、触碰责任除外。

⑤ 被保险船舶遭受全部损失或部分损失后的残余，由保险人、被保险人协商处理。

任务四 解读飞机保险

任务情景

飞机已经成为人们常见的出行方式之一，截至2019年年底，我国已经成为全球第二大民航运输大国。虽然飞机是目前世界上特别安全的交通工具之一，其发生安全事故的概率较低，但是天有不测风云，全球每年仍有数起飞机事故，而且飞机事故致死率是最高的。

请分析，在飞机运行过程中会面临哪些风险？这些风险可以通过购买什么保险产品进行转移？

知识探究

一、飞机保险的概念

飞机保险是以飞机及其相关责任、利益为保险标的，因遭受自然灾害或意外事故而受损，或者致使第三者或机上旅客人身伤亡、财产损失时，由保险人负责赔偿的一种运输工具保险。它是随着飞机制造业的发展，在海洋货物运输保险和人身意外伤害保险的基础上发展起来的一个保险领域。

早期的飞机保险又称航空保险，但随着航空事业的发展，航空器的种类不断出新，飞机保险与航空保险已不能作为一个险种称呼，飞机保险目前是航空保险中的一个分支。

二、飞机保险的特点

飞机保险作为运输工具保险的重要险种，与其他运输工具保险既有共性的一面，又有不同的一面。概括来说，飞机保险主要有如下特点。

（一）风险分布具有时效性和阶段性

飞机保险中事故发生率最高的是起飞和着陆阶段。其中，75%的飞行事故是由于飞行员的错误判断而引起的，这就要求航空公司加强对飞机各部件的检验和检修，加强对飞行员的培养和训练。飞行员要经过严格的考试并具备一定的实践经验后方可持证上岗。

（二）保险条款具有国际性

飞机保险业务的依据分两部分：国内飞机保险业务依据本国的法律；大多数国际飞机保险业务的依据为一系列国际公约，其中，飞机战争、劫持保险更是在国与国之间进行，从而更具有国际性色彩。这就要求保险人精通有关国际法律法规和惯例，准确掌握其含义、解释及法院判例。

（三）保险运营具有专业性和技术性

航空技术非常复杂，这就要求保险、查勘、定损人员必须具有相关的专业知识。而且飞机飞行具有流动性和全国性的特点，保险人在赔偿飞机第三者责任保险、飞机旅客法定责任保险及其他综合责任保险时要依据体系复杂的民用航空法规。因此，飞机保险承保、理赔的技术含量很高。

（四）险种多、价格高、损失大

从险种来看，飞机保险包括飞机机身及零配件保险、飞机第三者责任保险、飞机旅客法定责任保险等十余种险种；从价格来看，大型客机的保险价格一般在一亿元以上，加上旅客人身和财产保险，数额更加巨大；从损失来看，飞机虽然出险概率低，可一旦出险便是毁灭性的灾难，人员生还、财产抢救的可能性均较小，所以每次出险造成的损失一般都是巨额损失，其影响也是世界性的。

（五）须进行分保或共保

飞机价格昂贵，一旦发生空难，保险标的损失及责任赔偿总额高达数亿美元，因此必须采取分保或共保的方式承保，转嫁保险人的巨大风险，加强飞机保险经营的稳定性。

三、飞机保险的险种和主要内容

我国的飞机保险参照国际上的做法，分为基本险和附加险。基本险包括飞机机身及零配件保险、飞机第三者责任保险和飞机旅客法定责任保险；附加险包括飞机承运货物责任保险和飞机战争、劫持保险。

（一）飞机保险基本险

1. 飞机机身及零配件保险

飞机机身及零配件保险是飞机保险的基本险之一，它主要承保各种类型的客机、货用机及从事各种专业用途的飞机。飞机机身包括机壳、推进器、机器及其他设备。航空公司、飞机所有人、与飞机有利益关系者及看管和控制飞机的人均可投保该险种。

（1）保险责任。

飞机机身及零配件保险一般以一切险的方式承保。在该承保方式下，保险人对保险单列明的责任免除以外的任何原因造成的飞机直接损失或损坏负责赔偿。其保险责任主要包括以下几个方面。

① 由被保险人拥有或使用的飞机无论何种原因（不包括保险单列明的责任免除）造成的损毁和灭失；或者由于维修或修理时从飞机上拆卸下来且又未将同类型的零配件装配在飞机上，而导致由被保险人负责保管的零配件的损毁或灭失，因为尽管该零配件被拆卸下来离开了机身，但仍属于机身的一部分，如果发生损失仍由保险人负责赔偿。

② 由被保险人拥有或使用的从飞机上替换下来的零配件的损毁或灭失（通常将上述零配件的保险金额在保险单上另行列明）。

③ 被保险飞机起飞后失踪，并且在 10 天之内未得到任何其行踪消息所造成的损失。

④ 扩展责任。

- 承保由于人力不可抗拒原因或由于判断错误致使飞机降落某地，并且无法在此起飞而必须拆机所产生的拆机费用、运送到最近的合适停机场的运输费用和最后重新安装的费用。
- 承保由于被保险人或其代表因对飞机进行防护、安装、保障所产生的救助、施救和旅行费用等。

⑤ 修理费用，包括以下两项。

- 飞机发生损失后所支付的修理费用，包括为了修理须往返于飞机停放地或修理地运送修理人员、零配件、工具设备的运输费用。
- 飞机修理后的试飞费用或重新取得试航证的费用。

（2）责任免除。

飞机机身及零配件保险的责任免除不仅包括战争和军事行动、飞机不符合适航条件而飞行和被保险人的故意行为等，还包括机械失灵、自然磨损、内在缺陷，由于发动机吸入石子、灰尘、沙土、冰块等而造成发动机的损失，存仓零配件、设备无法解释的减少、丢失或在清仓时发现的缺少等。

（3）保险金额。

在现代保险实务中，飞机机身及零配件保险普遍采用定值保险的方式，保险金额与保险价值相等。飞机机身及零配件保险的保险金额有 3 种确定方式：①账面价值，即按购置飞机时的实际价值或按年度账面逐年扣减折旧后确定的价值；②重置价值，即按市场同种类型、同样机龄飞机的市场价值确定的价值；③双方协定价值，即由保险人与被保险人共同协商确定的价值。

（4）保险费率和停航退费。

① 保险费率。

飞机机身及零配件保险费率的厘定通常需要考虑的因素包括飞机类型、航空公司的损失记录、飞行员（机组人员）的保险情况、飞机的飞行小时（飞机的机龄）、飞行范围及飞机用途、免赔额、机队规模、国际保险市场的行情等。

② 停航退费。

飞机在飞行时和停在地面上的风险是不一样的，因此在修理飞机（仅指正常修理和非保险事故的修理）或飞机连续停航超过规定天数时（如 10 天或 14 天），此期间可以办理停航退费。停航退费的计算公式为：

$$停航退费=保险金额\times（飞行费率-地面费率）\times 75\%\times 停航天数/365$$

如果飞机因为保险事故而进行修理，则在修理期间的停航不予办理退费。

（5）赔偿处理。

飞机发生全部损失，保险人按飞机的保险金额全额赔付，如有特别约定，可不扣除免赔额。此外，保险人还负责赔偿清理飞机残骸的费用。如果被保险人宣布推定全损，保险人可不接受委付，但应按保险金额扣减残值的方式计算赔款。如果飞机发生失踪，保险人按全部损失赔付。飞机发生部分损失，保险人按实际修理费用扣除免赔额后计算赔款。

无论飞机是全部损失还是部分损失，保险人均负责赔偿施救费用（通常按保险金额的10%支付）、运输费用（将飞机从出事地运往修理厂的费用）和抢救费用（为抢救飞机而实施的灭火或其他抢救措施所支付的费用等）。

2．飞机第三者责任保险

飞机第三者责任保险承保投保人依法应负的有关飞机对地面、空中或机外人员造成意外伤害或死亡事故或财物损毁的损害赔偿责任。第三者是被保险人与被保险飞机以外的另一方，如被保险飞机在空中运营时失事坠落，毁损地面工厂，压死厂内人员，或者两机相撞，被保险飞机使对方受损等。

（1）保险责任。

凡因飞机或飞机上坠人、坠物而造成的第三者人身伤亡或财产损失，依法应由被保险人承担的赔偿责任（但被保险人及其支付工资的机上和机场工作人员的人身伤亡或财产损失除外），以及涉及被保险人的赔偿责任所产生的诉讼费用，均可由保险人负责赔偿。其保险责任一般包括：被保险飞机在地面造成任何设备、人员、其他飞机等的损失；被保险飞机在空中造成地面的第三者的任何损失及被保险飞机在空中碰撞造成其他飞机的损失；同时承保涉及被保险人的赔偿责任所产生的诉讼费用，且不受保险单载明的最高赔偿金额的限制。

（2）责任免除。

飞机第三者责任保险的责任免除有：战争和军事行动、飞机不适航而飞行、被保险人的故意行为、因进行飞机事故的善后工作所支出的费用、被保险人及其工作人员和本机上的旅客或其所有及代管的财产。凡上述责任，保险人均不予负责。

（3）责任限额与保险费。

飞机第三者责任保险的责任限额与保险费一般根据不同的飞机类型来确定。以中国人保财险的现行规定为例：喷气式各型飞机的责任限额为5000万元，保险费为5万元；螺旋式各型飞机的责任限额为2000万元，保险费为2万元；直升机的责任限额为1000万元，保险费为1万元。

（4）赔偿处理。

飞机第三者责任保险通常不规定免赔额，其损失赔偿一般可分为以下三类。

① 被保险飞机在地面造成的第三者的人身伤亡和财产损失。被保险飞机在地面造成任何设备、人员、其他飞机等的损失，一般按照当地机场的规定或有关合同确定赔偿责任。

② 被保险飞机在空中造成地面的第三者的任何损失，如从飞机上坠人或坠物，一般按照当地法律处理，也可以参照有关国际公约的规定处理。

③ 被保险飞机在空中碰撞造成的其他飞机的人身伤亡或财产损失。对于碰撞的责任通

常采用分摊责任制来确定，如甲航空公司负责60%、乙航空公司负责10%、空中交通管理中心负责30%。保险人按自己所承保的责任比例负责赔偿。

3. 飞机旅客法定责任保险

（1）保险标的。

飞机旅客法定责任保险的保险标的包括以下两项。

① 旅客的人身安全，即旅客在乘坐或上下被保险飞机时发生意外，导致人身伤亡，保险人对此承担赔偿责任。

② 旅客的财物，包括旅客随身携带和已经交运登记的行李、物件，以及行李、物件在运输过程中因延迟而造成的损失，根据法律或合同约定应由被保险人承担的赔偿责任。

（2）保险责任。

飞机旅客法定责任保险的保险责任为：旅客在乘坐或上下被保险飞机时发生意外，导致人身伤亡，或者随身携带和已经交运登记的行李、物件的损失，以及行李、物件在运输过程中因延迟而造成的损失，根据法律或合同约定应由被保险人承担的赔偿责任。其中，旅客是指购买飞机票的人员或被保险人同意免费搭乘的人员，但不包括为完成被保险人的任务而免费搭乘的人员。同时涉及被保险人的赔偿责任所产生的诉讼费用，也可由保险人负责赔偿，且诉讼费用不受保险单载明的最高赔偿金额的限制。保险责任一般从旅客验票后开始，到旅客离开机场前提取了行李时为止。

（3）责任限额与保险费。

飞机旅客法定责任保险的责任限额根据一次事故来确定，主要考虑的因素有飞机的飞行路线、飞机的型号和有关国家对人身伤亡的责任限额等，但有关诉讼费用须另外赔偿。

飞机旅客法定责任保险的保险费一般按照飞行里数计算，保险费在年初按照全年预计保险费的75%预收，到保险期限届满时，再根据实际的飞行里数进行调整。如果是单架飞机投保，保险人则按旅客座位数收取保险费。

延伸阅读

飞机旅客法定责任保险的责任限额的相关规定

飞机旅客法定责任保险的责任限额的相关规定一般应区分国内航线和国际航线。对于国内航线，其责任限额一般由所在国家的航空法律确定，而对于国际航线则以国际公约为准。

对于国内航线，2006年1月29日国务院批准并自当年3月28日起施行的《国内航空运输承运人赔偿责任限额规定》提出一些具体的赔偿措施。国内航空运输承运人应当在下列规定的赔偿责任限额内按照实际损害承担赔偿责任，但是《中华人民共和国民用航空法》另有规定的除外：①对每名旅客的赔偿责任限额为人民币40万元；②对每名旅客随身携带物品的赔偿责任限额为人民币3000元；③对旅客托运的行李和对运输的货物的赔偿责任限额为每公斤人民币100元。旅客自行向保险公司投保航空旅客人身意外保险的，此项保险金额的给付，不免除或者减少承运人应当承担的赔偿责任。

对于国际航线，其责任限额一般按照国家所批准的国际公约办理。目前，大多数国家按1999年的《蒙特利尔公约》办理，该公约于2005年7月31日对中国生效。根据《蒙特利尔公约》的规定，旅客伤亡时，不论承运人是否有责任，只要损失不是索赔人一方或第三人造成的，承运人的责任限额为10万特别提款权（在该公约签署当日，1特别提款权合人民币1116310元）；当旅客的伤亡是由承运人造成的，旅客还可以要求超过10万特别提款权的赔款。另外，对于航班延误造成的损失，每位旅客的责任限额为4150特别提款权；对于行李损失，每位旅客以1000特别提款权为限。

资料来源：王绪瑾. 财产保险[M]. 北京：北京大学出版社，2017.

（二）飞机保险附加险

1. 飞机承运货物责任保险

飞机承运货物责任保险又称承运人航空运输货物责任保险、空运货物赔偿责任保险，它承保装于被保险飞机上已办理托运手续的货物，在从交运时起至于目的地交付收货人或办妥转运手续时止的过程中发生的损失或因延迟造成的损失，根据法律或合同约定应由承运人承担的赔偿责任。

2. 飞机战争、劫持保险

飞机战争、劫持保险承保由于战争、敌对行为或武装冲突、拘留、扣押、没收、劫持或第三者的破坏造成被保险飞机的直接损失和费用，以及由此引起的被保险人对第三者或旅客应负的法律责任。

专业能力训练

◇ 思考讨论

1. 比较交强险与机动车辆第三者责任保险的异同。
2. 我国机动车辆保险的险种体系包括哪些？
3. 船舶保险有哪些险种？其适用范围是什么？
4. 飞机保险费率厘定的影响因素有哪些？

◇ 案例分析

1. 某年5月12日，李某购得新车一辆，并于当日向某保险公司投保机动车辆损失保险及第三者责任保险。同年7月13日，李某驾车回家停车大约5分钟后，由于线路问题导致该车起火，并被完全烧坏。事故发生时，停在旁边的一辆捷达轿车亦被烧坏。事发后，李某立即向保险公司报案，并向该车的销售商打电话求救。保险公司迅速赶到现场，鉴定事故的原因为自燃，同时核定被烧坏的捷达轿车损失为12 000元。该车的生产商在接到销售商的通知后也赶到现场。经过勘验，厂方同意赔偿李某同型号的新车一辆。事后，李某向保险公司提出赔偿捷达轿车车主的要求，遭拒后上诉至法院。请思考，保险公司是否应承担赔偿捷达轿车车主的责任？

2. 某年，某海运公司将所属"春风"轮以500万元的保险金额向某保险公司足额投保

（有书面协议为证）船舶保险。投保当年 6 月 18 日，该船在航行途中遇雾，在某市沿海水域与一外国船籍香港某公司的万吨级位的"鑫源"轮相撞，"春风"轮当即沉没，6 名海员死亡。经某市相关部门调查，沉船处海水深达 50 多米，已无打捞价值，应推定全损，"鑫源"轮也遭受损害。事发后，该海运公司委托某海事律师事务所律师全权代理，于同年 6 月 28 日向其所在地 A 海事法院提出 1800 万元担保的诉前保全申请。A 海事法院于 6 月 30 日对"鑫源"轮发出扣船令。经法院调解，"鑫源"轮承保公司委托"春风"轮所在地某保险公司提供了 1100 万元的信用担保。7 月 5 日，该海运公司通过代理人正式向 A 海事法院对"鑫源"轮提出诉讼。12 月 26 日，A 海事法院公开审理了这起船舶碰撞损害赔偿案，确定"春风"轮的经济损失为 900 万元，并依法判决如下：原告承担 35%的责任，被告承担 65%的责任。被告在庭审调查时，提出"鑫源"轮的经济损失为 160 万美元（包括营运损失等），因未提供有关证据，法院不予考虑。假定法院判决不变，避开碰撞责任（被保险人对"鑫源"轮损失的赔偿责任），保险公司是否应该在"春风"轮依法院判决获得"鑫源"轮 65%即 585 万元的损失赔偿后再给予赔偿？如何赔偿？

✧ 综合实训

实训一　机动车辆保险产品分析

实训目的：运用运输工具保险主要内容和险种的相关知识，解读机动车辆保险条款。

实训要求：选择目前保险市场上某一家保险公司的机动车辆保险产品，详细阅读保险合同的条款，进行保险产品利益演示。

实训二　保险理赔计算

实训目的：运用机动车辆保险理赔的相关知识进行保险理赔计算。

实训要求：根据背景资料计算保险公司的赔偿金额。

背景资料：

A、B 两辆机动车发生交通事故，交警认定 A、B 分别负 30%、70%的责任，两车的车辆损失分别为 2000 元、500 元，另造成财产损失 1000 元。A、B 分别由甲、乙保险公司承保，则甲、乙保险公司交强险的赔偿金额分别是多少？若 A 负全责、B 无责任，则甲、乙保险公司交强险的赔偿金额分别是多少？

项目六 解析国内货物运输保险

学习目标

知识目标
- 掌握国内货物运输保险的概念
- 掌握国内货物运输保险的主要内容
- 熟悉国内货物运输保险的主要险种

技能目标
- 能解读国内货物运输保险条款
- 能运用国内货物运输保险知识分析相关案例

关键术语

货物运输保险　"仓至仓"条款

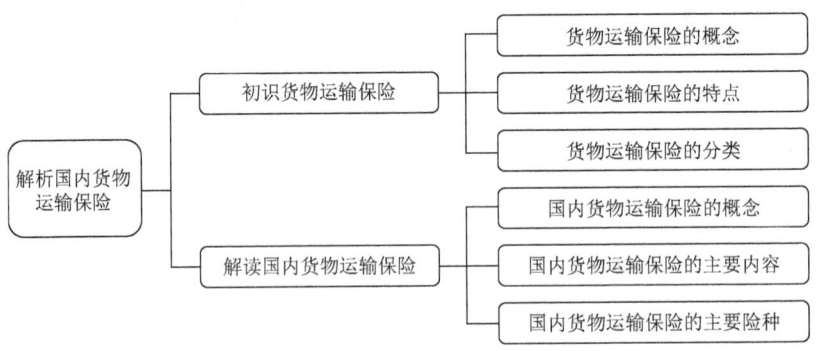

知识结构

```
                                    ┌─ 货物运输保险的概念
                    ┌─ 初识货物运输保险 ─┼─ 货物运输保险的特点
                    │                  └─ 货物运输保险的分类
解析国内货物运输保险 ─┤
                    │                     ┌─ 国内货物运输保险的概念
                    └─ 解读国内货物运输保险 ─┼─ 国内货物运输保险的主要内容
                                         └─ 国内货物运输保险的主要险种
```

案例导入

2019 年 11 月 12 日,电商还沉浸在"双 11"交易额的喜人成绩中,消费者还在翘首企望网购货物早日到达,另一边却传来"噩耗",一辆从北京开往湖南的某快递公司物流车在河南安阳起火。这辆车长约 15 米,车厢内装载 13 吨包裹,所幸此次火灾未造成人员伤亡。熬夜抢购的货物就这样被大火付之一炬,不管是买家还是卖家都是非常郁闷的,而这样的新闻已经不是第一次出现了,对于这样的风险,快递公司和买卖双方该怎么处理呢?

资料来源:根据网络报道资料编辑整理。

在物流业快速发展的今天,运输业也得到了极大的发展,运输过程中面临的各种风险有可能使个人、家庭或企业遭受重大损失,而货物运输保险可以为这些行业的健康发展"保驾护航"。

任务一 初识货物运输保险

任务情景

小王刚刚进入一家外贸公司工作,前天给最近准备出运的一批货物投保了货物运输保险。在寄保险单给客户的时候,领导让他在保险单正本的反面盖了本公司的法人章,将保险合同背书转让给客户。小王迷糊了,货物运输保险不经过保险人同意就能转让吗?

请分析,货物运输保险的特点是什么?为何可以自由转让?

知识探究

一、货物运输保险的概念

货物运输保险是指以运输中的货物为保险标的,保险人依照合同对在运输过程中可能遭受的各种自然灾害或意外事故所造成的损失承担赔偿责任的保险。作为财产损失保险的主要险种之一,它可以归入运输保险类别。

无论是国际贸易还是国内贸易,都离不开货物的运输,在运输过程中,货物因遭受自然灾害或意外事故而产生损失总是难以避免的。在国际上,货物运输保险是随着国际贸易的发展而不断发展并很快走向成熟的险种。在我国,货物运输保险亦是历史最久的保险业务之一。

二、货物运输保险的特点

货物运输保险承保的是运输中的货物,它既有运输工具保险的特点,又有其他财产损失保险的特点，但是与二者相比又有区别。同其他财产损失保险相比，货物运输保险主要有以下特点。

（一）保险标的的流动性

货物运输保险的保险标的经常处于流动或运行状态，通常不受固定地点的限制。由于其保险标的具有流动性的特点，在发生损失时往往是异地出险。

（二）承保风险的广泛性

货物运输保险除承保自然灾害和意外事故两大类风险造成货物的损失外，还承保不同的运输工具在不同的自然地理环境条件下，由于保险事故的发生而产生的施救费用及按照国际惯例在海上发生的共同海损牺牲和应分摊的共同海损费用。除此之外，货物运输保险的附加险也比较多，几乎包括所有其他外来的和特殊的风险引起的损失。

（三）保险单持有人的多变性

由于贸易经营的需要，按照惯例，货物运输保险单可经被保险人空白背书同意，将保险权益随货运提单的转让而转移，无须征得保险人的同意。有时保险单几经辗转，难以确定保险单持有人，直至最后持有保险单的收货人出现。

（四）承保价值的定值性

绝大部分财产损失保险是不定值保险，而货物运输保险通常采用定值保险的办法，这是由货物运输的流动性所决定的。因为货物越接近目的地，价值越高，为避免货物在不同地点可能出现的价格差异，其保险金额一般按照保险双方事先约定的保险价值确定。当发生损失时，不再考虑出险时货物的价格如何，而是根据约定价值结合货物受损程度计算赔款，这样做有利于克服由于不同市场价格及多种不稳定因素给估价带来的困难。

（五）保险期限的特殊性

其他财产损失保险的保险期限一般为一年，而货物运输保险以一个航程为准，采用"仓至仓"条款，一般不受具体时间的约束。

（六）合同解除的严格性

货物运输保险属于航次保险，保险责任一旦开始，当事人不得解除。《保险法》第五十条明确规定："货物运输保险合同和运输工具航程保险合同，保险责任开始后，合同当事人不得解除合同。"

（七）业务范围的国际性

货物运输保险中的一些险种（如海洋货物运输保险）涉及国际贸易经营活动，其经济关系、法律关系具有明显的国际性。同时，涉外保险的风险转嫁或承保往往超越一国范围，为了保证其业务经营的稳定，对于风险的平衡和责任的控制要与国际保险市场结合起来，通过运用再保险的手段达到最大风险分散的目的。另外，在保险实务中适用的法律内容，如司法管辖、国际仲裁和诉讼等方面，也具有广泛的国际性。

三、货物运输保险的分类

货物运输保险根据不同的划分标准可以有多种不同的分类，主要有以下几种。

（一）按运输方式划分

按运输方式划分，货物运输保险可以分为陆上货物运输保险、水路货物运输保险、航空货物运输保险、管道运输保险、邮包保险、联合货物运输保险等。

（1）陆上货物运输保险是指以火车、汽车为主要运输工具运输的货物，在陆上运输过程中因遭受自然灾害或意外事故而受损时，保险人负赔偿责任的保险。它的主要险别有陆运险和陆运一切险。

（2）水路货物运输保险是指以通过船舶等水上运输工具运输的货物为保险标的的保险。它的主要险别有基本险和综合险。按地域范围划分，水路货物运输保险可以分为国内水路货物运输保险和国际海上货物运输保险。

（3）航空货物运输保险是指以航空运输过程中的各类货物为保险标的，当货物在运输途中因保险责任造成损失时，保险人负责赔偿的保险。它的主要险别有空运险和空运一切险。

（4）管道运输保险是指以采用管道运输的方式运输的货物为保险标的的保险，如油气管道运输保险。

（5）邮包保险是指以邮包方式将货物运达目的地的保险，可能通过海上，也可能通过陆上或航空运输，或者通过两种或两种以上运输方式运输。它的主要险别有邮包险和邮包一切险。

（6）联合货物运输保险是指以采用两种以上不同运输方式运输的货物为保险标的的保险。

（二）按适用范围划分

按适用范围划分，货物运输保险可以分为国内货物运输保险和国际货物运输保险。

（1）国内货物运输保险是指以在国内运输过程中的货物为保险标的，在标的物遭受自然灾害或意外事故造成损失时给予经济补偿的保险。

（2）国际货物运输保险是指以对外贸易运输过程中的各种货物为保险标的的保险。

（三）按承保方式划分

按承保方式划分，货物运输保险可以分为逐笔保险、预约保险、流动保险和总括保险等。

（1）逐笔保险是指由投保人一笔一笔地向保险人申请保险，保险人按照每笔业务估计风险、确定费率。进出口公司如果未与保险公司签订预约保险合同，对进出口货物则须逐笔办理保险。

（2）预约保险是一种不定期的保险，保险人负责承保合同项下被保险人的所有货物。《海商法》第二百三十一条规定："被保险人在一定期间分批装运或者接受货物的，可以与保险人订立预约保险合同。预约保险合同应当由保险人签发预约保险单证加以确认。"在预约保险合同中订有注销条款，保险人或被保险人都有权按注销条款的规定在一定时期前发出注销通知而在通知到期日终止合同。

（3）流动保险是指保险人对投保人在约定期限内所运输的一定量的货物实行总承保的保险。在保险合同中，载明运输货物的名称、承保险种、航行区域，以及总保险金额，并对每条运输船舶每次事故的货物损失确定一个限额。投保人对保险期限内要运输货物的总价值做出估计，然后按平均费率预付保险费。在合同有效期内，投保人每发运一批货物（包括此前各批货物，保险金额总和在合同约定的总保险金额以内），即通知保险人自动承保。当货物的保险金额总和达到合同约定的总保险金额时，保险人的责任即告终止。保险费在合同期满时再行结算，按实际发运货物的情况，多退少补。流动保险一般适用于在一定时期内分批发运、品种单一的进出口商品，如化肥、粮食等。

（4）总括保险是指以一个总的保险金额承保被保险人同一地点的不同财产或几个地点的财产的保险。凡规定范围的财产损失，均在总的保险金额内给予赔偿。

典型案例

经销商与保险公司纠纷案

案情介绍：

某年，我国香港一皮革经销商购进我国内地某进出口公司的 400 只皮箱，投保了海洋货物运输保险，航程是南京至香港。货物抵达香港后，投保人又将其转口至沙特阿拉伯的吉达港。一个多月后，货物到达吉达港，但货物被水浸湿导致霉烂，损失达 8000 余美元。于是，皮革经销商向保险公司索赔，但是保险公司拒赔。

案例分析：

根据"仓至仓"条款，此次航程是南京至香港，但是发现货损是在沙特阿拉伯的吉达港，已经超过了保险单上的保险航程，而被保险人又无法提供在香港（保险航程目的港）的有关货损证明，因而保险公司拒赔。

本案启示：

与普通财产损失保险相比，货物运输保险有一个很重要的特征就是保险期限不是一段确定的时间，是用空间概念确定保险期限。所以，在理赔时一定要注意保险合同中事先约定的"仓至仓"。

资料来源：根据百度文库资料编辑整理。

任务二　解读国内货物运输保险

任务情景

某企业有一集装箱汽车配件需要运输，该企业为货物投保了国内水路、陆路货物运输保险综合险。货物由上海经水路运至营口后经陆路运至沈阳，起运日期为某年 1 月 17 日，2 月 2 日由辽宁某货车将集装箱送到辽宁某物流有限公司。在卸货时工作人员发现集装箱顶部有大量结冰,有 80 件零部件表面出现锈斑现象。经现场查勘,发现集装箱顶部有一漏洞,箱内 80 件零部件进水生锈,且汽车配件上有结冰,需要清理。被保险人提供了运输途中下雨的天气记录并向保险人索赔。

请问此案应该如何处理?

知识探究

一、国内货物运输保险的概念

国内货物运输保险是指以在国内运输过程中的货物为保险标的,在标的物遭受自然灾害或意外事故造成损失时给予经济补偿的保险。

二、国内货物运输保险的主要内容

(一)保险标的

一般而言,凡是符合保险利益原则,并按相对应的运输方式运输的货物都可以投保国内货物运输保险,但有些货物因为其自身特点,在实际操作中保险人会分类处理。国内货物运输保险的保险标的可以分为可保财产、特约可保财产和不可保财产。

(1)可保财产是保险人可以直接予以承保的财产。绝大多数货物都属于可保财产,但仍需在保险合同中具体载明。

(2)特约可保财产是需要经过投保人与保险人特别约定并在保险单上载明,才会成为保险标的的财产。金银、珠宝、钻石、玉器、首饰、古币、古玩、古书、古画、邮票、艺术品、稀有金属等珍贵财物属于此类。

(3)不可保财产是保险人不予承保的财产。蔬菜、水果、活牲畜、禽鱼类和其他动物在普通的国内货物运输保险中是不保的。不过有些保险公司有专门的活牲畜、家禽的陆上、水路、航空货物运输保险,这些特殊财产可以通过投保此类保险获得保障。而非法财物、武器弹药等,都是绝对不保的财产。

典型案例

大蒜是否属于保险标的

案情介绍:

某年,沈某购置了一辆货车作为物流运输使用,并在某保险公司投保了公路货物运输保险。该年 7 月,沈某运输 24 吨大蒜,运输过程中由于线路老化,货车起火,一车大蒜都化为灰烬,损失 3.8 万余元。事后,沈某立即向保险公司报案并索赔 2 万元,却遭到了保险公司的拒赔。保险公司认为,在公路货物运输保险条款中规定,蔬菜、水果、活牲畜、禽鱼类和其他动物不在保险标的范围内,大蒜属于蔬菜,因此不能赔偿。但沈某认为大蒜和花椒、大料一样,属于调味品,不属于蔬菜。沈某索赔无果,将保险公司告上了法庭。

案例分析：

本案争议的焦点在于大蒜是不是蔬菜的问题。在审理过程中，经法院查明，原告与被告之间签订的公路货物运输保险合同为有效合同，原告在投保后履行了各项投保人的义务，被告应当对其在保险期间发生的保险事故承担保险责任。被告辩称大蒜是蔬菜，但未提供证明材料，保险条款中也没有对蔬菜范围进行界定，参照《现代汉语词典》中对蒜的解释："多年生草本植物，花白色带紫，叶子和花轴嫩时可做蔬菜。地下鳞茎味道辣，有刺激性气味，可以做调味品，也可入药。"而原告拉载的蒜头即为大蒜的地下鳞茎，所以它不是蔬菜，而是调味品。据此，法院判决保险公司败诉。

资料来源：孟辉. 财产保险[M]. 上海：上海财经大学出版社，2013.

（二）保险期限

国内货物运输保险一般采用"仓至仓"条款约定保险期限，简言之，就是保险责任自被保险货物运离保险单所载明的起运地发货人的仓库或储存处所开始运输时生效，到运抵保险单所载明的目的地收货人的仓库或储存处所时为止。当被保险货物到达目的地时，一般仍有一定的等待时间，即保险合同的效力会适当延长，不同的险种等待时间不同。"仓至仓"条款原则上适用于各种货物运输保险，但在不同险种和不同运输工具的保险业务实践中其内容有所不同。

典型案例

"仓至仓"条款应用

案情介绍：

某货主将一批货物投保了陆上货物运输保险。他在起运地发货人的仓库内将其装上卡车，但由于货物太多，他还没来得及全部装完就已经天黑了，货主决定让卡车停在仓库内，以便第二天继续装货，装完再出发。不料夜间有窃贼，卡车上的货物被盗，保险人对此是否要负责？

案例分析：

陆上货物运输保险条款规定，保险责任自被保险货物运离保险单所载明的起运地发货人的仓库或储存处所开始运输时生效。也就是说，保险责任的开始必须同时满足两个条件：一是被保险货物运离起运地发货人的仓库或储存处所，二是开始运输。本案中被保险货物是在仓库内进行装车作业的，而且卡车又停留在仓库内过夜，从未离开过仓库，运输过程也从未开始过，因此该保险责任尚未生效，保险人有权拒赔。

资料来源：朱慧中. "仓至仓条款"的应用技巧与案例研究[D]. 北京：对外经济贸易大学，2006.

（三）保险价值和保险金额

国内货物运输保险一般采用定值保险的形式，保险价值为货物的实际价值，按货物的实际价值或货物的实际价值加运杂费确定。保险金额由投保人参照保险价值自行确定，并在保险合同中载明。保险金额不得超过保险价值；超过保险价值的，超过部分无效，保险人应当退还相应的保险费。

(四) 保险费 (率)

在厘定国内货物运输保险的费率时主要考虑以下因素。

1. 运输工具

汽车、火车、船舶、飞机等运输工具在运输过程中遇到的风险不同,使用不同运输工具的国内货物运输保险的费率也不同。如果采用船舶运输,还要按江河、沿海及船舶的种类区分费率。

2. 运输方式

货物运输的方式有直达、联运、集装箱等不同方式,运输方式不同,风险也不同,其费率也有差别。如果采用联运,在运输途中要变更运输工具,自然就增加了装卸货物等中间环节,风险也就加大了,所以其费率一般比较高。

3. 货物的性质与包装

货物的性质不同,风险也不同,如液体货物就容易发生渗漏。货物的包装对风险也有影响,特别是易碎、易损物品。所以,保险人会根据货物的不同性质与包装确定不同的费率。

4. 运输途程

货物运输途程的长短关系到运输所需时间的多少。一般来说,货物在运输途中的时间越长,受损的机会就越大,其费率也要高一些。此外,运输途中的风险还与运输区域的自然条件、气候条件、地形地貌有关,如果货物运输途径区域的地形比较复杂、地势险峻,且常有山体滑坡、泥石流等发生,则风险较大,其费率自然要高一些。

5. 投保险别

国内货物运输保险基本险的保险责任范围小于国内货物运输保险综合险,因此基本险的费率比综合险要低。

国内货物运输保险在综合考虑上述影响因素的基础上,按照运输工具的不同制定分类差别费率。国内货物运输保险中水路、铁路运输的费率如表 6-1 所示。

表 6-1 国内货物运输保险中水路、铁路运输的费率 单位:%

保险			直达					联运
			水运				陆运	
			江河		沿海			
			201 吨以上船舶	200 吨以下船舶	3001 吨以上船舶	201~3000 吨船舶	200 吨以下船舶	火车	
基本险	一类货物	省内	0.3	0.5	0.5	1.0	1.5	0.2	按第一种主要运输工具确定费率
		省外	0.6	0.8	0.8	1.5	2.5	0.4	
综合险	二类货物		1.0	2.0	1.0	2.0	5.0	1.0	
	三类货物		3.0	4.0	3.0	4.0	7.0	2.0	
	四类货物		5.0	6.0	5.0	6.0	10.0	4.0	
	五类货物		7.0	8.0	7.0	8.0	12.0	6.0	
	六类货物		10.0	12.0	10.0	12.0	15.0	8.0	

（五）赔偿处理

在发生保险事故后，国内货物运输保险的赔款计算要区分全部损失和部分损失。

1. 全部损失

通常，国内货物运输保险单为定值保险单，发生全部损失时应按保险金额全数赔偿。若属不定值保险单，则出险时保险金额低于实际价值的按保险金额赔偿，出险时保险金额高于实际价值的按实际价值赔偿。保险人全额赔付后，损余归保险人。

2. 部分损失

国内货物运输保险部分损失的赔款计算分3种情况。

（1）数量损失。

数量损失的计算公式为：

$$保险赔款=保险金额\times（损失件数/承保总件数）$$

例如，一批货物共计100箱，保险金额为100 000美元，丢失了10箱，则保险赔款为100 000×（10/100）=10 000（美元）。

（2）质量损失。

货物的质量损失是指货物实际价值的贬低。因此，只要知道货物的贬值率即可进行赔款计算。其计算公式为：

$$保险赔款=保险金额\times贬值率$$

其中：

$$贬值率=（货物完好价-受损后价值）/货物完好价\times100\%$$

例如，一件玉雕工艺品的完好价是5000元，保险金额与完好价相同。由于碎了一个角，经检验定损后认为它只值3000元，它的贬值率即为（5000-3000）/5000×100%=40%，则保险赔款为5000×40%=2000（元）。

（3）损失为一个包装单位的一部分，发生部分损失后，应先计算出损失的数量，再按相应的保险金额计算单位保险金额，并根据损失数量计算赔款。

例如，桶装某化学原料共50桶，每桶50公斤，渗漏7桶，其中有2桶每桶剩5公斤，另外5桶每桶剩12公斤，保险金额为50 000元，则保险赔款为50 000/（50×50）×[（50-5）×2+（50-12）×5]=5600（元）。

国内货物运输保险在理赔时还需要注意以下几点。

第一，保险人对货物损失的赔偿金额，以及施救或保护货物所支付的直接和合理的费用，将分别计算，并各以不超过保险金额为限。

第二，货物发生保险责任范围内的损失，如果根据法律规定或有关约定，应当由承运人或其他第三者负责赔偿部分或全部损失的，被保险人应首先向承运人或第三者索赔。如果被保险人提出要求，保险人可以先予赔偿，被保险人应签发权益转让书给保险人，并协助保险人向责任方追偿。

第三，被保险货物遭受损失后的残余部分应当充分利用，作价折归被保险人，并在赔款中扣除。

三、国内货物运输保险的主要险种

国内货物运输保险业务，一般根据运输工具划分为铁路货物运输保险、水路货物运输保险、公路货物运输保险、航空货物运输保险等，也有适合联运的，如国内水路、陆路货物运输保险，陆上货物运输保险（火车、汽车）等。

国内货物运输保险除上述主险外，还有多种附加险，投保人可以根据需要自主选择，如战争险、罢工险、短量险、串味险、渗漏险等。

（一）铁路货物运输保险

铁路货物运输保险承保国内经铁路运输的货物。按照保险责任的不同可以分为基本险和综合险，保险人按保险单载明的承保险别分别承担保险责任。

1. 基本险的保险责任

由于下列保险事故造成被保险货物的损失和费用，保险人依照保险合同的约定负责赔偿。

（1）因火灾、爆炸、雷击、冰雹、暴风、暴雨、洪水、海啸、地陷、崖崩、突发性滑坡、泥石流所造成的损失。上述责任与企业财产保险中的同类责任概念相同。

（2）由于运输工具发生碰撞、出轨，或桥梁、隧道、码头坍塌所造成的损失。上述责任与运输工具保险（如机动车辆保险）的同类责任概念相同。

（3）在装货、卸货或转载时，因意外事故造成的损失。保险人负责的是装、卸过程中的意外损失，而不是装、卸过程中的任何损失。

（4）在发生上述灾害事故时，因施救或保护货物而造成货物的损失及所支付的直接、合理的费用。这里的施救费用的概念与其他财产损失保险的概念一致。保护费用是指为了减轻货物的损失，或为了防止损失继续扩大，或为恢复其价值所进行的整理、翻晒、烘干、复制、加工所支出的运杂费、保管费、加工费及重新包装费等费用。

2. 综合险的保险责任

（1）基本险的保险责任，综合险都包含。

（2）因受震动、碰撞或挤压而造成货物破碎、弯曲、凹瘪、折断、开裂的损失。注意区分综合险里的碰撞和基本险里的碰撞，基本险里的碰撞是运输工具发生碰撞，而这里的碰撞是指货物与其他物体发生碰撞。

（3）因包装破裂致使货物散失的损失。按国家有关规定包装的货物，在运输过程中因包装破裂而散失的损失，需要对包装进行修补或调换所支出的费用，可按施救费用负责。

（4）液体货物因受震动、碰撞或挤压致使所用容器（包括封口）损坏而渗漏的损失，或用液体保藏的货物因液体渗漏而造成该货物腐烂变质的损失。

（5）遭受盗窃的损失。

（6）因外来原因致使提货不着的损失。

（7）符合安全运输规定而遭受雨淋所致的损失。

3. 责任免除

由于下列原因造成被保险货物的损失和费用，保险人不负责赔偿。

（1）战争、军事行动、扣押、罢工、哄抢和暴动。

（2）地震造成的损失。

（3）核反应、核辐射和放射性污染。

（4）在保险责任开始前，被保险货物已存在品质不良或数量短缺问题所造成的损失。

（5）被保险货物的自然损耗、本质缺陷、特性所引起的污染、变质、损坏，以及货物包装不善。

（6）市价跌落、运输延迟所造成的损失。

（7）属于发货人责任造成的损失。

（8）投保人或被保险人的故意行为或违法犯罪行为。

（9）由于行政行为或执法行为所致的损失。

（10）其他不属于保险责任范围内的损失。注意在这一条中基本险和综合险的责任免除是有区别的，因为基本险和综合险的保险责任不同，要根据合同条款中列明的保险责任与责任免除综合理解。

4. 保险责任起讫

保险责任自签发保险单后，被保险货物运离保险单所载明的起运地发货人的最后一个仓库或储存处所时起，至运抵保险单所载明的目的地收货人在当地的第一个仓库或储存处所时终止。但被保险货物运抵目的地后，如果收货人未及时提货，则保险责任的终止期最多延长至以收货人接到"到货通知单"后的15天为限（以邮戳日期为准）。

（二）水路货物运输保险

水路货物运输保险承保国内江、河、湖泊和沿海经水路运输的货物。按照保险责任的不同也可以分为基本险和综合险，保险人按保险单载明的承保险别分别承担保险责任。

1. 基本险的保险责任

由于下列保险事故造成被保险货物的损失和费用，保险人依照保险合同的约定负责赔偿。

（1）因火灾、爆炸、雷击、冰雹、暴风、暴雨、洪水、海啸、崖崩、突发性滑坡、泥石流所造成的损失。

（2）由于运输工具发生碰撞、搁浅、触礁，或桥梁、码头坍塌所造成的损失。

（3）因以上两条所致船舶沉没失踪。

（4）在装货、卸货或转载时，因意外事故造成的损失。

（5）按国家规定或一般惯例应承担的共同海损的牺牲、分摊和救助费用。

（6）在发生上述灾害事故时，因纷乱造成货物的散失及因施救或保护货物所支付的直接、合理的费用。

延伸阅读

共同海损的界定

共同海损是指在同一海上航程中，当船舶、货物和其他财产遭遇共同危险时，为了共同的安全，有意地、合理地采取措施所直接造成的特殊牺牲、支付的特殊费用，由各受益方按比例分摊的法律制度。

共同海损的表现形式为共同海损牺牲和共同海损费用。共同海损牺牲包括抛弃货物，为扑灭船上火灾而造成的货损和船损，割弃残损物造成的损失，机器和锅炉的损失，作为燃料而使用的货物、船用材料和物料在卸货的过程中造成的损失等；共同海损费用包括救助报酬、搁浅船舶减载费用及因此而受的损失、避难港费用、驶往和在避难港等地支付给船员的工资及其他开支、修理费用、代替费用、垫付手续费和保险费、共同海损损失的利息等。

资料来源：根据百度百科共同海损条目和《运输保险》（张拴林，中国财政经济出版社）内容综合整理。

2．综合险的保险责任

水路货物运输保险综合险增加的保险责任和铁路货物运输保险综合险增加的保险责任大体相同。

（1）基本险的保险责任，综合险都包含。

（2）因受碰撞或挤压而造成货物破碎、弯曲、凹瘪、折断、开裂的损失。

（3）因包装破裂致使货物散失的损失。

（4）液体货物因受碰撞或挤压致使所用容器（包括封口）损坏而渗漏的损失，或用液体保藏的货物因液体渗漏而造成该货物腐烂变质的损失。

（5）遭受盗窃的损失。

（6）符合安全运输规定而遭受雨淋所致的损失。

3．责任免除

由于下列原因造成被保险货物的损失和费用，保险人不负责赔偿。

（1）战争、军事行动、扣押、罢工、哄抢和暴动。

（2）船舶本身的损失。

（3）在保险责任开始前，被保险货物已存在品质不良或数量短缺问题所造成的损失。

（4）被保险货物的自然损耗、本质缺陷、特性所引起的污染、变质、损坏。

（5）市价跌落、运输延迟所造成的损失。

（6）属于发货人责任造成的损失。

（7）投保人或被保险人的故意行为或违法犯罪行为。

（8）由于行政行为或执法行为所致的损失。

（9）其他不属于保险责任范围内的损失。

4．保险责任起讫

保险责任自签发保险单后，被保险货物运离保险单所载明的起运地发货人的最后一个仓库或储存处所时起，至运抵保险单所载明的目的地收货人在当地的第一个仓库或储存处所时终止。但被保险货物运抵目的地后，如果收货人未及时提货，则保险责任的终止期最多延长至以被保险货物卸离运输工具后的 15 天为限。

（三）公路货物运输保险

公路货物运输保险承保在国内经公路运输的货物。公路货物运输保险和前述铁路及水路货物运输保险不同的是，它没有划分基本险和综合险。

1. 保险责任

由于下列保险事故造成被保险货物的损失和费用，保险人依照保险合同的约定负责赔偿。

（1）因火灾、爆炸、雷击、冰雹、暴风、暴雨、洪水、海啸、地陷、崖崩、突发性滑坡、泥石流所造成的损失。

（2）由于运输工具发生碰撞、倾覆，或隧道、码头坍塌，或在驳运过程中因驳运工具发生搁浅、触礁、沉没、碰撞而造成的损失（由于货物在公路运输的过程中客观上可能还需要驳运，因此本条责任还包含驳运工具发生意外导致的损失）。

（3）在装货、卸货或转载时，因意外事故造成的损失。

（4）因受碰撞或挤压而造成货物破碎、弯曲、凹瘪、折断、开裂的损失。

（5）因包装破裂致使货物散失的损失。

（6）液体货物因受碰撞或挤压致使所用容器（包括封口）损坏而渗漏的损失，或用液体保藏的货物因液体渗漏而造成该货物腐烂变质的损失。

（7）符合安全运输规定而遭受雨淋所致的损失。

（8）在发生上述灾害事故时，因纷乱造成货物的散失及因施救或保护货物所支付的直接、合理的费用。

2. 责任免除

公路货物运输保险和铁路及水路货物运输保险的责任免除也基本相似。

由于下列原因造成被保险货物的损失和费用，保险人不负责赔偿。

（1）战争、敌对行为、军事行动、扣押、罢工、哄抢和暴动。

（2）地震造成的损失。

（3）遭受盗窃或整件提货不着的损失。

（4）在保险责任开始前，被保险货物已存在品质不良或数量短缺问题所造成的损失。

（5）被保险货物的自然损耗、本质缺陷、特性所造成的损失或费用。

（6）市价跌落、运输延迟所造成的损失。

（7）属于发货人责任造成的损失。

（8）投保人或被保险人的故意行为或违法犯罪行为。

（9）经国家有关部门认定的违法、非法货物。

（10）其他不属于保险责任范围内的损失。

3. 保险责任起讫

保险责任自签发保险单后，被保险货物运离保险单所载明的起运地发货人的最后一个仓库或储存处所时起，至运抵保险单所载明的目的地收货人在当地的第一个仓库或储存处所时终止。但被保险货物运抵目的地后，如果收货人未及时提货，则保险责任的终止期最多延长至以被保险货物卸离运输工具后的15天为限。

（四）航空货物运输保险

航空货物运输保险承保在国内经航空运输的货物。航空货物运输保险也没有划分基本险和综合险。

1. 保险责任

由于下列保险事故造成被保险货物的损失和费用，保险人依照保险合同的约定负责赔偿。

（1）因火灾、爆炸、雷击、冰雹、暴风、暴雨、洪水、海啸、地陷、崖崩所造成的损失。

（2）因飞机遭受碰撞、倾覆、坠落、失踪（在3个月以上），或在危难中发生卸载行为及遭受恶劣气候或其他危难事故而发生抛弃行为所造成的损失。

（3）因受震动、碰撞或挤压而造成货物破碎、弯曲、凹瘪、折断、开裂的损失。

（4）因包装破裂致使货物散失的损失。

（5）凡属液体、半流体或需要用液体保藏的货物，在运输途中因受震动、碰撞或挤压致使所用容器（包括封口）损坏而渗漏的损失，或用液体保藏的货物因液体渗漏而造成该货物腐烂变质的损失。

（6）遭受盗窃或整件提货不着的损失。

（7）在装货、卸货或港内地面运输过程中，因遭受不可抗力的意外事故及雨淋所造成的损失。

（8）在发生上述灾害事故时，因施救或保护货物所支付的直接、合理的费用。

2. 责任免除

由于下列原因造成被保险货物的损失和费用，保险人不负责赔偿。

（1）战争、军事行动、扣押、罢工、哄抢和暴动。

（2）核反应、核辐射和放射性污染。

（3）在保险责任开始前，被保险货物已存在品质不良或数量短缺问题所造成的损失。

（4）被保险货物的自然损耗、本质缺陷、特性所引起的污染、变质、损坏，以及货物包装不善。

（5）市价跌落、运输延迟所造成的损失。

（6）属于发货人责任造成的损失。

（7）投保人或被保险人的故意行为或违法犯罪行为。

（8）由于行政行为或执法行为所致的损失。

（9）其他不属于保险责任范围内的损失。

3. 保险责任起讫

保险责任自被保险货物经承运人收讫并签发保险单时起，至运抵保险单所载明的目的地收货人在当地的第一个仓库或储存处所时终止。但被保险货物运抵目的地后，如果收货人未及时提货，则保险责任的终止期最多延长至以收货人接到"到货通知单"后的15天为限（以邮戳日期为准）。

如果出现特殊情况，由于被保险人无法控制的运输延迟、绕道、被迫卸货、重新装载、转载或承运人运用运输契约赋予的权限所进行的任何航行上的变更或终止运输契约，致使被保险货物运输到非保险单所载明的目的地时，在被保险人及时将获知的情况通知保险人，并在必要时加交保险费的情况下，该保险仍有效。保险责任按下述规定终止。

（1）被保险货物如在非保险单所载明的目的地出售，保险责任至交货时终止。但不论任何情况，均以被保险货物在卸载地卸离飞机后满 15 天为止。

（2）被保险货物在上述 15 天期限内继续运往保险单所载明的原目的地或其他目的地时，保险责任仍按上述条款的规定终止。

（五）国内水路、陆路货物运输保险

随着现代物流和交通运输业的发展，单一的运输方式已经不能满足人们的需求，为了实现"门到门""桌到桌"的愿望，需要多式联运，所以国内货物运输保险还有一些非单一运输方式的保险产品。国内水路、陆路货物运输保险就是综合了水上运输和陆上运输。该保险承保货物在水路、铁路、公路和联合运输中，因遭受保险责任范围内的自然灾害或意外事故所造成的损失。

国内水路、陆路货物运输保险也分为基本险和综合险。

1．基本险的保险责任

（1）因火灾、爆炸、雷击、冰雹、暴风、暴雨、洪水、地震、海啸、地陷、崖崩、突发性滑坡、泥石流所造成的损失。

（2）由于运输工具发生碰撞、搁浅、触礁、倾覆、沉没、出轨，或隧道、码头坍塌所造成的损失。

（3）在装货、卸货或转载时，因遭受不属于包装质量不善或装卸人员违反操作规程的事故所造成的损失。

（4）按国家规定或一般惯例应承担的共同海损的费用。

（5）在发生上述灾害事故时，因纷乱造成货物的散失及因施救或保护货物所支付的直接、合理的费用。

2．综合险的保险责任

（1）基本险的保险责任，综合险都包含。

（2）因受震动、碰撞或挤压而造成货物破碎、弯曲、凹瘪、折断、开裂，或因包装破裂致使货物散失的损失。

（3）液体货物因受震动、碰撞或挤压致使所用容器（包括封口）损坏而渗漏的损失，或用液体保藏的货物因液体渗漏而造成该货物腐烂变质的损失。

（4）遭受盗窃或整件提货不着的损失。

（5）符合安全运输规定而遭受雨淋所致的损失。

3．责任免除

由于下列原因造成被保险货物的损失和费用，保险人不负责赔偿。

（1）战争、军事行动。

（2）核事件或核爆炸。

（3）被保险货物本身的缺陷、自然损耗，以及货物包装不善。

（4）被保险人的故意行为或过失行为。

（5）全程是公路货物运输的，遭受盗窃或整件提货不着的损失。

（6）其他不属于保险责任范围内的损失。

4. 保险责任起讫

保险责任自签发保险单后，被保险货物运离保险单所载明的起运地发货人的最后一个仓库或储运处所时起，至运抵保险单所载明的目的地收货人在当地的第一个仓库或储存处所时终止。但被保险货物运抵目的地后，如果收货人未及时提货，则保险责任的终止期最多延长至以收货人接到"到货通知单"后的 15 天为限（以邮戳日期为准）。

（六）陆上货物运输保险（火车、汽车）

陆上货物运输保险分为陆运险和陆运一切险。被保险货物遭受损失时，保险人按保险单载明的承保险别分别承担保险责任。

1. 陆运险的保险责任

（1）被保险货物在运输途中遭受暴风、雷击、洪水、地震自然灾害，或由于运输工具发生碰撞、倾覆、出轨，或在驳运过程中因驳运工具发生搁浅、触礁、沉没、碰撞，或由于遭受隧道坍塌、崖崩、失火、爆炸等意外事故所造成的全部或部分损失。

（2）被保险人对遭受保险责任范围内危险的货物采取抢救措施，以防止或减少货损而支付的直接、合理的费用，保险人也负责赔偿，但以不超过该批被救货物的保险金额为限。

2. 陆运一切险的保险责任

除包括上述陆运险的保险责任外，陆运一切险还负责被保险货物在运输途中由于外来原因所致的全部或部分损失。

3. 责任免除

由于下列原因造成被保险货物的损失和费用，保险人不负责赔偿。

（1）被保险人的故意行为或过失行为。

（2）属于发货人责任造成的损失。

（3）在保险责任开始前，被保险货物已存在品质不良或数量短缺问题所造成的损失。

（4）被保险货物的自然损耗、本质缺陷、特性及市价跌落、运输延迟所造成的损失或费用。

（5）陆上运输货物战争险条款和货物运输罢工险条款规定的保险责任和责任免除。

4. 保险责任起讫

陆上货物运输保险负"仓至仓"责任，保险责任自被保险货物运离保险单所载明的起运地发货人的仓库或储存处所开始运输时生效，包括正常运输过程中的陆上和与其有关的水上驳运，直至运抵保险单所载明的目的地收货人的仓库或储存处所或被保险人用作分配、分派的其他储存处所时为止，如未运抵上述仓库或储存处所，则以被保险货物运抵最后卸载的车站满 60 天为止。

专业能力训练

◇ 思考讨论

1. 国内货物运输保险费率厘定的影响因素有哪些？

2．货物运输保险与其他财产损失保险有何区别？
3．如何开发适应现代化物流发展需要的保险产品？

◇ 案例分析

某年1月，江西某公司将184吨价值100万余元的棉浆粕向某保险公司投保了国内水路、陆路货物运输保险，运输工具为"赣南昌货0236"轮，航线注明为上海至南昌，交纳保险费1177.6元。同年1月13日18时30分，满载货物的"赣南昌货0236"轮航行至黄浦江附近时，为避免与其他船碰撞，驾驶员采取倒行、右满舵等紧急避让措施，致使船舶打横，绑扎货物的绳索绷断，造成装载于舱面的54.7吨棉浆粕掉入江中漂失。漂失的棉浆粕价值350 080元。事故发生后，货主向保险公司报案并递交了出险通知书，将54.7吨上述货物损失按保险金额每吨6400元计350 080元向保险公司索赔，但保险公司以该事故不属于保险责任范围为由，发出拒赔通知书。

保险公司认为，从货物起装地上海星火开发区港务储运站的调查笔录中，证明了这54.7吨货物装载在舱面上，而被保险人未履行告知义务；从事故发生的过程来看，涉案船舶的驾驶员为避免碰撞，防止发生不应发生的事故，所采取的驾船紧急措施非施救行为；气象资料也证明，事故发生时当地的气象情况良好，所以原告的货损不属于保险责任范围。

被保险人则辩称，自己将184吨棉浆粕向保险公司投保了国内水路、陆路货物运输保险，并支付了保险费。在运输过程中，驾驶因避免船舶碰撞，不得已采取紧急避险施救措施，致使船舶发生倾侧，装载在舱面的棉浆粕掉入江中漂失，但此举避免了更大的事故，并且自己并不知道承运人将货物装在舱面上，不存在告知义务，完全符合保险责任范围内的施救行为，保险公司理应赔偿损失。

请结合相关知识分析，保险公司是否可以拒赔？

◇ 综合实训

实训目的：运用货物运输保险相关知识进行分析和计算。
实训要求：根据背景资料分析问题并计算保险公司的赔偿金额。
背景资料：

2019年7月1日，某公司运输大米1000袋，每袋重50千克，目的地是天津，投保国内水路、陆路货物运输保险附加短量险，保险金额为2.5万元。当该公司将大米运至目的地卸货时发现有100袋大米外包装破裂，还有10袋短少，共计短缺1000千克，请计算保险公司的赔偿金额。

2019年7月20日，大米到达天津，当天收货人收货后将货物运至仓库，请问保险责任何时终止？若收货人在天津有两个仓库，7月22日将一部分大米运往另一个仓库，请问保险责任何时终止？若收货人于7月21日接到"到货通知单"，但是7月30日才去收货，请问保险责任何时终止？

项目七
解析工程保险

学习目标

知识目标

- 掌握工程保险的概念
- 熟悉建筑工程保险、安装工程保险和机器损坏保险的主要内容
- 理解工程保险的特征、建筑工程保险和安装工程保险的区别

技能目标

- 能解读工程保险条款,辨析工程保险的险种
- 能运用工程保险基础知识进行保险实务案例分析

关键术语

工程保险　建筑工程保险　安装工程保险　机器损坏保险

知识结构

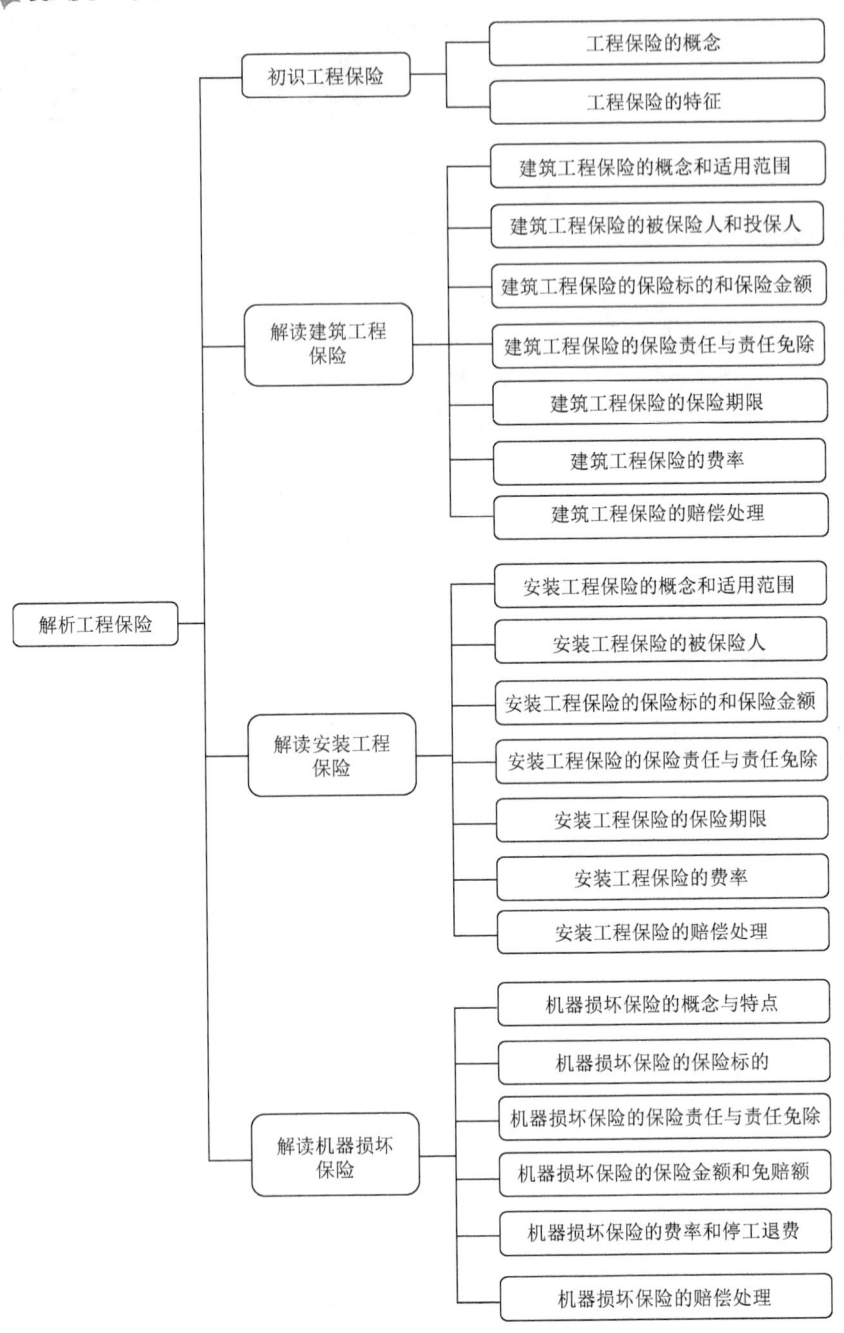

- 解析工程保险
  - 初识工程保险
    - 工程保险的概念
    - 工程保险的特征
  - 解读建筑工程保险
    - 建筑工程保险的概念和适用范围
    - 建筑工程保险的被保险人和投保人
    - 建筑工程保险的保险标的和保险金额
    - 建筑工程保险的保险责任与责任免除
    - 建筑工程保险的保险期限
    - 建筑工程保险的费率
    - 建筑工程保险的赔偿处理
  - 解读安装工程保险
    - 安装工程保险的概念和适用范围
    - 安装工程保险的被保险人
    - 安装工程保险的保险标的和保险金额
    - 安装工程保险的保险责任与责任免除
    - 安装工程保险的保险期限
    - 安装工程保险的费率
    - 安装工程保险的赔偿处理
  - 解读机器损坏保险
    - 机器损坏保险的概念与特点
    - 机器损坏保险的保险标的
    - 机器损坏保险的保险责任与责任免除
    - 机器损坏保险的保险金额和免赔额
    - 机器损坏保险的费率和停工退费
    - 机器损坏保险的赔偿处理

项目七 解析工程保险

案例导入

某年 8 月 8 日，超强台风"苏迪罗"在福建省莆田市秀屿区沿海登陆，超强台风将某特大跨海大桥 29#平台钢套箱围堰整体摧毁，部分海上栈桥发生倒塌。事故发生后，平安产险立即启动应急预案，抽调全国理赔骨干组建查勘小组，总分联动迅速开展查勘定损工作，30 天内完成现场查勘。为帮助被保险人尽快恢复生产、减少损失，出险后 4 个月内平安产险紧急预赔 990 万元，1 年即完成 2697 万元赔款的支付，有效缓解了被保险人的资金压力。

本案是海上工程保险的典型案例，展现了海上工程保险的特征和灾前风险防范措施的独特性，为同类工程的灾前风险防范工作带来了新的思考。

资料来源：根据中国银行保险报网"最具代表性十大风险管理案例"编辑整理。

随着国民经济的发展，建筑市场不断得到完善，但工程项目的建设周期长，所遇到的各种情况比较复杂，风险非常突出。工程保险是一种极其有效的风险分散机制，已成为工程招/投标、建设和管理中不可缺少的一部分。

任务一 初识工程保险

任务情景

有风险的地方就有保障。近日，江西某地发生了造成多人罹难的发电厂事故，暴露出基础设施建设环境下潜藏的巨大风险。让人欣慰的是，事前工程方向保险公司投保了工程保险。

作为财产保险范畴下的大类险种，工程保险虽然离我们较远，但一直在各类工程建设中充当着重要的角色。那么，针对一般的工程项目，保险公司设计出了哪些保险产品？与普通财产保险相比有何特征？

知识探究

一、工程保险的概念

工程保险是以工程项目在建设过程中因遭受自然灾害和意外事故造成的物质损失，以及被保险人对第三者的财产损失和人身伤亡依法应承担的赔偿责任为保险标的的一种综合性保险。工程保险是从财产保险中派生出来的一个险种，以各类民用、工业用和公用事业用工程项目为承保对象。一般而言，传统的工程保险仅指建筑、安装、机器及船舶建造工程项目的保险；20 世纪以来，尤其是第二次世界大战以后，许多科技工程获得了迅速的发展，又逐渐形成了科技工程保险。现代工程保险已经发展成产品体系完善、具有较强专业特征，且相对独立的一个保险领域。

二、工程保险的特征

工程保险虽然属于财产保险领域,但与普通财产保险相比,有自身的特征。

(一)保险标的的特殊性

工程保险的保险标的的特殊性体现在 3 个方面:第一,工程保险既承保被保险人的物质损失,还承保被保险人的责任风险;第二,工程保险承保的保险标的大部分位于露天环境,抵抗风险的能力大大低于普通财产保险;第三,工程项目在施工的过程中始终处于一种动态的过程,各种风险因素错综复杂,风险较大。

(二)保障范围的综合性

工程保险针对承保风险的特殊性提供的保障具有综合性特点,工程保险的保险责任范围一般由物质损失部分和第三者责任部分构成,同时还可以针对工程项目风险的具体情况提供运输过程中、工地外储存过程中、保证期过程中等各类风险的专门保障。

(三)被保险人的广泛性

在普通财产保险中,投保人是单个的法人或自然人,在保险人签发保险单后即成为被保险人;而在工程保险中,因其涉及金额一般较大,绝大多数情况下都需要向银行等金融机构进行融资,还需要进行工程设计、材料采购、工程施工及施工过程的监理,因此在工程项目的建设过程中会涉及与工程有不同利益关系的关系方。工程保险将所有与工程有直接利益关系的关系方都列为工程保险的共同被保险人,他们在保险合同下的受益及相互间的关系由与工程相关的各种合同(包括投资、租赁、建设、采购、设计等)决定。

(四)保险期限的不确定性

普通财产保险的保险期限相对固定,通常是一年;而工程保险的保险期限一般是根据工期确定的,往是几年,甚至十几年。与普通财产保险不同的是,工程保险的保险期限的起止点不是确定的具体日期,而是根据保险单的规定和工程的具体情况确定的。为此,工程保险采用的是工期费率,而不是年度费率。

(五)保险金额的变动性

普通财产保险的保险金额在保险期限内是相对固定不变的,但是工程保险的保险金额在保险期限内是随着工程建设的进度而不断增长的。所以,在保险期限内的任何一个时间点,其保险金额都是不同的。

延伸阅读

上海轨道交通 4 号线事故

2003 年 7 月 1 日凌晨,夜幕下的黄浦江边车少人稀,四周显得那么静谧,然而谁能料到,一场险情正在地下悄然发生。凌晨 4 时许,上海轨道交通 4 号线——浦东南路至南浦大桥区间隧道,在用一种叫"冻结法"的工艺进行上、下行隧道的联络通道施工时,突然出现渗水，隧道内的施工人员不得不紧急撤离。瞬时，大量流沙涌入隧道，内外压力失衡导致隧道部分塌陷，地面也随之出现"漏斗型"沉降。事故引起隧道部分结构损坏及周边地区地面下降，造成 3 栋建筑物严重倾斜，黄浦江防汛墙局部塌陷引发管涌，造成了重大的经济损失。

该项目由平安保险、太平洋保险、中国人保和大众保险 4 家共保，其中平安保险作为首席承保人。建筑工程、安装工程保险的总保险金额为 56.45 亿元，第三者责任保险每次事故的赔偿限额为 5000 万元。经查，事故发生的原因是黄浦江江底的流沙"作祟"和施工中的重大失误。经事故调查组查明，这是一起造成重大经济损失的工程责任事故，但毕竟是一件"意外事故"。因此，事故发生后，4 家保险公司立即组成理赔工作小组，在聘请的理算人的最终理算报告得到保险人和再保险人确认后，支付了 5 亿多元的赔款，创造了国内工程项目的最高赔付记录。

资料来源：根据和讯理财网相关报道编辑整理。

任务二　解读建筑工程保险

任务情景

某企业就其一扩建工程投保了建筑工程保险。在收尾工作中，某焊工进行现场制作管的节点焊接时不小心导致管体着火，进而导致周围业主的建筑物发生火灾，该建筑物也投保了相应的财产保险。

请根据建筑工程保险的知识分析，此次事故可以通过什么渠道、以何种保险责任进行索赔？

知识探究

一、建筑工程保险的概念和适用范围

建筑工程保险即建筑工程一切险，简称建工险，是将以土木建筑为主体的民用、工业用和公用事业用的建筑工程项目在建筑期或改建期内因遭受自然灾害和意外事故造成的物质损失，以及被保险人对第三者依法应承担的赔偿责任作为保险标的的保险。

建筑工程保险承保的是各类建筑工程，适用于一切民用、工业用和公用事业用的建筑工程项目，包括道路、水坝、桥梁、码头、住宅、旅馆、商店、工厂、水库、管道、学校、娱乐场所等。

二、建筑工程保险的被保险人和投保人

凡是在工程建设期内承担风险或与工程有利益关系的各方均可以成为建筑工程保险的被保险人。建筑工程保险的被保险人大致包括以下几方：①工程所有人，即建筑工程的最

后所有者；②工程承包人，即承建该项目的施工单位，可分为主承包人和分承包人，分承包人是向主承包人承包部分工程的施工单位；③技术顾问，即由工程所有人聘请的建筑师、设计师、工程师和其他专业顾问，以及代表工程所有人监督建筑工程合同执行的单位和个人；④其他关系方，如贷款银行或债权人等。当存在多个被保险人时，一般由一方出面投保，负责支付保险费，申报保险期间保险标的风险变动的情况，提出原始赔偿请求等。

在实务中，由于建筑工程的承包方式不同，其投保人也各异，主要有以下4种情况。

1. 全部承包方式

在全部承包方式下，工程所有人将建筑工程全部承包给某一施工单位，该施工单位作为工程承包人（主承包人）负责设计、供料、施工等全部工程环节，最后以钥匙交货方式将完工的建筑物交给工程所有人。在此种方式中，由于工程承包人承担了建筑工程的主要风险责任，因此他应作为投保人。

2. 部分承包方式

在部分承包方式下，工程所有人负责设计并提供部分建筑材料，施工单位负责施工并提供部分建筑材料，双方各承担部分风险责任。此时，可由双方协商，推举一方为投保人，并在合同中列明。

3. 分段承包方式

在分段承包方式下，工程所有人将一项建筑工程分成几个阶段或几个部分分别向外发包，工程承包人之间相互独立，没有合同关系。此时，为避免投保造成的时间差和责任差，应由工程所有人作为投保人投保建筑工程保险。

4. 施工单位只提供服务的承包方式

在施工单位只提供服务的承包方式下，工程所有人负责设计、供料和工程技术指导，施工单位只提供劳务，进行施工，不承担风险责任。此时，应由工程所有人作为投保人投保建筑工程保险。

总之，在一般情况下，建筑工程保险的投保人多为工程所有人或工程承包人（主承包人）。当存在多个被保险人时，对每个被保险人的赔偿以不超过其对保险标的的保险利益为限，必要时可附批单说明接受赔偿各方的顺序和金额。由于建筑工程保险的被保险人不止一个，而且每个被保险人各有其本身的权益或责任需要向保险人投保，为避免有关各方相互之间的追偿责任，大部分建筑工程保险单附有交叉责任条款，即由于各被保险人之间发生的相互责任事故造成的损失，均可由保险人负责赔偿，无须根据各自的责任进行相互追偿。

三、建筑工程保险的保险标的和保险金额

建筑工程保险的保险标的范围广泛，概括起来可分为物质财产本身和第三者责任两类。为了便于确定保险金额，建筑工程保险单明细表中列出的保险项目通常包括物质损失、特种危险赔偿和第三者责任3个部分。

（一）物质损失部分

1. 建筑工程项目

建筑工程含永久性和临时性的工程及工地上的物料。该项目是建筑工程保险的主要保

险项目，包括建筑工程合同内规定建筑的建筑物主体，建筑物内的装修设备，配套的道路、桥梁、水电设施、供暖取暖设施等土木建筑项目，存放在工地上的建筑材料、设备，以及完成主体工程建设而必须修建的、主体工程完工后即拆除或废弃不用的临时工程，如脚手架、工棚、围堰等。

建筑工程项目的保险金额为建筑工程合同的总金额，即建成该工程项目的实际造价，包括设计费、材料设备费、运杂费、施工费、保险费、税款及其他有关费用。

2．工程所有人提供的物料和项目

工程所有人提供的物料和项目是指未包括在建筑工程合同金额内的所有人提供的物料及负责建筑的项目。

工程所有人提供的物料和项目的保险金额根据这部分财产的重置价值确定。

3．安装工程项目

安装工程项目是指未包括在建筑工程合同金额内的机器设备安装工程项目，如办公大楼内发电取暖、空调等机器设备的安装工程。这些安装工程若已包括在建筑工程合同内，则无须另行投保，但应在保险单中特别说明。

安装工程项目的保险金额按重置价值确定，应不超过整个工程项目保险金额的20%。超过20%时，则按安装工程保险的费率收取保险费；超过50%时，则应单独投保安装工程保险。

4．建筑用机器、装备及设备

建筑用机器、装备及设备是指配置在施工现场，作为施工用的机器设备，如起重机、打桩机、铲车、推土机、钻机、供电供水设备、水泥搅拌机、传动装置、临时铁路机器设备等。这类财产一般为工程承包人所有，不包括在建筑工程合同金额内，因此应专项投保。

建筑用机器、装备及设备的保险金额应按重置价值确定，即按重置同一牌号、型号、规格、性能，或类似的机器、装备及设备的价格计算保险金额，包括出厂价、运费、关税、安装费及其他必要的费用，并应开列清单，附在保险单中。

5．工地内现成的建筑物

工地内现成的建筑物是指不在该工程范围内的，归工程所有人或承包人所有的或其保管的工地内已有的建筑物。

工地内现成的建筑物的保险金额可由保险双方协商确定，但最高不超过其实际价值。

6．场地清理费

场地清理费是指发生保险事故并造成损失后，为拆除受损标的、清理灾害现场或运走废弃物，以便进行修复工程所产生的费用。场地清理费一般不包括在建筑工程合同金额内，须单独投保。

对于大工程，场地清理费的保险金额一般不超过合同金额的5%；对于小工程，一般不超过合同金额的10%。场地清理费按第一危险赔偿方式承保，即发生损失时，在保险金额内按实际支出赔偿。

7．工程所有人或承包人在工地上的其他财产

工程所有人或承包人在工地上的其他财产是指不包括在以上6项范围内的其他可保财产。如需投保，应列明名称或附清单于保险单内。

工程所有人或承包人在工地上的其他财产的保险金额可参照前 6 项的标准由保险双方协商确定。

（二）特种危险赔偿部分

特种危险是指保险单明细表中列明的地震、海啸、洪水、暴雨和暴风，特种危险赔偿则是对保险单明细表中列明的上述特种危险造成的各项物质损失的赔偿。

为控制巨灾损失，保险人应在保险单中约定特种危险所造成损失的赔偿限额。凡属于保险单明细表中列明的特种危险造成的物质损失，不论是发生一次还是发生多次灾害事故，其赔款均不能超过该限额。赔偿限额的确定一般考虑工地所处的自然地理环境、该地区以往发生此类灾害事故的记录、工程期限及工程项目本身抵御灾害的能力等因素。特种危险的赔偿限额一般占物质损失总保险金额的 50%～80%。

（三）第三者责任部分

建筑工程保险的第三者责任是指被保险人在保险期限内因遭受意外事故造成工地及工地附近的第三者人身伤亡或财产损失，依法应由被保险人承担的赔偿责任。

第三者责任的赔偿限额由保险双方根据工程责任风险确定，并在保险单中列明。

四、建筑工程保险的保险责任与责任免除

（一）保险责任

1. 物质损失部分的保险责任

（1）在保险期限内，保险合同中分项列明的保险财产在列明的工地范围内，因遭受保险合同责任免除以外的任何自然灾害或意外事故而造成的物质损失，保险人承担赔偿责任。

"责任免除以外"表明了一切险保险单的属性，但仍需对自然灾害和意外事故的概念做出约定。

① 自然灾害：指地震、海啸、雷电、台风或飓风、龙卷风、暴风、暴雨、洪水、冻灾、冰雹、地崩、雪崩、火山爆发、地面突然下陷下沉及其他人力不可抗拒的破坏力强大的自然现象。

② 意外事故：指不可预料的及被保险人无法控制的，并造成财产损失或人身伤亡的突发性事件，包括火灾和爆炸。

（2）因上述自然灾害和意外事故的发生所产生的下列费用，保险人亦承担赔偿责任。

① 被保险人为防止或减少保险标的的损失所支付的必要的、合理的费用。

② 保险合同约定的其他费用。

2. 第三者责任部分的保险责任

（1）在保险期限内，因发生与建筑工程合同所承保的工程直接相关的意外事故引起工地内及邻近区域的第三者人身伤亡或财产损失，依法应由被保险人承担的赔偿责任，保险人按保险合同的约定负责赔偿。

（2）保险事故发生后，被保险人因保险事故而被提起仲裁或诉讼的，对应由被保险人支付的仲裁或诉讼费用及其他必要的、合理的费用，经保险人书面同意，保险人亦负责赔偿。

（二）责任免除

1. 物质损失部分的责任免除

（1）由于下列原因造成的损失、费用，保险人不负责赔偿。

① 因设计错误造成的损失和费用。

② 因自然磨损、内在或潜在缺陷、物质本身变化、自燃、自热、氧化、锈蚀、渗漏、鼠咬、虫蛀、大气（气候或气温）变化、正常水位变化或其他渐变原因造成的保险财产自身的损失和费用。

③ 因原材料缺陷或工艺不善造成的保险财产本身的损失及为置换、修理这些设备或纠正这些错误所支付的费用。

④ 非外力引起的机械或电气装置的本身损失，或者因施工用机具、设备、机械装置失灵造成的本身损失。

（2）下列损失、费用，保险人也不负责赔偿。

① 维修保养或正常检修的费用。

② 档案、文件、账簿、票据、现金、各种有价证券、图表资料及包装物料的损失。

③ 盘点时发现的短缺。

④ 领有公共运输行驶执照的，或者已由其他保险予以保障的车辆、船舶和飞机的损失。

⑤ 除非另有约定，在保险工程开始前已经存在或形成的位于工地范围内或其周围的属于被保险人的财产的损失。

⑥ 除非另有约定，在保险期限终止前，保险财产中已由工程所有人签发完工验收证书或验收合格的，或者工程所有人实际占有、使用或接收部分的损失。

2. 第三者责任部分的责任免除

（1）由于下列原因造成的损失、费用，保险人不负责赔偿。

① 由于震动、移动或减弱支撑而造成的任何财产、土地、建筑物的损失及由此造成的任何人身伤亡和财产损失。

② 领有公共运输行驶执照的车辆、船舶和飞机造成的事故。

（2）下列损失、费用，保险人也不负责赔偿。

① 保险合同物质损失项下或本应在该项下予以负责的损失及各种费用。

② 工程所有人、承包人或其他关系方，以及其雇佣的在工地现场从事与工程有关工作的职员、工人及上述人员的家庭成员的人身伤亡。

③ 工程所有人、承包人或其他关系方，以及其雇佣的在工地现场从事与工程有关工作的职员、工人所有的或由上述人员所照管、控制的财产发生的损失。

④ 被保险人应该承担的合同责任，但无合同存在时仍然应由被保险人承担的法律责任不在此限。

3. 总责任免除

总责任免除是指既适用于物质损失部分又适用于第三者责任部分的责任免除。

（1）由于下列原因造成的损失、费用和责任，保险人不负责赔偿。

① 战争、类似战争行为、敌对行为、武装冲突、恐怖活动、谋反、政变。

② 行政行为或司法行为。
③ 罢工、暴动、民众骚乱。
④ 被保险人及其代表的故意行为或重大过失行为。
⑤ 核裂变、核聚变、核武器、核材料、核辐射、核爆炸、核污染及其他放射性污染。
⑥ 大气污染、土地污染、水污染及其他各种污染。
（2）下列损失、费用和责任，保险人也不负责赔偿。
① 工程部分停工或全部停工引起的任何损失、费用和责任。
② 罚金、延误、丧失合同及其他后果损失。
③ 保险合同中载明的免赔额或按保险合同中载明的免赔率计算的免赔额。

五、建筑工程保险的保险期限

建筑工程保险承保整个工程建设期间的相关风险，保险期限应按整个工程的期限根据需要确定。对于一些大型、综合性工程，由于各个部分的工程是分期施工的，如果投保人要求分期投保，经保险人同意后可分别规定保险期限。

（一）保险期限的开始

建筑工程保险的保险期限自保险工程在工地破土动工之日或用于保险工程的材料、设备等运抵工地时开始。但在任何情况下，其保险期限的开始时间不得早于保险合同约定的生效日期。

（二）保险期限的终止

建筑工程保险的保险期限自工程所有人对部分或全部工程签发完工验收证书或验收合格之日，或者工程所有人实际占有、使用、接收部分或全部工程之日时终止，以先发生者为准。但在任何情况下，其保险期限的终止时间不得超出保险合同约定的终止日期。

（三）保证期

在建筑工程保险中，工程完毕后，还有一个保证期。保证期是指根据建筑工程合同的规定，工程承包人对于承建的工程项目在工程验收并交付使用之后的一定时期内，如果建筑物或其附属机器设备存在建筑或安装质量问题，甚至造成损失的，工程承包人对于这些质量问题或损失应承担修复或赔偿责任。保险人可以根据工程承包人的要求延展保证期。保证期一般不包含在保险工程的工期内，是否投保，由投保人根据需要自行决定，如需投保则要加收相应的保险费。保证期有以下 3 种类型。

（1）有限责任保证期。它承保在保险合同载明的保证期内，工程承包人在履行工程承包合同所规定的保修、保养或维护义务的过程中造成的工程本身的物质损失，但对火灾、爆炸及自然灾害造成的损失不负赔偿责任。

（2）扩展责任保证期。它在承保上述责任的同时，还对在完工验收证书签出前的建筑期或安装期内，由于施工原因导致在保证期内发生的保险工程的物质损失，如因施工方式缺陷或隐患引起的损害赔偿责任。

(3) 特别扩展保证期。特别扩展保证期开始后，对因材料缺陷、工艺不善、安装错误及设计错误等原因造成的保险财产的损失承担赔偿责任，但对火灾、爆炸及自然灾害造成的损失、第三者责任损失不负赔偿责任。

（四）保险期限的延展

在保险合同规定的保险期限内，若建筑工程不能按时完工，则由投保人申请并加交规定的保险费后，保险人可签发批单，延展保险期限。

典型案例

工程保险保险期限的认定

案情介绍：

某工程合同约定 2007 年 10 月 30 日竣工，但在实际施工过程中，先后因下列原因导致关键线路中的工程延误 93 天。

（1）2007 年 5 月 10 日至 5 月 19 日，因设计变更等候图纸停工 10 天。

（2）2007 年 5 月 15 日至 5 月 25 日，因正常阴雨天气影响施工，监理工程师下令停工 11 天。

（3）2007 年 5 月 20 日至 7 月 20 日，因承包商设备故障停工 61 天。

（4）2007 年 7 月 15 日至 7 月 25 日，发生了保险合同规定的不可抗力事件停工 11 天。

请根据背景信息分析以下几个问题。

（1）承包商因工期延长应向保险人索赔多少天？为什么？

（2）监理工程师应批准承包商延展工期多少天？为什么？

（3）如果仍要求承包商在原定的工期内竣工，监理工程师应如何处理？

案例分析：

本案中，因设计变更等候图纸停工 10 天，监理工程师下令停工 11 天，因不可抗力事件停工 11 天，共计 32 天。这 32 天可以在工期中顺延，在工程合同的约定中，属于甲方（业主）的责任范围；承包商（乙方）由于设备故障停工 61 天，属于乙方的责任范围，无工期顺延的理由。

工程合同规定 2007 年 10 月 30 日竣工，承包商只能在此期限基础上顺延 32 天交工，否则视为违约，应按工程合同约定的处罚条款执行。

资料来源：杨波. 财产保险原理与实务[M]. 南京：南京大学出版社，2010.

六、建筑工程保险的费率

（一）建筑工程保险费率厘定的依据

建筑工程保险没有固定的费率表，每个项目的费率主要根据以下因素确定。

（1）保险责任范围。它与费率成正比，若保险责任范围大，则费率高；反之，则费率低。

（2）工程本身的危险程度。工程本身的危险程度主要包括工程的种类、性质、建筑结构、建筑高度；工地及邻近地区的自然地理条件、特种危险发生的可能性、最大可能损失程度；工期及施工季节、保证期及其责任；施工现场安全防护及管理情况等。

（3）工程承包人及其他关系方的资信、经营管理水平及经验等条件。

（4）保险人以往承保同类工程的损失记录。

（5）工程免赔额，以及第三者责任和特种危险的赔偿限额。免赔额与费率成反比，第三者责任和特种危险的赔偿限额与费率成正比。

总之，建筑工程保险费率的厘定一定要根据每个项目的具体情况和承保条件而定，既要考虑保险人的经营状况，又要考虑市场的竞争状况。例如，建筑用机器、装备及设备，因其具有流动性强、一般短期使用、旧机器多、损耗大、小事故多的特点，因而费率较高且按年费率计算。

（二）建筑工程保险费率的构成

由于建筑工程中同一工程的不同项目的风险程度不一，因而应分项确定费率。建筑工程保险的费率一般由以下几个部分构成。

（1）工程所有人提供的物料和项目、安装工程项目、工地内现成的建筑物、场地清理费、工程所有人或承包人在工地上的其他财产等，为一个总费率，实行整个工期一次性费率。

（2）建筑用机器、装备及设备为单独的年费率，如保险期限不足一年，则按短期费率计收保险费。

（3）保证期费率，实行整个保证期一次性费率。

（4）各种附加险增收保险费，实行整个工期一次性费率。

（5）第三者责任保险，实行整个工期一次性费率。

对于一般的建筑工程项目，为方便起见，在考虑以上因素的情况下，可以只规定整个工期的平均一次性费率。但在任何情况下，建筑用机器、装备及设备必须单独以年费率为基础定价承保，不能与总的平均一次性费率混在一起。

七、建筑工程保险的赔偿处理

（一）物质损失部分项下的赔偿处理

1．赔偿方式

建筑工程保险中对于物质损失部分项下的保险财产遭受的损失，保险人可以选择支付赔款、修复或重置受损保险财产3种方式予以赔偿。

2．赔偿标准

（1）可以修复的部分损失的赔偿。

保险人对可以修复的部分损失，按照将保险财产修复至基本恢复其受损前状态所支出的修理费用扣除残值后的金额赔偿。但是，如果修理费用等于或超过保险财产受损前的价值，保险人按保险财产受损前的实际价值扣除残值后的金额赔偿。

项目七　解析工程保险

（2）实际全损或推定全损的赔偿。

在保险财产遭受实际全损的情况下，保险人按照保险财产受损前的实际价值扣除残值后的金额赔偿。如果发生推定全损，保险人有权不接受被保险人对受损财产的委付。

（3）施救费用的赔偿。

被保险人为了减少损失而采取的必要措施产生的合理费用，由保险人在保险金额内予以赔偿。

（二）第三者责任部分项下的赔偿处理

1．保险人对第三者索赔方索赔的处理

当发生第三者责任部分项下的索赔时，未经保险人的书面同意，被保险人或其代表对第三者索赔方不得做出任何责任承诺或拒绝、出价、约定、付款、赔偿。在必要时，保险人有权以被保险人的名义接办对任何诉讼的抗辩或索赔的处理。

2．保险人对第三者责任方代位追偿的权利

当保险工程的损失是因第三者的责任造成的时，保险人有权以被保险人的名义，为保险人自身的利益自付费用向任何第三者责任方索赔。在未经保险人书面同意的情况下，被保险人不得接受第三者责任方就有关损失做出的付款或赔偿安排，或者放弃对第三者责任方的索赔权利，否则由此引起的后果将由被保险人承担。

3．被保险人协助向第三者责任方追偿的义务

在就第三者责任方对保险工程损失所负责任而进行诉讼或处理索赔的过程中，保险人有权自行处理任何诉讼或解决任何索赔案件，被保险人有义务向保险人提供一切所需的资料和协助。

（三）损失赔偿时的免赔额扣除

为提高被保险人在施工时的安全意识，减少保险事故的发生，同时降低被保险人的保险费支出，建筑工程保险合同中规定，在赔偿保险财产的损失时应扣除免赔额。免赔额根据工程的性质、工程本身的危险程度、工地的自然地理条件和工期等因素，由被保险人和保险人协商确定。

1．不同项目适用的免赔额

建筑工程保险中的免赔额主要有以下几种。

（1）工程项目的免赔额，一般为保险金额的0.5%～2%。

（2）建筑用机器、装备及设备的免赔额，一般为保险金额的5%或损失金额的15%～20%，二者以高者为准。

（3）其他项目的免赔额一般为保险金额的2%。

（4）第三者责任部分对财产损失设置的免赔额，为每次事故赔偿限额的1%～2%。除另有约定外，第三者责任部分不对人身伤亡设置免赔额。

（5）地震、洪水、暴雨、暴风等特种危险的免赔额为固定金额。

2．免赔额扣除的注意事项

（1）对保险工程中不同项目损失的赔偿，须按保险合同的规定，分别扣除各自适用的

免赔额。

（2）如在一起保险事故中有多个项目受损，赔偿时只需扣除最高的免赔额。

（3）如对某个项目损失的赔偿，同时适用免赔额和免赔率，应按高者扣除。

（4）如保险工程项目损失的金额超过了保险金额，应从损失金额中扣除免赔额。

（5）如保险工程项目的被保险人有多个，扣除的免赔额应在他们之间分摊。

需要注意的是，保险人在对物质财产的部分损失和第三者责任的损失进行赔偿后，应出具批单，将保险合同项下的保险金额和赔偿限额从损失发生之日起进行相应的减少。如果被保险人要求恢复至原保险金额，应按约定的费率加交保险金额恢复部分的保险费后恢复原保险金额。

任务三　解读安装工程保险

任务情景

某企业承建某工程项目，欲投保工程保险，知悉某保险公司有建筑工程保险和安装工程保险。

若你是该保险公司的工作人员，请帮助客户分析建筑工程保险和安装工程保险的区别，并分析在哪些情况下需要投保安装工程保险。

知识探究

一、安装工程保险的概念和适用范围

安装工程保险即安装工程一切险，是以各种大型机器设备的安装工程项目在安装期内因遭受自然灾害和意外事故造成的物质损失，以及被保险人对第三者依法应承担的赔偿责任为保险标的的保险。

安装工程保险适用于安装各种工厂使用的机器设备、储油罐、钢结构工程、起重机、吊车，以及包含机械工程因素的任何建造工程。

二、安装工程保险的被保险人

所有对安装工程保险的保险标的具有保险利益的人均可成为安装工程保险的被保险人。安装工程保险的被保险人主要包括以下几方：①工程所有人；②工程承包人，包括主承包人和分承包人；③供货人，即负责提供被安装机器设备的一方；④制造商，即被安装机器设备的制造人；⑤技术顾问；⑥其他关系方，如贷款银行或债权人等。

三、安装工程保险的保险标的和保险金额

安装工程保险的保险标的与建筑工程保险一样，可分为物质财产本身和第三者责任两

类。为了便于确定保险金额，安装工程保险单明细表中列出的保险项目通常包括物质损失、特种危险赔偿和第三者责任 3 个部分。

（一）物质损失部分

1．安装工程项目

安装工程项目是安装工程保险的主要保险项目，包括被安装机器设备、装置、物料、基础工程（如地基、座基等），以及安装工程所需要的各种临时设施，如水、电、照明、通信设备等。安装工程项目可分为 3 类。

（1）新建工厂、矿山或某一车间生产线安装的成套设备。

（2）单独的大型机械装置，如发电机组、锅炉、巨型吊车等组装工程。

（3）各种钢筋结构建筑，如储油罐、桥梁、电视发射塔等的安装管道、电缆的铺设工程等。

安装工程项目的保险金额一般按照安装工程合同的总金额确定，待工程完毕后再根据其实际价值进行调整。当采用完全承包方式时，安装工程项目为合同承包价，当订货人对引进设备投保时，其保险金额为 CIF 合同价，即设备采购价、国内运费、保险费、关税和安装费的总和。

2．土木建筑工程项目

土木建筑工程项目是指新建、扩建厂矿必须有的工程项目，如厂房、仓库、道路、水塔、办公楼、宿舍、码头、桥梁等。

土木建筑工程项目的保险金额应为该工程项目建成的造价，包括设计费、材料设备费、施工费、运杂费、保险费、税款及其他有关费用等。这些项目一般不在安装工程合同以内，但可在安装工程项目内附带投保。其保险金额不得超过整个工程项目保险金额的 20%。超过 20%时，按建筑工程保险的费率收取保险费；超过 50%时，则需要单独投保建筑工程保险。

3．安装用机器设备

安装用机器设备的保险金额按重置价值确定。

4．场地清理费

场地清理费一般单独列出，其保险金额须由投保人与保险人协商确定，并在安装工程合同金额外单独投保。对于大工程，其保险金额一般不超过合同金额的 5%；对于小工程，一般不超过合同金额的 10%。

5．工程所有人或承包人在工地上的其他财产

工程所有人或承包人在工地上的其他财产是指除上述项目外的保险标的，其保险金额按重置价值确定。

（二）特种危险赔偿部分和第三者责任部分

安装工程保险的特种危险赔偿部分和第三者责任部分所包含的内容及赔偿限额的确定与建筑工程保险基本相同，此处不再赘述。

四、安装工程保险的保险责任与责任免除

（一）保险责任

安装工程保险的保险责任与建筑工程保险基本相同。在保险期限内，保险合同中分项列明的保险财产在列明的工地范围内，因遭受保险合同责任免除以外的任何自然灾害或意外事故而造成的损失，保险人承担赔偿责任。除此之外，安装工程保险物质损失部分的保险责任还包括以下内容。

（1）安装工程出现的超负荷、超电压、碰线、电弧、走电、短路、大气放电及其他电气原因引起的事故。

（2）安装技术不善引起的事故。

技术不善是指按照要求安装但没达到规定的技术标准，在试车时往往出现损失，因此承保时要对安装技术人员进行评价，以保证他们的技术水平符合被安装机器设备的要求。

（3）责任免除规定以外的其他不可预料的突然事故。

（二）责任免除

安装工程保险的责任免除与建筑工程保险基本相同，其不同之处有以下两点。

（1）因设计错误、铸造或原材料缺陷、工艺不善造成的保险财产本身的损失，以及为纠正这些错误所支付的费用。建筑工程保险将设计错误造成的损失一概除外，而安装工程保险将设计错误造成的本身损失除外，而对由此引起的保险财产的其他损失负责赔偿。

（2）由于超负荷、超电压、碰线、电弧、走电、短路、大气放电及其他电气原因造成电气设备或电器用具本身的损失。而安装工程保险对这些电气事故造成的其他财产损失负责赔偿。

典型案例

火电厂安装工程受损索赔案

案情介绍：

某市火电厂扩建二期工程，将其进口发电机组等设备投保安装工程保险，保险金额为5.2亿元，保险期限从发电机组设备离岸到发电机组安装调试完毕，共14个月。在安装完毕进行负荷调试运转的过程中，设备在开机后不久发出一声巨响，一组缸的活塞连杆冲破机壳，沿切线方向飞离机体，遇物反弹，缸体两边被撞烂，并在地板上砸出一个大坑，曲轴全毁。

在接到报案后，保险公司及时进行了现场查勘，邀请电力、商检等方面的专家对事故原因进行了认真、细致的分析和鉴定，并出具了检验证书。检验结论为：事故发生的原因是安装技术不善，加之机械制造有缺陷，造成连杆轴承底座机械应力集中，超出承受极限，致使机件疲劳运转，引起断裂，全机报废。这次损失总计近1200万元，其中，设备损失费1100万余元，运费50万余元，其他费用40万余元。

根据商检部门的检验报告，被保险人要求根据安装工程保险条款的规定（安装技术不善）进行赔偿。保险公司明确表示该事故属于保险责任，予以立案。但由于造成本次事故的原因中有制造商的原因（机械制造有缺陷），且制造商不是被保险人，考虑到保险公司赔偿后存在追偿问题，被保险人的当务之急是尽快重新引进设备，缩短损失恢复周期。保险公司建议被保险人及时通知制造商，并向其索赔，在得到其答复后保险公司再进行理赔。

国外的制造商在接到索赔通知后，一开始不承认产品存在质量问题，在被保险人向其提供了中国商检部门的检验报告后，厂方又派人专程到该火电厂进行了鉴定。尽管制造商始终未提供其自身的检验报告，但为了维护其商品的信誉，制造商同意赔偿一台新的设备，并负责支付相关的运费50万余元，同时派遣专家现场安装指导。

在得到制造商的赔偿答复后，通过双方协商，被保险人同意保险公司仅对这次事故合理的施救费用（包括机器调迁费、拆装费、机底油料损失费等）40万余元进行赔偿。

案例分析：

这是一起比较典型的既有保险责任又有制造商责任的安装工程保险的案例。在本案中，安装技术不善不属于保险条款的责任免除，保险公司理应赔偿。但由于存在制造商的责任，在保险公司赔偿后，存在一个追偿问题，所以在发生事故后，被保险人必须及时通知制造商，并取得权威的事故鉴定报告，这是保险公司进行理赔及下一步追偿的必要前提。

安装技术不善、机械制造有缺陷均是造成本次事故的原因，但何为近因，又如何区分保险责任造成的损失和非保险责任造成的损失比较困难。在这种情况下，制造商赔偿了设备及运费，保险公司对相关的施救费用进行了赔偿，对被保险人而言，可以说是一个比较好的赔偿方案。

本案启示：

对于进口设备的安装工程而言，应注意以下几点：动员客户在国内投保，便于发生事故后及时获得赔偿；在承保时，要尽可能不将制造商列为被保险人；在发生事故后，要及时聘请权威的专家进行鉴定，当确认存在制造缺陷后，要及时通知制造商，并及时向其索赔，确保索赔时效。

资料来源：王静. 财产保险业务（教师用书）[M]. 北京：中国财政经济出版社，2011.

五、安装工程保险的保险期限

（一）保险期限

安装工程保险的保险期限与建筑工程保险相同，即自保险工程在工地破土动工之日或用于保险工程的材料、设备等运抵工地时开始，至工程所有人对部分或全部工程签发完工验收证书或验收合格之日，或者工程所有人实际占有、使用、接收部分或全部工程之日时终止，以先发生者为准。但在任何情况下，安装工程保险的保险期限的开始时间不得早于保险合同约定的生效日期，其终止时间不得超出保险合同约定的终止日期。

（二）试车考核期

安装工程保险的保险期限一般包括试车考核期。试车考核是指在安装工程完毕后进行的冷试、热试和试生产。冷试是指单机冷车运转，热试是指全线空车联合运转，试生产是指加料全线负荷联合运转。试车考核期应根据保险合同的约定确定，一般不超过 3 个月，若超过 3 个月，须支付额外的保险费。

在实务中，安装工程保险试车考核期内出险的概率较高，约占整个工期出险的 50%，甚至 80% 以上。因此，对试车考核期的承保应非常谨慎，对于旧机器设备则不负责试车，试车开始保险责任即告终止。

（三）保证期

安装工程保险与建筑工程保险一样，在安装工程完毕后，一般还有保证期，是否投保，由投保人自行决定。

（四）保险期限的延展

在保险合同规定的保险期限内，若安装工程不能按时完工，则由投保人申请并加交规定的保险费后，保险人可签发批单，延展保险期限。

六、安装工程保险的费率

安装工程保险费率的厘定因素同建筑工程保险基本相同，除试车考核期为单独的一次性费率、安装用机器设备为单独的年费率外，其他项目均为整个工期的一次性费率。具体而言，安装工程保险的费率主要由以下几个部分构成。

（1）土木建筑工程项目、场地清理费及工程所有人或承包人在工地上的其他财产等，为一个总费率，实行整个工期一次性费率。

（2）试车考核期为一个单独费率，是一次性费率。

（3）安装用机器设备为单独的年费率。

（4）保证期费率，实行整个保证期一次性费率。

（5）各种附加险增收保险费，实行整个工期一次性费率。

（6）第三者责任保险，实行整个工期一次性费率。

七、安装工程保险的赔偿处理

安装工程保险的赔偿处理与建筑工程保险基本相同，故不再赘述。

延伸阅读

建筑工程保险和安装工程保险的区别

建筑工程保险和安装工程保险有许多相似之处，但因二者保险标的的风险性质不同，也有一些区别，主要表现在以下几个方面。

（1）建筑工程保险的保险标的价值自开工之后逐步增加，风险责任也随着保险标的价值的增加而增加，致使危险越来越集中；而安装工程保险的保险标的价值在整个保险期限内基本没有变化，危险程度的变动不大。

项目七 解析工程保险

（2）建筑工程保险与安装工程保险的保险标的所处的环境及性质不同。建筑工程保险的保险标的多处于暴露状态，遭受自然灾害破坏的可能性较大；安装工程保险的保险标的多半在建筑物内，自然风险较小，但由于机器设备安装的技术性较强，遭受人为事故破坏的可能性较大。

（3）在建筑工程保险中，风险责任一般贯穿于施工过程中。而对于安装工程保险，只要机器设备正常运转，则许多风险事故都不易发生；虽然风险事故的发生与整个安装过程有关，但只有到安装完毕后的试车、考核和保证阶段，各种问题及施工过程中的缺陷才会充分暴露出来。

（4）由于安装工程的特点，安装工程保险的试车考核期风险较大，而建筑工程保险的保证期风险相对较小。

（5）在安装工程施工过程中，机器设备本身的质量，安装者的技术状况、责任心，安装中的电、水、气供应，以及施工设备、施工方式等的任何疏忽都可能是导致风险事故发生的主要原因。

任务四　解读机器损坏保险

任务情景

某公司欲对其财产投保企业财产保险一切险，但被保险公司工作人员告知，除投保企业财产保险一切险外，还应加机器损坏保险。客户感到非常困惑：企业财产保险一切险的范围里已经有了对机器设备的保障，为何还要专门投保机器损坏保险？

若你是该保险公司的工作人员，请向客户介绍机器损坏保险的主要内容，并说明为什么在投保企业财产保险一切险的基础上又要专门投保机器损坏保险、二者有何区别。

知识探究

一、机器损坏保险的概念与特点

（一）机器损坏保险的概念

机器损坏保险是以各类已安装完毕并投入运行的机器为保险标的，承保被保险机器在保险期限内工作、闲置或检修保养时，因人为的、意外的或物理性原因造成的物质损失的一种保险。如果一台机器同时投保了火灾保险和机器损坏保险则能获得完全的保障，因此机器损坏保险还可以作为企业财产保险的附加险来承保。

（二）机器损坏保险的特点

1. 按重置价值确定保险金额

一般财产保险的保险金额是在投保时按实际价值确定的，当发生损失时按市场价值计算赔款。而机器损坏保险中承保的机器不论新旧，都按重置价值确定保险金额。

165

2. 承保的风险主要是人为事故

机器损坏保险是财产保险中的一个特有的险种,不负责其他财产保险所负责的自然灾害造成的损失,只对人为事故所致的损失负责赔偿,这主要是为了避免与一般财产保险的保险责任范围重复。因此,企业为获得充分的保障,在投保企业财产保险的同时最好投保机器损坏保险。

3. 有停工退费的规定

机器损坏保险承保的是已安装完毕并投入运行的机器,负责其在运行中的损失,而有些季节性的机器,如制冷机器等往往有停工期,在停工期内风险将大大降低,故要退还一定的保险费,这项规定是其他财产保险所没有的。

二、机器损坏保险的保险标的

机器损坏保险的保险标的是各类已安装完毕并投入运行的机器,包括各类机器、工厂设备、机器装置等,如发电机组、电力输送设备(变压器和高低压设备)、生产机器和附属设备(机器工具、造纸机、织布机、抽水机),但主要是各类工厂、矿山的大型机器设备和机具。投保人在投保该险种时,一般要求将一个工厂或一个车间的机器全部投保。

三、机器损坏保险的保险责任与责任免除

(一)保险责任

(1)在保险期限内,因下列原因引起或构成突然的、不可预料的意外事故造成的物质损失,保险人按照保险合同的约定负责赔偿。

① 设计、制造或安装错误,铸造和原材料缺陷。
② 工人或技术人员操作错误、缺乏经验、技术不善,或者疏忽、过失、恶意行为。
③ 离心力引起的断裂。
④ 超负荷、超电压、碰线、电弧、漏电、短路、大气放电、感应电及其他电气原因。
⑤ 责任免除规定以外的其他原因。

(2)保险事故发生后,被保险人为防止或减少保险标的的损失所支付的必要的、合理的费用,保险人按照保险合同的约定也负责赔偿。

(二)责任免除

(1)由于下列原因造成的损失、费用,保险人不负责赔偿。

① 被保险人及其代表的故意行为或重大过失行为。
② 被保险人及其代表已经知道或应该知道的被保险机器及其附属设备在本保险开始前已经存在的缺点或缺陷。
③ 战争、类似战争行为、敌对行为、武装冲突、恐怖活动、谋反、政变、罢工、暴动、民众骚乱。
④ 政府命令没收、征用、销毁或毁坏的机器。
⑤ 核裂变、核聚变、核武器、核材料、核辐射及放射性污染。

⑥ 机器运行必然引起的后果，如自然磨损、氧化、腐蚀、锈蚀、孔蚀、锅垢等物理变化或化学反应。

⑦ 由于公用设施部门的限制性供应及故意行为或非意外事故引起的停电、停气、停水。

⑧ 火灾、爆炸。

⑨ 地震、海啸及其次生灾害。

⑩ 雷击、台风或飓风、龙卷风、暴风、暴雨、洪水、冰雹、地崩、山崩、雪崩、火山爆发、地面突然下陷下沉及其他自然灾害。

⑪ 飞机坠毁、飞机部件或飞机物体坠落。

⑫ 机动车碰撞。

⑬ 水箱、水管爆裂。

（2）下列损失、费用，保险人也不负责赔偿。

① 保险事故发生后引起的各种间接损失或费用。

② 各种传送带、缆绳、金属线、链条、轮胎、可调换或可替代的钻头、钻杆、刀具、印刷滚筒、套筒、活动管道、玻璃、磁、陶、钢筛、网筛、毛毡制品、一切操作中的媒介物（如润滑油、燃料、催化剂等）及其他各种易损或易耗品。

③ 根据法律或合同约定应由供货人、制造人、安装人或修理人负责的损失或费用。

④ 被保险机器在修复或重置过程中发生的任何变更、性能增加或改进所产生的额外费用。

⑤ 保险合同中载明的免赔额或按免赔率计算的免赔额。

典型案例

电力设备致损案

案情介绍：

某电力有限公司以重置价值向某保险公司投保机器损坏保险，保险期限为一年。在保险期间，某日凌晨，该公司工作人员如常对各发电机组进行巡查，发现有水从冷却器顶端排氧管漏出。在检查漏水原因的过程中，突然一声巨响，发电机骤停，导致发电机组主机、主变压器、厂用变压器受损严重，该工作人员立即向保险公司报案。经某公估公司核损，确定损失金额为 4 793 842.5 元。

根据电气专家、公估公司专业人员及该公司安全委员会的共同分析，事故原因是 3 号机组的发电机氢气冷却器的排空气管因腐蚀、漏水等原因导致排空气门门杆断裂，引起线路短路，产生爆炸和强电弧，从而导致相关设备损坏。在保险理赔中，保险双方围绕事故险种的界定产生了纠纷。因为事故现场发生"爆炸"，有观点认为这是一次财产保险项下的事故，也有观点认为这是机器损坏保险项下的事故。后者认为，因为主要损失是由于短路产生强电弧引起的，所以应归结为机器损坏保险项下的事故，应扣除机器损坏保险项下的免赔额。

案例分析：

事故直接与排空气管的腐蚀和排空气门门杆的断裂有关，按机器损坏保险条款"责任免除"的规定，因腐蚀导致的直接或间接损失都属于责任免除，但腐蚀不是排空气门门杆断裂的唯一原因。按要求，排空气门门杆是活动部件，有一定使用寿命，需要定期更换，但这个门杆没有到规定的使用寿命，出现断裂是材质问题，属于机器损坏保险条款"原材料缺陷"的保险责任范围。所以，本案被认定属于机器损坏保险的保险责任范围。

本案启示：

在处理案件时，对事故责任的认定是比较复杂的，需要仔细分析各种因素，特别应该查对元器件的使用寿命。以上案例说明，大多数设备元器件在使用过程中必然有磨损或腐蚀，所以都有使用寿命。如果简单地判断事故原因是腐蚀而予拒赔，被保险人会非常反感，觉得保险公司拒赔大部分赔案，参加保险没有意义。设备元器件在使用过程中没到使用寿命就出现问题，证明元器件没能有效对抗本该可以承受的腐蚀和磨损强度，在设计或材质上存在缺陷，应属于机器损坏保险的保险责任范围；反之，如果该元部件已经到了使用年限而出现事故，磨损或腐蚀就是损失的直接原因，是必然的后果，不属于机器损坏保险的保险责任范围。

资料来源：董玉凤，戴丽. 财产保险[M]. 北京：中国金融出版社，2014.

四、机器损坏保险的保险金额和免赔额

在机器损坏保险中，不论被保险机器及其附属设备的新旧程度如何，其保险金额均按重置价值确定，即重新置换统一产品或相似型号、规格、性能的新机器的价格，包括出厂价格、运费、税款、可能支付的关税及安装费用。如果被保险机器不止一项，应分项列明保险金额。如果机器的底座、附件需要保险，应在保险单中注明，并相应增加保险金额。

为了加强被保险人的安全生产责任心，保险人可根据机器的性质、大小、新旧、保养和使用情况与被保险人商定一个每次事故的免赔额（率）。同一保险单中各种机器的情况不同，免赔额可以不同。如果在一次事故中有多个项目发生损失，被保险人只承担这些项目中最高的免赔额。

五、机器损坏保险的费率和停工退费

机器损坏保险的费率按照机器的类型和用途确定，投保人应按不同机器逐台或逐类申报其价值，并开列清单，列明制造商名称、型号、功率、容量、速度、负荷等数据，电器设备应列明电压、电流等，蒸汽设备应列明燃料、压力、温度等，以供保险人确定平均费率。同时，被保险人的管理和技术水平、防损和安全措施、近年内的损失和修理费用等，对费率的确定也产生重要影响。一般年费率为 0.15%～2.5%。

在机器损坏保险中，如果承保的锅炉、汽轮机、蒸汽机、发电机或柴油机连续停工超过 3 个月（包括修理，但不包括由于发生保险责任范围内损失后的修理），停工期间的保险费应退还给被保险人，应退保险费的计算公式为：

$$应退保险费 = 保险金额 \times 年度费率 \times 按规定退还的比例$$

停工期间的退保费率如表 7-1 所示。

表 7-1　停工期间的退保费率

连续停工（月）	退保费率（%）
3～5	15
6～8	25
9～11	35
12	50

需要注意的是，这种停工退费的规定不适用于季节性的工厂使用的机器。

六、机器损坏保险的赔偿处理

（一）赔偿方式

机器损坏保险的赔偿方式有 3 种：现金支付、置换受损机器和赔偿修理费用。对每部机器的赔偿金额不得超过其分项保险金额，全部赔偿金额不得超过保险单规定的总保险金额。如果被保险机器遭受全部毁损，保险人一般根据其实际价值进行现金赔偿。但是，大多数情况下，机器是可以修理的，保险人会选择赔偿修理费用。

（二）赔偿标准

1. 修理费用的赔偿

如果被保险机器发生损失后可以修理，则保险人赔偿基本修复到原状的修理费用，包括受损机器的拆除费用、重装费用、运输费用、税款等，但最高赔偿金额不超过受损机器的保险金额。其计算公式为：

$$赔偿金额=修理费用-残值-免赔额$$

如果受损机器由被保险人在车间自行修理，则保险人赔偿材料费用、为修理而支付的工资及其他合理费用。如果采取临时修理方式，其费用构成最后修理费用的一部分，并且没有增加总修理费用时，保险人也负责赔偿。

修理时若需要调换零部件，可以不扣除折旧，但残值应在赔偿金额中扣除。如经保险人书面同意，对更换零部件产生的加班费用、夜班费用、节假日工作的费用及运输费用等额外费用，保险人也负责赔偿。但对机器进行技术改造、更新或彻底进行检修所支付的费用，保险人不予赔偿。

2. 全部损失的赔偿

被保险机器遭受全部毁损，保险人负责赔偿，但应扣除残值。如果保险金额等于或高于重置价值，保险人按重置价值赔偿，计算公式为：

$$赔偿金额=重置价值-残值-免赔额$$

如果保险金额低于重置价值，保险人按比例赔偿损失，计算公式为：

$$赔偿金额=年保险金额/损失时的重置价值×损失金额$$

延伸阅读

工程保险方案书的制作

工程保险方案书的作用是从项目现状和客户的现实及潜在需求的角度出发，分析保险市场、设计保险方案、提出操作流程，并以书面形式、通俗易懂的语言为客户提供专业的保险建议，从而协助客户完善风险管理体系。一份优秀的工程保险方案书不仅是其专业性的体现，也是增强客户信任度的重要手段。工程保险方案书一般包含以下内容。

（1）序或答谢函：此部分字数不宜过多，内容应相对固定。

（2）企业和工程的简介：包括企业坐落地址、资产情况、销售情况、规模、业内地位、人员情况、主要产品、行业属性、上级主管部门及特殊任务的特殊荣誉等，以及工程简要描述。为呈现更好的效果，可配置企业外景或主要产品或有企业标志的图片。

（3）企业及其工程以前各年度保险情况综述：可运用以往的保险及理赔情况进行保险成本、风险分析，以图表的形式呈现将更为直观。

（4）本保险建议的主要特点。

（5）企业或工程的风险分析：结合行业标准，运用保险公司的承保经验，结合企业的实际情况进行风险分析，并附风险调查表。

（6）风险管理建议：根据风险点分析制作风险管理建议表，包括风险的规避、控制、转移、自担及保险转嫁。

（7）保险建议：包括险种组合及主要保险责任描述。

（8）保险公司或经纪公司的简介及服务内容：篇幅应简短精要，内容应相对固定，主要强调保险服务。

（9）结束语。

资料来源：根据百度文库资料编辑整理。

专业能力训练

◇ 思考讨论

1．如何判定建筑工程保险的保险责任？
2．如何划分建筑工程保险的保险期限？
3．建筑工程保险和安装工程保险有何区别？
4．影响建筑工程保险费率的因素有哪些？
5．机器损坏保险的保险责任是什么？

◇ 案例分析

1．某年1月底，某服饰城4号馆至5号馆之间的天桥改造工程由服饰工程部经理管某发包给一名没有资质的个体户施工。同年2月10日晚10时许，一名无证施工人员在天桥上进行电焊气割作业，由于违章操作，导致气割熔渣飞溅到 4 号馆一店铺内，引燃铺内物品，酿成火灾。事后，该服饰城向保险公司索赔。请分析，保险公司是否应承担赔偿责任？

2．某建筑公司在承建某机关单位主管的工厂并对其进行技术改造时，对扩建的四车间投保建筑工程保险，保险金额为 560 万元，按工程概算总造价投保金额应为 800 万元。在施工过程中，由于天气变化，连续 3 天降大雨，导致扩建工程的地基下陷，厂房倒塌损失 200 万元，机器损失 100 万元。请根据该案例，回答下列问题：

（1）根据建筑工程保险条款的规定，地基下陷是否属于其保险责任范围？
（2）该建筑工程保险的被保险人可以是谁？
（3）在建筑工程保险中，保险人赔偿被保险人的方式有哪些？
（4）若按专家在查勘后得到的结论，地基下陷为该地区地质结构形成熔岩坍塌所致，若免赔率为 2%，则保险人负责赔偿的损失应为多少？
（5）如果损失原因为该厂抽用地下水过量，致使沙土流失严重，再加上连降大雨导致地基下陷，保险人是否承担赔偿责任？

◇ 综合实训

实训一 工程保险产品分析

实训目的：运用工程保险主要内容和险种的相关知识，解读工程保险条款。

实训要求：选择目前保险市场上某一家保险公司的建筑工程保险产品，详细阅读保险合同的条款，进行保险产品利益演示。

实训二 工程保险方案书的制作

实训目的：运用工程保险的相关知识，明确工程保险产品的主要保险责任，根据客户的情况，制作工程保险方案书。

实训要求：选择当地的一家建筑企业，进行实地调研，分析该企业面临的主要风险，根据其真实情况制作一份工程保险方案书，要求方案书的内容完整，具有针对性。

项目八
解析农业保险

学习目标

知识目标

- 掌握农业保险的概念及特点
- 了解农业保险的作用、分类、经营模式
- 掌握种植业保险、养殖业保险的主要内容
- 了解农产品价格指数保险、农业收入保险、农业气象指数保险等创新产品及其意义

技能目标

- 能解读常见种植业保险与养殖业保险条款,辨析农业保险的产品种类
- 能运用农业保险基础知识进行保险实务案例分析
- 能运用农业保险理赔知识进行保险理算

关键术语

农业保险　种植业保险　养殖业保险　农产品价格指数保险　农业收入保险　农业气象指数保险

项目八 解析农业保险

知识结构

```
                                    ┌── 农业保险的概念
                                    ├── 农业保险的特点
                      ┌─ 初识农业保险 ─┼── 农业保险的作用
                      │             ├── 农业保险的分类
                      │             └── 我国农业保险的经营模式
                      │
                      │             ┌── 生长期农作物保险
                      ├─ 解读种植业保险 ┼── 收获期农作物保险
                      │             └── 森林保险
        解析农业保险 ──┤
                      │             ┌── 大牲畜保险
                      │             ├── 小牲畜保险
                      ├─ 解读养殖业保险 ┼── 家禽保险
                      │             ├── 水产养殖保险
                      │             └── 特种养殖保险
                      │
                      │             ┌── 农产品价格指数保险
                      └─ 农业保险产品创新 ┼── 农业收入保险
                                    └── 农业气象指数保险
```

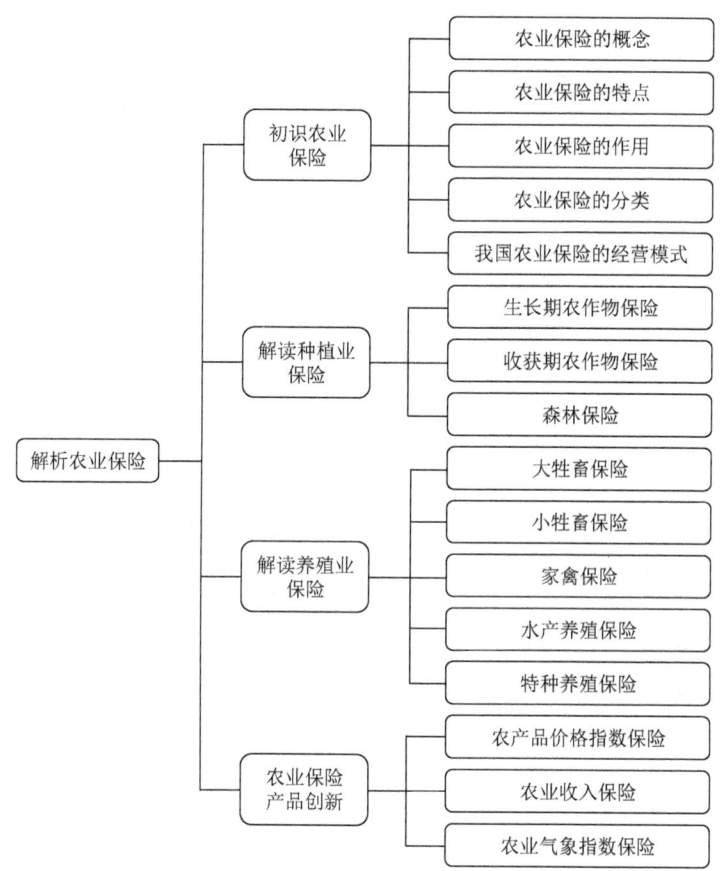

案例导入

农业保险为"三农"编织"安全网"

"真是太感谢了,要不是买了农业保险,今年的损失就太大了!"受 2018 年"5·16"极端天气影响,江苏省宿迁市宿城区陈集镇王庄村种植大户陈某某的 100 多亩蔬菜大棚受损,很快,保险公司送来了 20.6 万元赔款。那一刻,陈某某紧皱多日的眉头终于舒展开来。值得一提的是,年初,陈某某的 100 多亩蔬菜大棚还曾受到雪灾重创,保险公司赔付了 137.14 万元。两次遭受自然灾害,丝毫没有动摇陈某某继续发展农业事业的信心,这得益于保险公司的及时赔付,而这更是农业保险发挥社会"稳定器"和经济"助推器"功能的一个生动缩影,农业保险为"三农"编织起一张"安全网"。

资料来源:根据中国兴农网相关报道编辑整理。

据统计,21 世纪以来,我国平均每年因自然灾害造成的直接经济损失超过 3000 亿元,

173

因自然灾害每年大约有 3 亿人次受灾。其中，农民是最大的受害者，以往救灾主要靠民政救济、中央财政的应急机制和社会捐助，而农业保险的开展无疑可使农民得到更多的补偿和保障。

任务一 初识农业保险

任务情景

2016 年 6 月，长江流域遭受多轮强降雨过程，沿线省市洪涝灾害严重。洪水给农民带来了巨大的财产损失：农田被淹，颗粒无收；房屋倒塌，居所灭失；还有一些因洪涝灾害引发的各类财产纠纷，困扰着农民的再生产。

请根据农业保险基础知识分析，有哪些与农业风险相关的保险产品可以为农业生产保驾护航？

知识探究

一、农业保险的概念

农业保险有狭义与广义两种理解。

狭义的农业保险仅指种植业保险与养殖业保险，指为农业生产者在从事种植业和养殖业的自然生产和初加工过程中，因遭受自然灾害或意外事故所造成的损失提供经济补偿的保险，又称两业保险。

广义的农业保险，指所有面向农村开办的各类保险业务，不仅包括种植业保险与养殖业保险，还包括农业生产者的家庭财产保险和人身保险，乡镇企业的各种财产、人身、责任保险等，又称农村保险。例如，我国新设立的几家专业农业保险公司的经营范围就比较广泛，除两业保险外，还涵盖了农房保险、农用机械保险、农村居民的机动车辆保险、意外保险、责任保险等，以发挥"以险养险"的作用。

我国《农业保险条例》第二条规定："本条例所称农业保险，是指保险机构根据农业保险合同，对被保险人在种植业、林业、畜牧业和渔业生产中因保险标的遭受约定的自然灾害、意外事故、疫病、疾病等保险事故所造成的财产损失，承担赔偿保险金责任的保险活动。"显然，这里的农业保险是指狭义的农业保险。

《农业保险条例》第三十二条还界定了涉农保险的概念："涉农保险是指农业保险以外、为农民在农业生产生活中提供保险保障的保险，包括农房、农机具、渔船等财产保险，涉及农民的生命和身体等方面的短期意外伤害保险。"

综上，农业保险和涉农保险的总和就构成了农村保险的内涵。农村保险是一个地域性的概念，即在农村范围内所开展的各种保险的总和，对应通常所指的广义的农业保险。我国学术界和实务界目前一般采用狭义的农业保险的概念，以下的分析也仅限于狭义的农业保险。

> 延伸阅读

《农业保险条例》简介

《农业保险条例》(以下简称《条例》)于 2012 年 11 月 12 日由国务院公布,并于 2013 年 3 月 1 日起施行,根据 2016 年 2 月 6 日《国务院关于修改部分行政法规的决定》修订。《条例》的出台填补了《中华人民共和国农业法》和《中华人民共和国保险法》未涉及的农业保险领域的法律空白,对促进农业保险事业的健康发展意义重大。

《条例》分为总则、农业保险合同、经营规则、法律责任、附则,共 5 章,32 条。《条例》从农业保险的性质、经营主体、保障范围、政府作用、保险合同的特殊规定及农业保险的特殊经营规则 6 个方面规范了农业保险活动。

《条例》规定国家支持发展多种形式的农业保险,健全政策性农业保险制度,对符合规定的农业保险由财政部门给予保险费补贴,对农业保险经营依法给予税收优惠,并建立财政支持的农业保险大灾风险分散机制,鼓励金融机构加大对投保农业保险的农民和农业生产经营组织的信贷支持力度。此外,《条例》还规定保险机构应当有完善的农业保险内控制度,有稳健的农业再保险和大灾风险安排及风险应对预案,禁止以虚构或虚增保险标的、虚假理赔、虚列费用等任何方式骗取财政给予的保险费补贴。对违反《条例》规定行为的法律责任进行了明确规定。

资料来源:根据《农业保险条例》编辑整理。

二、农业保险的特点

农业是利用动植物的生理机能,通过人工培育获得大量产品的社会生产部门。它为人民生活和国家建设提供粮食、副食品和轻化工原料,是国民经济的基础。农业生产的特点是自然再生产与经济再生产结合在一起、生产周期长、自然条件影响大、生产的季节性和不稳定性强等。农业保险必须符合农业生产的特点,因此农业保险虽然属于财产保险的一部分,但相较其他财产保险,具有以下不同特点。

(一)生命性

农业保险的保险标的是有生命力的动植物,每时每刻都在生长变化中,其生长具有自身规律,不同时间出险,其损失价值就不同,赔偿标准也不同。生长期农作物受灾后往往有一定的自我恢复能力,这使农业保险的定损变得复杂,往往需要在收获时进行二次定损。有些农产品的价值与其生命的鲜活性成正比,其损失后价值贬损快,必须迅速处理,这就要求保险人必须迅速查勘,否则现场易灭失,势必扩大损失,增加保险人的经营风险。

(二)地域性

各种有生命的动植物的生长和发育都要具备严格的自然条件。然而,由于各地区的地形、气候、土壤等自然条件不同,再加上社会经济、生产条件、技术水平的不同,形成了动植物独特的地域性特点。农业灾害也呈现明显的地域性,如海南受台风灾害较多,西南地区受泥石流等灾害较多，中原地区受干旱灾害较多，因此开展农业保险只能因地制宜，各省市农业保险的品种、范围、保险费及赔偿金额都会不同，而不应该强求全国统一。

（三）季节性

由于动植物的生长受自然因素的制约，具有明显的季节性特点，因此农业灾害也具有季节性特点。这就要求保险人必须对动植物的生物学特性和自然生态环境有正确的认识，掌握农业保险各种保险标的和农业灾害的季节性特点，不误农时开展农业保险业务，如农作物保险一般是春天展业，秋后待农作物收获责任期结束。农业保险的季节性特点，决定了保险人在展业、承保、理赔、防灾防损等技术环节，要认真把握农业生产的自然规律，尤其是农业生产的季节性变化这个鲜明的特点。

（四）连续性

动植物在生长过程中，是紧密相连不能中断的，并且是相互影响和相互制约的，所以农业保险具有连续性的特点。因此，保险人要考虑动植物生长的连续性，要有全面和长期的观点，使农业保险业务稳步发展。

（五）政策性

农业保险的高风险性和高成本性及由此带来的高费率，使纯市场运作方式失灵，需要政府干预。许多国家都把农业保险作为政策性保险业务，我国自2007年中央财政启动试点政策性农业保险保险费补贴机制以来，低迷多年的农业保险进入快速增长通道。农业保险的政策性，一方面体现在农业保险是国家支农惠农政策的措施之一，国家对参加农业保险的农民提供保险费补贴，对经营农业保险的机构实行一定优惠政策；另一方面体现在农业保险的实施必须依靠政府及有关部门强有力的推动和相互配合，从制订方案、宣传推广到组织发动都扮演重要的角色。

（六）周期性

动植物的生命周期长短不一，由此决定了农业保险也要依据动植物的生命周期进行，并据此确定保险期限、赔偿金额。大多数农业风险也具有明显的周期性特点，无论是地震还是干旱、洪水等，它们的发生都呈现出一定的周期性特点，人们常说的某种自然灾害"十年一遇、百年一遇"实际上就是对自然灾害周期性的一种通俗描述。这就使得农业保险的经营成果具有某种周期性特征，表现在无大灾的年份某农业保险的赔付率不高，但在大灾年份则出现严重超赔。这就要求农业保险的开办和投保应当是连续的，至少要超过当地农业风险的一个周期，否则难以在时间上分散农业风险，进而影响农业保险业务的稳定性。

延伸阅读

我国农业保险补贴政策与标准

2016年年底，财政部印发《中央财政农业保险保险费补贴管理办法》，从2017年1月1日起实施。该办法对农业保险保险费补贴政策、方案、保障、管理等方面都进行了详细的规定。

中央财政补贴险种标的主要包括：种植业，如玉米、水稻、小麦、棉花、马铃薯、油料作物、糖料作物；养殖业，如能繁母猪、奶牛、育肥猪；森林，如已基本完成林权制度改革、产权明晰、生产和管理正常的公益林和商品林；其他品种，如青稞、牦牛、藏系羊（以下简称"藏区品种"）、天然橡胶，以及财政部根据党中央、国务院要求确定的其他品种。

对于上述补贴险种，全国各地均可自主自愿开展，在地方自主自愿开展并符合条件的基础上，财政部按照以下规定提供保险费补贴。

（1）种植业。在省级财政至少补贴25%的基础上，中央财政对中西部地区补贴40%、对东部地区补贴35%；对纳入补贴范围的新疆生产建设兵团、中央直属垦区、中国储备粮管理总公司、中国农业发展集团有限公司等（以下统称"中央单位"），中央财政补贴65%。

（2）养殖业。在省级及省级以下财政（以下简称"地方财政"）至少补贴30%的基础上，中央财政对中西部地区补贴50%，对东部地区补贴40%；对中央单位，中央财政补贴80%。

（3）森林。公益林在地方财政至少补贴40%的基础上，中央财政补贴50%；对大兴安岭林业集团公司，中央财政补贴90%。商品林在省级财政至少补贴25%的基础上，中央财政补贴30%；对大兴安岭林业集团公司，中央财政补贴55%。

（4）藏区品种、天然橡胶。在省级财政至少补贴25%的基础上，中央财政补贴40%；对中央单位，中央财政补贴65%。

在上述补贴政策基础上，中央财政对产粮大县三大粮食作物（稻谷、小麦和玉米）保险进一步加大支持力度。

对省级财政给予产粮大县三大粮食作物农业保险保险费补贴比例高于25%的部分，中央财政承担高出部分的50%。其中，对农户负担保险费比例低于20%的部分，需先从省级财政补贴比例高于25%的部分中扣除，剩余部分中央财政承担50%。在此基础上，如省级财政进一步提高保险费补贴比例，并相应降低产粮大县的县级财政保险费负担，中央财政还将承担产粮大县县级补贴降低部分的50%。

当县级财政补贴比例降至0时，中央财政对中西部地区的补贴比例，低于42.5%（含42.5%）的，按42.5%确定；在42.5%至45%（含45%）之间的，按上限45%确定；在45%至47.5%（含47.5%）之间的，按上限47.5%确定。对中央单位符合产粮大县条件的下属单位，中央财政对三大粮食作物农业保险保险费补贴比例由65%提高至72.5%。

资料来源：根据《中央财政农业保险保险费补贴管理办法》编辑整理。

三、农业保险的作用

（一）农业保险对农民个人的作用

农业保险可以使投保农民在遭受保险责任范围内的灾害后及时得到经济补偿，尽快恢复农业生产，可以转移和分散风险，由参加农业保险的农民共同分担损失，以赔偿支付的方式保障农民生活的稳定。

（二）农业保险对农村经济的作用

农业保险有助于稳定农业再生产，保障农业再生产过程的持续性，保护农业资源。同时，农业保险有调节农村经济、稳定物价的作用，因为农业保险的实施，可以将大额的、不定的农业风险损失，转化为小额的、固定的农业保险保险费的交纳，从而节约部分开支。而降低农业生产成本，帮助农民及时恢复生产，也可以保证农产品的供给和稳定农产品的物价水平，保证社会对农产品的正常消费。

（三）农业保险对整个国民经济的作用

在我国，农业是国民经济的基础，农业经济的波动是引发国民经济周期波动的重要因素。因此，农业上因风险造成的损失，不仅会导致农业再生产过程不稳定，更会使整个国民经济处于不稳定状态。相应地，农业保险在直接促进农业生产活动稳定发展的同时，也间接保证整个国民经济的协调发展。

典型案例

农业保险确保农民受灾不减收

案情介绍：

"真没想到，一分钱不用交也能入保险，一亩小麦受灾能得到200多元的赔偿，这对我们老百姓来说真是实实在在的好政策。"2018年6月5日，说起政策性农业保险带来的好处，河南省平顶山市郏县安良镇鲁庄村的鲁某某高兴地说。

2018年4月初，郏县遇到了"倒春寒"，气温低至1.3℃，小麦冻害较重；收获前夕，又遇到连阴雨天气，光照不足，高温高湿导致小麦出现秕子、生芽霉变，鲁某某看着自己的几十亩受灾麦田忧心忡忡。麦收前夕，县里的技术专家和中原农险公司郏县营销部的勘查员及时来到他的受灾田里，核实并评估灾情，当即告知他受灾较重的50余亩小麦可以获得近万元的赔偿款，这让他顿时笑逐颜开。

郏县对全县政策性小麦种植保险实施全覆盖，农民不需要掏一分钱，即可享受小麦种植保险，所需保险费27元由中央、省、市、县全额（其中中央财政承担40%，省财政承担40%，市、县财政各承担10%）补贴。凡遇无法抗拒的自然灾害，对农户种植的小麦造成损失时，保险公司按照小麦生长不同时期、不同标准分类赔偿，最高赔偿447元/亩。

本案启示：

这正是政策性农业保险发挥支农惠农作用的结果，政策性农业保险切实减轻了农民的负担，确保了农民受灾不减收。

资料来源：根据《河南日报》（农村版）2018年6月8日报道编辑整理。

四、农业保险的分类

农业保险种类多、涉及面广。数据显示，目前我国农业保险开办区域已覆盖全国所有省份，承保农作物品种达到270余种，基本覆盖农、林、牧、渔各个领域。根据不同的划分标准，农业保险有不同的分类。

（一）按是否享受扶持政策分类

按是否享受扶持政策分类，农业保险可分为政策性农业保险和商业性农业保险。

（1）政策性农业保险是指政府给予财政补贴、税收优惠等政策扶持，不以营利为目的，而是为了实现政府的农业和农村经济发展的政策目标而实施的农业保险。

（2）商业性农业保险是指由保险机构完全按照商业化的运作方式，以营利为目的而经营的农业保险。

（二）按保险责任范围不同分类

按保险责任范围不同分类，农业保险可分为单一风险保险、多风险保险和一切险保险。

（1）单一风险保险，即只承保一种风险的保险，如小麦雹灾保险、林木火灾保险等。

（2）多风险保险，即承保一种以上可列明风险责任的保险，如水稻种植保险可以承保风灾、冻害等。

（3）一切险保险，即除不保的风险外，其他风险都予以承保的保险。这里的一切险并不是指承保一切风险，其责任范围较广，但是仍限于自然灾害，主要是气象灾害和病虫害。

（三）按保险对象不同分类

按保险对象不同分类，农业保险可分为种植业保险和养殖业保险。

（1）种植业保险是指以农作物及林木为保险标的，对在生产或初加工过程中发生约定的灾害事故造成的经济损失承担赔偿责任的保险。

（2）养殖业保险是指以有生命的动物为保险标的，在投保人支付一定的保险费后，对被保险人在饲养期间遭受保险责任范围内的自然灾害、意外事故、疾病所造成的经济损失承担赔偿责任的保险。

五、我国农业保险的经营模式

从中华人民共和国成立至今，我国农业保险经历了试办、探索、停办、恢复、滑坡到快速推进的曲折进程。从准商业化独立经营的中国人民保险公司，到农业相互保险公司的非营利性经营，再到政府或其他部门试验的政策性经营，我国农业保险经历了艰苦的探索。自2004年起，中央一号文件提出"加快建立政策性农业保险制度"，国内组织形式各异的农业保险公司如雨后春笋般兴起，开辟了我国农业保险快速推进的新起点，并形成了各具特色的农业保险经营模式。当前我国农业保险的经营模式主要是政府引导和扶持下的商业保险公司和相互保险公司，具体包括以下内容。

（一）与地方政府签订协议，由商业保险公司代办农业保险

许多大型保险公司都在政府的扶持下积极开展农业保险业务，分支机构覆盖广、险种多、经验丰富。

（二）设立专业股份制农业保险公司

2004年3月，原中国保险监督管理委员会批准上海安信农业保险公司筹建，这是我国第一家专业股份制农业保险公司，此后相继成立并营业的还有安华农业保险、国元农业保险、中原农业保险等专业股份制农业保险公司。其经营思路是"以险养险"，通过有效益的农村财产保险和意外伤害保险等的收益来贴补种植业和养殖业可能产生的亏损。

（三）设立相互制农业保险公司

2005年1月成立的阳光农业相互保险公司，是我国唯一一家相互制农业保险公司，是专业化相互制农业保险公司经营模式的有益探索。公司目前开办包括水稻、玉米、大豆、小麦、马铃薯等在内的种植业保险和包括奶牛、能繁母猪等在内的养殖业保险，以及财产保险、责任保险、机动车辆保险和其他涉农保险等主险产品100余种，目前在黑龙江和广东两省共设有200多家分支机构。

（四）引进农业保险方面有专长的外资保险公司

法国安盟-甘集团是一家拥有百年历史的大型综合性保险集团，占据了法国农业保险市场65%的份额。为借鉴其百年农业保险发展经验，原中国保险监督管理委员会于2003年6月批准其在成都筹建分公司。2011年，由中国航空工业集团公司认购其新增资本，2012年3月更名为"中航安盟财产保险有限公司"。它是一家中外合资的综合性财产保险公司，主要经营农业保险、企业财产保险、家庭财产保险、机动车辆保险、货物运输保险等。

延伸阅读

我国农业保险近年快速发展

目前，我国农业保险业务规模已仅次于美国，居全球第二、亚洲第一，其中，养殖业保险和森林保险业务规模居全球第一。2007—2019年，农业保险提供的风险保障从1126亿元增长到3.81万亿元；农业保险保险费收入从51.8亿元增长到672亿元，增长了约13倍；农业保险服务的农户数也从2007年的4981万户次增长到2019年的1.8亿户次；农业保险开办区域已覆盖全国所有省份，承保农作物品种达到270余种，基本覆盖农、林、牧、渔各个领域。2008年以来，农业保险累计向3.6亿户次支付保险赔款2400多亿元。

2007年，中央财政农业保险保险费补贴试点首先在内蒙古、吉林、江苏、湖南、新疆和四川6省启动，并逐步推向全国，这一政策极大地推动了我国农业保险的发展。2012年11月发布的《农业保险条例》规范了农业保险活动，提高了农业生产抗风险能力，促进了农业保险事业的健康发展。2019年，财政部、农业农村部、银保监会及国家林业和草原局4部委联合下发《关于加快农业保险高质量发展的指导意见》（以下简称《指导意见》），这是继《农业保险条例》颁布实施之后我国发展政策性农业保险的又一重要的纲领性文件，标志着我国的农业保险将逐渐步入高质量发展阶段。

《指导意见》提出，到2022年，稻谷、小麦、玉米三大主粮作物农业保险覆盖率超过70%，收入保险成为我国农业保险的重要险种，农业保险深度（保险费/第一产业增加值）

达到 1%，农业保险密度（保险费/农业从业人口）达到 500 元/人。到 2030 年，农业保险持续提质增效、转型升级，总体发展基本达到国际先进水平，实现补贴有效率、产业有保障、农民得实惠、机构可持续的多赢格局。

资料来源：根据中国政府网、银保监会官网资料编辑整理。

任务二　解读种植业保险

任务情景

在"中国玉米之乡"吉林省公主岭市，有一片特殊的玉米地。这片玉米地不仅有由国家补贴的玉米成本保险，如今，在农业产业化经营发展的推动下，也开始试点玉米产量保险。"成本+产量"的双重保障，使这片玉米地成为保险业为农业现代化提供多样化、多层次风险保障的一块试验田。据了解，该玉米产量保险的保障比例为 40%，对应的保险费为 129.28 元/公顷，绝对免赔率为 10%，保险金额为 6400 元/公顷。根据试点区域情况，最终约定平均产量为 10 000 公斤/公顷、单价为 1.6 元/公斤。

请根据种植业保险的相关知识分析，当保险标的发生保险责任范围内的事故时，在实际产量为 0 的绝收情况下，该玉米产量保险每公顷最高可获赔付多少？

知识探究

种植业保险是指以农作物及林木为保险标的，对在生产或初加工过程中发生约定的灾害事故造成的经济损失承担赔偿责任的保险。种植业保险一般分为农作物保险和林木保险两类。按农作物所处生长时期不同，农作物保险又分为生长期农作物保险和收获期农作物保险。林木保险包括森林保险、经济林保险和苗圃保险。以下主要介绍生长期农作物保险、收获期农作物保险和森林保险。

一、生长期农作物保险

生长期农作物保险是指以齐苗至收获前处在生长过程中的农作物为保险标的的保险，也称农作物种植保险。农作物的分类有广义和狭义之分：广义的农作物通常指林木以外人工栽培的植物，主要包括粮食作物、经济作物、饲料作物、绿肥作物、蔬菜，以及花卉等园艺作物；狭义的农作物仅指大田栽培的作物。生长期农作物保险的保险标的一般指广义的农作物。

（一）保险标的与分类

生长期农作物保险的保险标的，是处于生长期的各种农作物，包括粮食作物、经济作物、其他作物。根据农作物的用途和植物学系统划分，生长期农作物保险分类如下。

1. 粮食作物保险

（1）禾谷类作物保险，如水稻、玉米、小麦、大麦、高粱、薏米、荞麦、黑麦等保险。

（2）豆类作物保险，如蚕豆、大豆、豌豆、绿豆、小豆等保险。
（3）薯芋类作物保险，如马铃薯、甘薯、木薯、莲藕、山药、芋等保险。

2. 经济作物保险

（1）纤维类作物保险，如棉花、苎麻、红麻、蕉麻、剑麻等保险。
（2）油料作物保险，如油菜、芝麻、花生、向日葵、蓖麻等保险。
（3）糖料作物保险，如甜菜、甘蔗等保险。
（4）药用作物保险，如人参、当归、金银花、天麻、三七等保险。
（5）嗜好类作物保险，如茶叶、烟草、咖啡、可可等保险。

3. 其他作物保险

其他作物保险主要承保各种蔬菜、瓜果、园林花卉、绿肥及饲料作物等。绿肥及饲料作物保险包括紫云英、天青、黄花、水葫芦、绿萍、水浮莲等保险。

并非处于生长期的任何时期的作物都可作为保险标的。对大田作物和保护地栽培作物来说，一般是出土定苗或移栽成活定苗才可作为保险标的。

在实务中，生长期农作物保险的保险标的通常应该符合下列条件：经过政府部门审定的合格品种，符合当地普遍采用的种植规范标准和技术管理要求；种植场所在当地洪水水位线以上的非蓄洪、行洪区；生长正常。符合上述条件的保险标的应全部投保，不得选择投保。间种或套种的其他作物，不能作为保险标的。

（二）保险责任

生长期农作物保险的保险责任包括气象灾害、生物灾害和意外事故，主要承保暴雨、洪水（政府行/蓄洪除外）、内涝、风灾、雹灾、冻灾、旱灾、地震、泥石流、山体滑坡，以及病、虫、草、鼠害，有的险种还承保火灾等意外事故。例如，中国人保财险的蔬菜大棚日光温室保险，对于风灾、雪灾、火灾等灾害造成日光温室的损毁，还有棚内作物的直接损失，保险人按照保险合同的约定对大棚养殖户进行赔偿。

延伸阅读

我国常见的农业自然灾害

我国是一个多自然灾害的国家，常见的农业自然灾害包括以下几类。

（1）暴雨、洪涝。暴雨是指每小时降雨量在16毫米以上，或连续12小时降雨量达30毫米以上，或连续24小时降雨量达50毫米以上的降雨。洪涝是指某一时段内由于降水过多、排水不畅而产生的洪灾和涝灾。其中，洪灾指山洪暴发、河流泛滥、潮水上岸及倒灌或暴雨积水。规律性涨潮、海水倒灌、自动灭火设施漏水，以及常年在水位线以下或地下渗水、水管爆裂不属于洪灾。涝灾指雨水过多或过于集中，地面积水不能及时排除，农田积水超过作物耐淹能力，造成作物减产。5—10月是洪涝灾害高发期。洪涝灾害发生后，将导致作物叶片变黄，根系发黑、腐烂，生长减慢，植株软弱。

（2）连阴雨。持续5天以上的阴雨天气称为连阴雨，常发生于春秋两季。春季连阴雨对玉米播种、小麦抽穗开花、油菜结荚成熟，以及核桃、板栗花期授粉影响较大；秋季连阴雨主要影响秋种和秋收活动。连阴雨持续时间长的，将导致作物减产甚至绝收。

（3）干旱。干旱是指长期无雨或少雨，造成空气干燥、土壤缺水、人类生存和经济发展受到制约的现象。它主要有春旱和夏旱，对农业生产危害最大的则是旱期长、范围广的伏秋连旱（出现在7—8月，延续到9月甚至10月的大旱）。农作物旱灾是指因自然气候的影响，土壤水与农作物生长需水不平衡造成植株水分异常短缺，从而直接导致农作物减产和绝收损失的灾害。在农作物保险中，旱灾以市级及以上农业技术部门和气象部门的鉴定为准。

（4）低温冻害。低温冻害是指越冬作物和果树、林木、蔬菜等在越冬期间（包括晚秋和早春），遇到0℃以下低温或剧烈变温而引起的植物体冰冻或丧失一切生理活动，造成植物体死亡或部分死亡的现象。我国近些年以"倒春寒"为主的低温冻害频繁发生，所有作物均难幸免，尤其是对干果、蔬菜、茶叶等经济作物、经济林木的影响最大，一旦受灾，必然造成减产减收。

（5）高温热害。高温热害是指持续出现超过作物生长发育适宜温度上限的高温，对作物生长发育及产量造成的损害。目前，我国多地持续高温天气逐渐增多，已出现高温热害加剧倾向，必须注意防范。高温往往伴随干旱，我国农作物保险承保旱灾。

（6）大风。瞬时最大风速≥17.2米/秒的大风，可以造成作物叶片损伤、茎秆折断、植株倒伏、花果脱落，农业设施损毁。一般6级以上大风就能造成风灾。当前，我国水稻、小麦等农作物保险的风灾责任是指8级以上大风，即风速在17.2米/秒以上。

（7）冰雹。冰雹是指从发展强盛的高大积雨云中降落到地面的冰块或冰球。冰雹季节性明显、破坏力强，对农业生产危害很大，主要是冰雹降落时砸坏作物的茎叶和果实，造成作物机械损伤和果实脱落。其危害程度既取决于降雹强度、持续时间、雹粒体积，也取决于作物种类、品种和所处生育阶段。3—8月是冰雹高发期，高山乡村易发生冰雹灾害。

（8）生物灾害。生物灾害主要指病、虫、草、鼠害对作物的危害，造成作物生长发育受阻和产量损失。据不完全统计，全国病、虫、草害有1300多种，其中病害500余种、虫害700余种、草害70余种。病、虫害直接危害生长期作物的根、茎、叶、花、果、种子等，同时也直接危害种子及其他农产品的储藏和运输。草害是指杂草以很强的生命力与作物争夺阳光、水分和养料。病、虫、草、鼠害的地域性、季节性较强，而且对作物的损害程度与植物保护工作有很大关系，因此要贯彻"预防为主，综合防治"的方针。

资料来源：根据土流网相关报道编辑整理。

（三）责任免除

生长期农作物保险的责任免除，不同险种稍有差异，但主要包括以下几个方面。

（1）投保人及其家庭成员、被保险人及其家庭成员、投保人或被保险人雇佣人员的故意行为及管理不善所致的损失。

（2）政府行洪及其他行政行为或执法行为所致的损失。

（3）发生保险责任范围内的损失后，被保险人自行毁掉或放弃种植保险农作物造成的损失、费用。

（4）盗窃、他人恶意损坏所致的损失。

（5）种子、农药、肥料等存在质量问题或施用不当所致的损失。

（6）动物食用、践踏所致的损失。

（7）收获期间和收获后由于一切原因造成的损失。

（8）保险合同载明的免赔率计算的免赔额。

（9）其他不属于保险责任范围内的损失、费用。

（四）保险期限

生长期农作物保险的保险期限是根据农作物的生长期确定的，一般从农作物齐苗或移栽成活后开始，到农作物按照栽培目的已达到生理成熟或工艺成熟时终止。若被保险人在保险期间收获或改种其他农作物，则该部分保险标的的保险责任自行终止。

不同种类的农作物具有不同的生长期，因此其保险期限也不尽相同。例如，水稻种植保险，保险期限自水稻秧苗在田间移栽成活返青后开始（直播稻从种植齐苗后开始）至开始收割时终止；油菜种植保险，保险期限自移栽秧苗成活后开始（直播油菜从出苗后开始）至成熟时终止；玉米种植保险，保险期限自播种齐苗后开始至成熟时终止。

（五）保险金额

生长期农作物保险的保险金额的确定方式通常有两种。

（1）农作物成本保险，即按投入的生产成本确定保险金额。保险人在生产成本范围内按实际损失予以补偿。生产成本包括活劳动成本和物化劳动成本。

当前我国开展的政策性农作物保险大多是农作物成本保险，保险金额参照农作物在生长期内所发生的直接物化成本，包括种子成本、化肥成本、农药成本、灌溉成本、机耕成本和地膜成本，由投保人与保险人协商确定，并在保险合同中载明。其计算公式为：

$$保险金额=每亩保险金额\times 保险面积$$

例如，安华农业保险公司规定，保险金额按全省不同农作物投入的平均生产成本确定，玉米为3000元/公顷、水稻为4000元/公顷、大豆为2500元/公顷、葵花籽为2000元/公顷、花生为2000元/公顷。

（2）农作物产量保险，即按每亩平均产量的成数确定保险金额。在农作物遭受保险责任范围内的灾害造成产量减少时，产量不足保险金额的部分由保险人负责补偿。一般承保前3～5年平均产量的若干成数，如40%～60%。其计算公式为：

$$保险金额=前3\sim 5年每亩平均产量\times 承保成数\times 保险面积$$

（六）赔偿处理

1. 保成本的赔偿方式

当保险标的发生保险责任范围内的损失时，保险人根据农作物的不同生长期每亩赔偿标准、损失率及受损面积计算赔偿金额。其计算公式为：

$$部分损失赔偿金额=不同生长期每亩赔偿标准\times 损失率\times 受损面积\times (1-绝对免赔率)$$

其中：

$$损失率=单位面积平均植株损失数量（或平均损失产量）/单位面积平均植株数量（或平均正常产量）\times 100\%$$

平均正常产量参照当地前 3 年产量的平均值，由保险人与被保险人协商确定。

当损失率达到 80%（含）以上时，视同全部损失，损失率按 100%计算。其计算公式为：

全部损失赔偿金额=不同生长期每亩赔偿标准×受损面积×（1-绝对免赔率）

以安华农业保险公司的水稻种植保险条款为例，水稻在不同生长期的每亩赔偿标准如表 8-1 所示。

表 8-1 水稻在不同生长期的每亩赔偿标准

生长期	每亩赔偿标准
幼苗期—分蘖期（含）	每亩有效保险金额×40%
分蘖期—孕穗期（含）	每亩有效保险金额×60%
孕穗期—抽穗期（含）	每亩有效保险金额×80%
抽穗期—成熟期（含）	每亩有效保险金额×90%
成熟期—收获	每亩有效保险金额×100%

其中，有以下几点说明。

（1）有效保险金额=保险金额-已付赔款。如果发生一次或一次以上赔款，保险合同的有效保险金额逐次递减，逐次累计赔偿金额不得超过保险合同载明的保险金额。

（2）当保险合同载明的种植面积小于其实际种植面积时，保险人按保险合同载明的种植面积与实际种植面积的比例计算赔偿金额；当保险合同载明的种植面积大于其实际种植面积时，保险人按实际种植面积计算赔偿金额。

（3）计算赔偿金额时，对在保险责任列明的灾害发生以前由于其他原因而造成的保险标的的损失，要按损失情况，从总保险金额中按损失比例剔除。

（4）在发生损失后难以立即确定损失程度的情况下，可实行多次查勘一次定损。

2．保产量的赔偿方式

保产量，即按每亩平均产量的成数确定保险金额，按减收量确定赔偿金额。每亩保险产量的计算公式为：

每亩保险产量=每亩平均产量×承保成数

全部损失：按保险金额赔付。

部分损失：按减收量赔付。如有残值，应从赔款中扣除。

其计算公式为：

赔偿金额=（每亩保险产量-每亩实际产量）×国家收购价格×受灾面积×（1-绝对免赔率）

计算示例

生长期农作物保险赔款计算

示例一：

"中国玉米之乡"吉林省公主岭市试点玉米产量保险，该玉米产量保险的保障比例为 40%，对应的保险费为 129.28 元/公顷，绝对免赔率为 10%，保险金额为 6400 元/公顷。根据试点区域情况，最终约定平均产量为 10 000 公斤/公顷、单价为 1.6 元/公斤。当保险标的的发生保险责任范围内的损失时，试计算：

（1）在实际产量为5000公斤/公顷的情况下，该玉米产量保险每公顷可获赔付多少？

（2）在实际产量为3000公斤/公顷的情况下，该玉米产量保险每公顷可获赔付多少？

（3）在实际产量为0的绝收情况下，该玉米产量保险每公顷最高可获赔付多少？

（4）该玉米产量保险的保险费率为多少？

解：每公顷保险产量=10 000×40%=4000（公斤）。

（1）在实际产量为5000公斤/公顷的情况下，尽管遭灾，但实际产量仍高于保险产量，故保险不需赔偿。

（2）每公顷赔偿金额=（每公顷保险产量-每公顷实际产量）×约定单价×（1-绝对免赔率）=（4000-3000）×1.6×（1-10%）=1440（元）。

（3）每公顷赔偿金额=（每公顷保险产量-每公顷实际产量）×约定单价×（1-绝对免赔率）=（4000-0）×1.6×（1-10%）=5760（元）。

（4）保险费率=（保险费/保险金额）×100%=（129.28/6400）×100%=2.02%。

示例二：

某地区种植有机水稻1000亩，投保水稻成本保险，每亩按投入成本约定保险金额为2800元，保险费率为4%，则保险费为112元/亩，绝对免赔率为10%。在分蘖期遭遇洪涝灾害，该1000亩水稻全部不同程度受损，经测定，损失率为30%。请根据上文水稻种植保险条款对应的赔偿标准，计算保险公司的赔偿金额。

解：根据上文水稻种植保险条款的规定，分蘖期的赔偿标准为每亩有效保险金额×40%。

那么，保险公司的赔偿金额=不同生长期每亩赔偿标准×损失率×受损面积×（1-绝对免赔率）=2800×40%×30%×1000×（1-10%）=302 400（元）。

（七）保险费（率）的确定和无赔款优待

确定生长期农作物保险费率的依据是因灾害引起的农作物产量减少的损失率。毛费率由纯费率和附加费率组成。附加费率通常按照纯费率的一定比例确定，在实际工作中，附加费率通常按照纯费率的15%计算。

我国自实行政策性农业保险以来，农作物保险的保险费由各级政府给予补贴，由中央财政和地方各级财政与投保农民共同分担，农民只承担极少部分甚至不需要交纳保险费就可以享受保障。

一般来说，生长期农作物保险的保险费是固定的，但在交纳保险费时，如果被保险人生产经营状况良好，一年或连续多年没有发生赔款，就可以享受一定的保险费优惠，这就是无赔偿优待。

二、收获期农作物保险

收获期农作物保险是指以成熟后的农作物为保险标的，以农作物在收割、运输、晾晒、轧打、脱粒、烘烤等初级加工阶段，因遭受自然灾害或意外事故造成的经济损失为保险责任的保险。

（一）保险标的

由被保险人所有或管理的、处于正常状态的收获期农作物，均可列入保险标的范围。保险标的通常指收获期需要在场院中进行晾晒、轧打、脱粒和烘烤等初级加工的各种夏秋粮食作物和经济作物。正常状态指收获期农作物生长、收割、运输、存放正常，未遭受任何损失。

被保险人必须对投保的收获期农作物具有经济利害关系，否则不能投保，并且投保人或被保险人应将其符合上述投保条件的收获期农作物全部投保。但对同一地域的收获期农作物拥有不同权利的人不得为同一地域的收获期农作物重复投保。

（二）保险期限

收获期农作物保险属于短期保险，一般从农作物收割（采摘）进入场院后开始，到农作物完成初级加工离场入库前终止。农作物、经济条件及机械化程度的不同，使初级加工的时间不同，因此其保险期限长短不一，一般为1~2个月。

（三）保险责任

收获期农作物保险的保险责任一般根据险种不同而不同。

（1）单项责任保险，即只承保火灾责任一项，农作物在收割、由田间向轧打场运输、场院存放、轧打过程中，由于火灾造成保险标的的损失，保险人依照保险合同的约定负责赔偿。

（2）综合责任保险，即除承保火灾责任外，还同时承保其他几项责任，如遭受冰雹、龙卷风、暴雨袭击等所致损失和连日阴雨所造成的霉烂损失。

（四）责任免除

由于下列原因造成保险标的的损失，保险人不负赔偿责任。

（1）战争、军事行动或暴乱。

（2）被保险人及其家庭成员的故意行为。

（3）被保险人违反法律法规，在公路、街道等场所晾晒、轧打农作物造成的损失。

（4）其他不属于保险责任范围内的损失。

（五）保险金额与免赔率

当前，确定收获期农作物保险的保险金额的方式通常有两种。

（1）每亩保险金额参照当年或上年国家对与保险农作物同类的农产品的收购价格和被保险人所在市（县）同类农产品前3年每亩平均产量的60%~80%确定。

（2）每亩保险金额参照保险农作物生长期内所发生的直接物化成本，包括种子成本、化肥成本、农药成本、灌溉成本、机耕成本和地膜成本，由投保人与保险人协商确定，但最高不超过当地平均水平的80%。其计算公式为：

$$保险金额 = 每亩保险金额 \times 保险面积$$

有的保险公司的保险条款还规定有每次事故免赔率，如每次事故免赔率为10%~20%。

（六）保险费（率）

由于综合责任保险承担的风险比单项责任保险大，所以其费率相比而言较高。保险费按保险金额的比例计收，其计算公式为：

$$保险费=保险金额 \times 保险费率$$

（七）赔偿处理

当保险农作物发生保险责任范围内的损失时，保险人按以下方式计算赔偿金额：

$$赔偿金额=每亩保险金额 \times 损失率 \times 受灾面积 \times (1-绝对免赔率)$$

$$损失率=单位面积平均植株损失数量/单位面积平均植株数量 \times 100\%$$

保险农作物遭受损失后，如果有残值，应由双方协商处理。如折归被保险人，则由双方协商确定其价值，并在保险赔款中扣除。

发生保险事故时，当保险合同载明的保险面积小于其可保面积（实际收获期面积）时，可以区分保险面积与非保险面积的，保险人以保险合同载明的保险面积为赔偿计算标准；无法区分保险面积与非保险面积的，保险人按保险合同载明的保险面积与可保面积的比例计算赔偿金额；当保险合同载明的保险面积大于其可保面积时，保险人以可保面积为赔偿计算标准。

发生保险事故时，若保险农作物的每亩保险金额低于或等于出险时的实际价值，则以每亩保险金额为赔偿计算标准；若保险农作物的每亩保险金额高于出险时的实际价值，则以出险时的实际价值为赔偿计算标准。

三、森林保险

林木保险是指以林木生长期间因遭受自然灾害或意外事故造成的林木损失为保险责任的保险。其中，林木按用途分为防护林、用材林、经济林、炭薪林、特种用途林、苗圃林等。林木保险包括森林保险、经济林保险和苗圃保险。

森林保险是指以天然林场和人工林场为承保对象，以林木生长期间因遭受自然灾害、意外事故造成的林木价值或营林生产费用损失为保险责任的保险。

经济林、苗圃保险，承保的对象是生长中的各种经济林种，包括这些林种提供的具有经济价值的果实、根叶、汁水、皮等产品，以及可供观赏、美化环境的商品性名贵树木、树苗，保险人对这些树苗、林种及其产品由于遭受自然灾害或意外事故所造成的损失进行补偿。此类保险有橘子、苹果、山楂、板栗、橡胶树、茶树、核桃、枣树等保险。

以下介绍森林保险。

（一）保险标的

凡是生长和管理正常的各种森林、砍伐后尚未集中存放的圆木及竹林等均可作为森林保险的保险标的。

（二）保险责任与保险期限

森林在生长过程中可能遇到的自然灾害和意外事故，只要可以计算直接经济损失的，都可成为森林保险的保险责任。常见的保险责任有：火灾、旱灾直接造成保险林木死亡或损失；暴雨、暴风、洪水、泥石流、冰雹、霜冻、暴雪、雨淞等直接造成保险林木流失、掩埋、主干折断、倒伏或死亡；森林病虫害造成保险林木的重度损失。

我国目前开办的森林保险，按保险责任划分有两类：承保单一火灾责任的森林火灾保险、承保综合性的各种灾害的森林综合保险。

森林保险的保险期限为一年，以保险单载明的起讫时间为准。

（三）保险金额与免赔率（额）

目前，我国森林保险的保险金额的确定主要采取两种方式。

（1）按蓄积量确定保险金额，计算公式为：

$$保险金额=林木蓄积量\times 木材价格$$

$$林木蓄积量=单位面积林木蓄积量\times 总面积$$

按蓄积量确定保险金额时，其木材价格应使用国家收购的最低价格，赔款时应扣除残值。

（2）按造林成本确定保险金额。这是按造林、育林过程中投入的活劳动成本和物化劳动成本计算保险金额，一般包括树种费，整地、移栽费，材料、运输费，设备、防护、管理费等。

由于森林是经过多年生长形成的，其成本也是逐年增加的，所以其保险金额呈倒塔形，可以分成若干档次。其计算公式为：

$$保险金额=每亩保险金额\times 保险面积$$

当前我国森林保险主要保成本，每亩保险金额参照保险林木损失后的治理成本确定，包括整地、苗木、栽植、施肥、管护、抚育及其他灾后治理所需的一次性总费用。依此标准确定的不同品种保险林木每亩保险金额为400～900元。

森林保险通常规定有每次事故的免赔率或免赔额。例如，中国人保江西省分公司林木综合保险条款规定：在保险期间，保险面积在100亩（含）以上的保险林木，每次火灾事故的免赔额为10亩或损失金额的10%，两者以高者为准；保险面积在100亩以下的，每次火灾事故的免赔额为投保面积的10%与每亩保险金额的乘积。在保险期间，每次暴雨、暴风、洪水、泥石流、冰雹、霜冻、台风、暴雪、森林病虫害责任事故的免赔额为200元或损失金额的10%，两者以高者为准。

（四）保险费（率）

保险费的计算公式为固定公式，此处不再赘述。

森林保险的保险费率较低，一般为1‰～5‰。

（五）赔偿处理

（1）全部损失：按保险金额赔付。
（2）部分损失：按损失程度赔付。其计算公式为：

$$赔偿金额=每亩保险金额×损失率×受损面积×(1-绝对免赔率)$$

$$损失率=单位面积平均植株损失数量/单位面积平均植株数量×100\%$$

或

$$损失率=(灾前标的估价-残值)/灾前标的估价$$

延伸阅读

某保险公司《内蒙古自治区森林综合保险条款》（2015版）节选

总则

第二条 凡从事林业生产的林农、林业专业合作组织、林业企业均可作为本保险合同的被保险人。本保险可以由林农、林业专业合作组织、林业企业自行投保，也可以由林业专业合作组织、村民委员会等单位组织林农投保。

保险标的

第三条 凡生长和管理正常的商品林、公益林，均可作为本保险合同的保险标的（以下统称"保险林木"）。

第四条 下列林木不属于本保险合同的保险标的：

（一）花圃地、苗圃地林木；
（二）行洪区内的林木。

保险责任

第五条 在保险期间，由于火灾、旱灾、暴雨、暴风、洪水、泥石流、冰雹、霜冻、暴雪，以及病、虫、鼠、兔害原因，直接造成保险林木流失、掩埋、主干折断、倒伏、烧毁、死亡的损失，保险人按照本保险合同的约定负责赔偿。

责任免除

第六条 由于下列原因造成的损失、费用，保险人不负责赔偿：

（一）投保人及其家庭成员、被保险人及其家庭成员、投保人或被保险人雇佣人员的故意行为、重大过失行为；
（二）行政行为或司法行为；
（三）战争、敌对行动、军事行动、武装冲突、罢工、骚乱、暴动、恐怖活动；
（四）地震、地陷；
（五）发生保险责任范围内的损失后，在保险人查勘前，被保险人自行毁掉保险林木或改种其他的，保险人未在规定时限内查勘的除外。

第七条 下列损失、费用，保险人也不负责赔偿：

（一）因保险责任范围内事故引起的各种间接损失，以及保险林木以外的财产损失；
（二）其他不属于本保险责任范围内的损失、费用。

保险金额、保险费率与保险费

第八条 保险林木的每亩保险金额参照保险林木损失后的治理成本确定,包括整地、苗木、栽植、施肥、管护、抚育及其他灾后治理所需的一次性总费用。依此标准确定的不同品种保险林木每亩保险金额,以及保险费率、保险费如下表所示。

用 途	品 种	保险金额(元/亩)	保险费率(‰)	保险费(元/亩)
公益林	乔木林地	800	2.50	2.00
	灌木林地	500	2.50	1.25
商品林	乔木林地	900	2.50	2.25
	灌木林地	600	2.50	1.50

保险金额=每亩保险金额×保险面积

保险费=保险金额×保险费率

保险期限

第九条 除另有约定外,本保险合同的保险期限为一年,以保险单载明的起讫时间为准。

赔偿处理

第二十九条 保险林木发生保险责任范围的损失,每次保险事故免赔林木损失面积的2%。

第三十条 保险林木发生保险责任范围内的损失,保险人按以下方式计算赔偿金额:

赔偿金额=每亩保险金额×损失率×受损面积×(1−2%)

损失率=单位面积平均植株损失数量/单位面积平均植株数量×100%

第三十一条 下列情形下的损失率按以下标准确定:

(一)森林火灾或因扑救森林火灾造成保险林木受损或死亡,其损失率均按100%计算。

(二)林业有害生物导致保险林木灾害,林木受灾达到中度、重度以上,其损失率分别按5%、10%计算;如死亡或发生林业检疫性有害生物灾害,依据林木采伐的有关规定,林木必须清理的,其损失率按100%计算。

第三十二条 保险林木受损且损失程度达到下列程度的,保险人开始承担保险责任,损失率按100%计算。

(一)幼龄林和中龄林因暴雨、暴风、沙尘暴、洪水、泥石流、冰雹使树干主梢折断,近、成、过熟林主干从地面2/3高处以下劈裂或折断,树木被淹死、流失、被掩埋,树木倒伏倾斜30度以上无法正常生长的。

(二)幼龄林和中龄林树干主梢被冻死或受冻影响生长发育,幼龄林和中龄林因霜冻、暴雪使树干主梢折断,近、成、过熟林主干从地面2/3高处以下劈裂或折断,树木倒伏倾斜30度以上无法正常生长的。

(三)因干旱使乔木主干从地面2/3高处以下干枯或死亡的。

(四)因干旱造成灌木灌丛干枯2/3以上的。

资料来源:根据百度文库资料编辑整理。

任务三　解读养殖业保险

任务情景

山西古城乳业农牧有限公司有近2000头奶牛，每天承担着为古城集团提供25吨鲜奶的重任。该公司在山西省出台政策性奶牛保险后，立即花费12万元为1170多头适龄奶牛买了保险。山西省山阴县是有名的奶牛散户养殖区县，山阴县古城村村民老李说，一个很普通的病就让他养的4头奶牛死了2头。提起那2头奶牛，他还很心疼，所以很快就给剩下的2头奶牛全部买了保险。

请指出，政策性奶牛保险如何承保？出险后如何赔偿？养殖业保险常见的种类还有哪些？

知识探究

养殖业保险是指以有生命的动物为保险标的，在投保人支付一定的保险费后，对被保险人在饲养期间遭受保险责任范围内的自然灾害、意外事故、疾病所造成的经济损失承担赔偿责任的保险。养殖业保险是对养殖业风险进行科学管理的最好形式。按照业务管理的需要，养殖业保险主要分为大牲畜保险、小牲畜保险、家禽保险、水产养殖保险和特种养殖保险等。

目前，我国享受财政补贴的养殖业保险品种有5个：奶牛、能繁母猪、育肥猪、牦牛和藏系羊。不过，财政补贴额度在不同地区和不同畜禽品种上有所差别：中央财政在中西部地区补贴50%，东部地区补贴40%，中央单位补贴80%；地方财政也会补贴，如奶牛、能繁母猪、育肥猪至少补贴30%的保险费，牦牛、藏系羊省级财政至少补贴25%的保险费。也就是说，在中西部地区给奶牛、能繁母猪、育肥猪买保险，养殖户只用交20%的保险费。

一、大牲畜保险

大牲畜保险以役用、乳用、肉用、种用的大牲畜，如耕牛、奶牛、菜牛、马、骡、驴、骆驼、种马、种牛等为保险标的，承保其在饲养使役期，因遭受疾病、自然灾害和意外事故造成的死亡、伤残及因发生流行病而被强制屠宰、掩埋所造成的经济损失。大牲畜保险是一种死亡损失保险。

其承保条件通常有：牲畜畜体健康、饲养使役管理正常、符合承保畜龄规定。其保险责任主要包括大牲畜因遭受疾病、传染病或自然灾害和意外事故造成的死亡，或者为防止畜疫蔓延经当地政府主管部门命令捕杀、深埋的损失。其保险金额一般低于牲畜价值的70%，使牲畜死亡的损失由保险人与被保险人共同负担，以提高饲养人爱护牲畜的积极性，避免道德风险。其保险期限为一年，期满可以续保。当发生保险责任范围内的损失时，畜体残值可利用的，应在赔款中扣除残值。

目前，我国大牲畜保险的主要险种有耕牛保险、奶牛保险、肉牛保险、养马保险等。

由于大牲畜种类多，各个品种价值差别比较大，因此不同种类的大牲畜保险的保险责任和保险费率也有很大差别。以下选择最常见的奶牛保险进行介绍。

（一）保险标的

符合下列条件的奶牛，可以作为奶牛保险的保险标的。

（1）投保的奶牛品种必须在当地饲养1年（含）以上。

（2）投保时奶牛畜龄在1周岁（含）以上［有的保险公司要求1.5周岁（含）以上］，7周岁（不含）以下。

（3）投保的奶牛经畜牧兽医部门验明无伤残、无疾病，营养良好，饲养管理正常，能按所在地县级畜牧防疫部门审定的免疫程序接种并有记录，且奶牛必须具有能识别身份的统一标识。

（4）管理制度健全、饲养圈舍卫生、能够保证饲养质量。

（5）投保人应将符合投保条件的奶牛全部投保。

（二）保险责任与责任免除

奶牛保险是死亡损失保险。在保险期间，由于下列原因造成保险奶牛直接死亡，保险人按照保险合同的约定负责赔偿：火灾、爆炸；暴雨、洪水（政府行/蓄洪除外）、风灾、雷击、冰雹、冻灾；泥石流、山体滑坡、地震；建筑物倒塌、空中运行物体坠落；口蹄疫、布鲁氏菌病、牛结核病、牛焦虫病、炭疽、伪狂犬病、副结核病、牛传染性鼻气管炎、牛出血性败血症、日本血吸虫病、牛流行热等。由于发生前述高传染性疫病，政府实施强制扑杀导致保险奶牛死亡，保险人也负责赔偿，但赔偿金额以保险金额扣减政府扑杀专项补贴金额的差额为限。

奶牛保险的责任免除事项包括：投保人及其家庭成员、被保险人及其家庭成员、饲养人的故意或重大过失行为、管理不善；他人的恶意破坏行为；在疾病观察期内发生疾病；其他不属于保险责任范围内的损失、费用。

（三）保险金额

保险奶牛的每头保险金额参照奶牛品种、畜龄及当地市场的奶牛价格，由投保人与保险人协商确定，并在保险合同中载明，但最高不得超过其投保时市场价格的70%。各省市奶牛的保险金额和保险费不同，在奶牛生长所处各个时期，具体的保险费率也不同。其计算公式为：

$$保险金额=每头保险金额 \times 保险数量$$

（四）保险期限与观察期

奶牛保险的保险期限一般为一年，期满续保，须另办手续。为了规避道德风险、提高承保质量，保险合同中通常规定有一定时间（20天）的疾病观察期。保险奶牛在观察期内因保险责任范围内的疾病导致死亡的，保险人不负责赔偿。续保的奶牛，免除观察期。

(五）赔偿处理

被保险人请求赔偿时，应向保险人提供下列证明和材料。

（1）保险单正本及分户清单；（2）事故证明书；（3）损失清单；（4）耳号标识；（5）灾害发生时间、地点的书面情况及其他必要的有效单证材料；（6）政府畜牧防疫监督管理机构出具的真实合法的诊断证明、治疗证明、防疫证明、死亡原因证明；（7）已对病死保险奶牛进行无害化处理的证明；（8）投保人、被保险人所能提供的与确认保险事故的性质、原因、损失程度等有关的其他证明和材料。

保险奶牛死亡后，如果有残值，应由双方协商处理。如折归被保险人的，由双方协商确定其价值，并在保险赔款中扣除。

保险奶牛发生保险责任范围内的死亡，保险人按以下方式计算赔偿金额：

$$赔偿金额=死亡数量×每头保险金额-残值$$

发生政府扑杀事故，赔偿金额计算如下：

$$赔偿金额=死亡数量×（每头保险金额-每头奶牛政府扑杀专项补贴金额）$$

发生保险事故时，当保险合同载明的保险数量小于其可保数量时，可以区分保险数量与非保险数量的，保险人以保险合同载明的保险数量为赔偿计算标准，无法区分保险数量与非保险数量的，保险人按保险合同载明的保险数量与可保数量的比例计算赔偿金额；当保险合同载明的保险数量大于其可保数量时，保险人以可保数量为赔偿计算标准。

发生保险事故时，若保险奶牛的每头保险金额低于或等于出险时的实际价值，则以每头保险金额为赔偿计算标准；若保险奶牛的每头保险金额高于出险时的实际价值，则以出险时的实际价值为赔偿计算标准。

延伸阅读

奶牛保险政策：买了奶牛保险，一头能赔多少钱

保险奶牛的每头保险金额由投保人与保险人参照奶牛品种、畜龄协商确定，并在保险合同中载明，但最高不得超过其投保时市场价格的 70%。各省市奶牛的保险金额和保险费不同，在奶牛生长所处各个时期，具体的保险费率也不同，具体还要询问当地的农业保险公司。

1．陕西陇县奶牛保险政策

该县 2017 年筹资 90 万余元，为全县农户养殖的 7569 头奶牛统一办理了县级配套保险，每头奶牛的保险费为 600 元，全部由各级财政负担，群众不花一分钱。在保险期间，保险奶牛确定死因属于保险责任范围内的，由保险人根据损失情况予以赔付，赔付金额为 1 万元。

2．内蒙古巴林左旗奶牛保险政策

每头奶牛仅需支付 75 元的保险费即可获得 10 000 元的保险保障。保险奶牛在饲养过程中，由于遭受重大疾病、自然灾害和意外事故导致死亡所造成的损失均在保险责任范围内。按照这一保险，在保险期间，保险奶牛发生重大疾病、自然灾害和意外事故导致死亡，

或者发生口蹄疫、布鲁式菌病、牛结核病、炭疽等高传染性疫病，政府实施强制捕杀时，保险人都要按照保险合同的约定负责赔偿。

3．江西奶牛保险政策

政府负担保险费的60%，保险奶牛的每头保险金额分为2000元和5000元两个档次，保险费率按6%计算，即每头奶牛的保险费分别为120元、300元，中央、省级财政补贴60%，养殖户仅需负担40%，即养殖户参加不同档次的保险只需分别负担48元、120元。保险奶牛在饲养过程中，由于遭受重大疾病、自然灾害和意外事故导致死亡所造成的损失均在保险责任范围内。

4．黑龙江克东县奶牛保险政策

承保对象主要针对畜龄为18月龄至8周岁的存栏奶牛，保险费为每年450元/头（国产奶牛）、600元/头（进口奶牛），保险金额为6000元/头（国产奶牛）和10 000元/头（进口奶牛）。中央、县和个人承担的保险费比例为5∶3∶2，养殖场只需交纳90元/头（国产奶牛）和120元/头（进口奶牛）的保险费即可为符合条件的奶牛投保，其余360元/头（国产奶牛）和480元/头（进口奶牛）的保险费由中央和县财政按照比例共同出资补助。在保险期间，保险奶牛如因发生重大疾病、自然灾害、意外事故等保险责任范围内的事故造成死亡的，由保险人按保险金额进行赔偿。

资料来源：根据土流网相关报道编辑整理。

二、小牲畜保险

小牲畜保险又称小牲畜养殖保险，是以人工饲养的中小牲畜的生命为保险标的的一种死亡损失保险。小牲畜是指人类为了经济或其他目的而驯养的中小型哺乳动物，主要包括猪、羊、兔等中小畜类。它们生长周期短、生长速度快、商品率高，能为人类提供优质的动物性蛋白质和皮毛等，对提高人民生活水平发挥着重要作用。

小牲畜保险由于自身的特点，与大牲畜保险在保险技术、保险内容上有很大差别。近年来，各财产保险公司或专业农业保险公司结合各省地方养殖产品特色开发了适合当地养殖业发展的诸多特色小牲畜保险产品，包括生猪（育肥猪、能繁母猪）、兔类（肉兔、能繁母兔、长毛兔）、羊类（种公羊、能繁母羊）等保险产品。以上险种多为市（县）财政补贴险种，或者需要地方政府提供行政支持。这里简要介绍全国普遍开展的能繁母猪保险和育肥猪保险。

（一）能繁母猪保险

能繁母猪保险以养殖户饲养的能繁母猪为保险标的，承保其由于遭受疾病、自然灾害和意外事故导致能繁母猪死亡而给养殖户造成的损失，由保险人负责在保险金额内进行赔偿。

能繁母猪保险是国家最早试点开展的政策性农业保险险种之一，由中央、省、市、县四级财政部门提供财政补贴资金，补贴比例为80%，养殖户自交保险费比例为20%。能繁母猪保险能够较好地化解养殖户的养殖风险，是目前开办的最为广泛的养殖业保险业务，取得了良好的社会效益。

（二）育肥猪保险

育肥猪保险以养殖户饲养的育肥猪为保险标的，承保其由于遭受疾病、自然灾害和意外事故导致育肥猪死亡而给养殖户造成的损失，由保险人负责在保险金额内进行赔偿。

育肥猪保险业务在各省得到了广泛开展，属于地方政策性补贴险种，主要由省、市、县三级财政部门进行补贴，补贴比例为75%~80%，养殖户自交保险费比例为20%~25%。该险种是最为贴近广大养殖户切身利益的险种，得到了政府的大力支持，受到了广大养殖户的欢迎。

三、家禽保险

家禽保险是以家禽为保险标的一种养殖业保险。家禽是指经人们长期驯化和培育，可以提供肉、蛋、羽绒等产品或其他用途的禽类，其种类很多，如鸡、鸭、鹅等。家禽的品种多、生长速度快、商品率高、用途广泛。

（一）保险标的与投保条件

家禽保险主要承保国有农牧场、农村合作经济组织和专业户、个体农民饲养的商品性家禽，主要种类有养鸡（成鸡）保险、养鸭保险、养鹅保险等。每种家禽保险由于生产目的不同，饲养周期和生产特点不完全相同，可分为不同的险种，如养鸡保险又分为肉鸡保险、蛋鸡保险等。肉鸡养殖在家禽养殖中占有比较大的份额，各省市都在开展肉鸡保险。

肉鸡保险的投保条件严格，包括肉鸡的饲养规模、鸡舍、健康状况都有详细规定。例如，江苏省规定：投保的肉鸡必须在当地饲养1年以上；鸡龄在10日龄以上；存栏数在8000只以上；鸡场选址应符合畜牧兽医部门的要求；鸡舍内光照、温度、相对湿度适宜，通风良好，有防暑降温措施，场舍定期消毒，不同批次的鸡群在不同舍饲养，鸡舍间的间距合理；投保的肉鸡应为无伤残、无疾病，营养良好，饲养密度合理，按当地动物卫生监督管理部门及保险公司认可的防疫程序进行免疫。

对比各省市肉鸡保险的投保条件，描述详略不一，但内容基本一致，在肉鸡规模上稍有差别，如北京市规定2000只以上，江苏省为8000只以上，还有些省市规定10 000只以上。

（二）保险责任与责任免除

由于家禽一般采取高密度的规模养殖方式，因此家禽保险的保险责任以疾病、自然灾害和意外事故等综合责任为主，包括以下几项。

（1）因遭受自然灾害（如暴风、暴雨、火灾、雪灾等）造成的场舍坍塌和家禽死亡。

（2）禽类经常发生的一些疾病或造成的损失，如病毒类、寄生虫类、细菌类的疾病导致的低致病性禽流感、传染性法氏囊病、球虫、传染性支气管炎等。

（3）非养殖者人为的意外事故，如煤气中毒或停水、停电等设备故障造成的损失。

（4）经过畜牧兽医部门确认发生疫情，并且经过区级、县级以上的政府下令封锁，对于扑杀的家禽，保险人负责补偿保险金额扣减政府扑杀专项补贴金额的差额部分。

保险人不负责赔偿的情况有3种：一是被保险人、饲养人及其家属的故意或重大过失行为、管理不善,他人的恶意破坏行为;二是在疾病观察期内发生疾病;三是被盗、被冻、被饿致死,或运输造成的死亡。

(三)保险期限与观察期

各地对家禽保险的保险期限的规定各不相同,有的为一年,有的为一个饲养周期,但都有疾病观察期,观察期为签订保险合同的次日0时顺延5~7天,在观察期内保险人免责。例如,北京市的肉鸡保险,以保险肉鸡正常饲养日45天为一个固定的保险期限,即从雏鸡进入饲养鸡舍次日0时起至饲养45天之日24时止;而江苏省的肉鸡保险的保险期限为一年,具体以保险单载明的起讫时间为准。

(四)保险金额和保险费

家禽保险的保险金额和保险费在各地也有较大的差异。例如,北京市的肉鸡保险条款规定,每只肉鸡的保险金额为30元,保险费率是1%,即每只肉鸡的保险费为0.3元。

又如,江苏省每只肉鸡的保险金额为10元,且不超过其投保时市场价格的60%,保险费率为3%,即每只肉鸡的保险费为0.3元。免赔额的计算公式为:

$$每次事故的免赔额=实际存栏数×3\%×每只保险金额$$

按年度投保,则保险费的计算公式为:

$$保险费=保险年度累计存栏数×每只保险金额×保险费率$$

(五)赔偿处理

家禽保险的赔偿方式在各地也有较大的差异。例如,江苏省的肉鸡保险条款规定,在发生保险事故后,保险人依据死亡肉鸡的尸重计算赔偿金额,若保险肉鸡平均每只尸重超过2公斤,按每只2公斤计赔。其计算公式为:

$$赔偿金额=死亡肉鸡总尸重(公斤)×每只保险金额(元)/2(公斤)-免赔额-残值$$

保险肉鸡被洪水冲走流失的,保险人按冲走流失数的40%计算死亡数量,按同批次肉鸡平均重量计量尸重。

发生疫病政府扑杀事故的,计算公式为:

$$赔偿金额=死亡肉鸡总尸重(公斤)×每只保险金额(元)/2(公斤)-免赔额-死亡肉鸡总数(只)×每只肉鸡政府扑杀专项补贴金额(元)$$

而北京市的肉鸡保险条款则规定,按饲养日龄成本计算赔偿金额,也就是细化到每只肉鸡的生产成本。不同饲养日龄的肉鸡,其赔偿金额不同(见表8-2),每次事故绝对免赔死亡只数的10%。

表8-2 北京市肉鸡保险按饲养日龄赔付标准表　　　　　　　　单位:元/只

周	天						
	1	2	3	4	5	6	7
一	5.31	5.45	5.60	5.76	5.94	6.14	6.35
二	6.57	6.82	7.13	7.42	7.73	8.06	8.41

续表

周	天						
	1	2	3	4	5	6	7
三	8.81	9.22	9.67	10.15	10.65	11.17	11.73
四	12.32	12.93	13.58	14.26	14.97	15.70	16.46
五	17.23	18.01	18.81	19.64	20.48	21.34	22.22
六	23.08	23.96	24.84	25.83	26.84	27.85	28.87
七	30.00	30.00	30.00	—	—	—	—

计算示例

家禽保险赔款计算

示例一：

江苏省肉鸡养殖大户老赵在当地保险公司给自己存栏的 10 000 只肉鸡投了保，每只按不超过其市场价格的 60%，即 10 元投保，保险费率为 3%。后因火灾死亡 1000 只（经测算其死亡总残值为 100 元），因洪水冲走流失 2000 只，又因鸡瘟被政府集中扑杀 2000 只（每只肉鸡政府扑杀专项补贴 5 元）。那么，如果政府补贴保险费的 70%，个人自付 30%，老赵应交纳多少保险费？在发生这 3 种灾害后，按江苏省的肉鸡保险条款，损失肉鸡按尸重，即每只 2 公斤折价计算，他又能得到多少损失赔偿？

解：保险费=保险年度累计存栏数×每只保险金额×保险费率=10 000×10×3%=3000（元）。已知政府财政补贴 70%，个人自付 30%，则老赵需要交纳保险费 900 元。

（1）因火灾死亡 1000 只肉鸡，经测算其死亡总残值为 100 元，则赔偿金额=死亡肉鸡总尸重（公斤）×每只保险金额（元）/2（公斤）-实际存栏数×3%×每只保险金额（元）-残值=1000×2×10/2-10 000×3%×10-100=6900（元）。

（2）因洪水冲走流失 2000 只，按照流失数量的 40% 计算损失，无残值。赔偿金额=流失肉鸡总尸重（公斤）×每只保险金额（元）/2（公斤）×40%-实际存栏数×3%×每只保险金额（元）-残值=2000×2×10/2×40%-10 000×3%×10-0=5000（元）。

（3）因疫病被政府扑杀 2000 只，赔偿金额=死亡肉鸡总尸重（公斤）×每只保险金额（元）/2（公斤）-免赔额-死亡肉鸡总数（只）×每只肉鸡政府扑杀专项补贴金额（元）=2000×2×10/2-10 000×3%×10-2000×5=7000（元）。

示例二：

北京市郊区农户老王家的 1000 只肉鸡投保了肉鸡保险，条款规定每次事故绝对免赔死亡只数的 10%。没成想在第 3 周的第 7 天发生了瘟疫，肉鸡全部死了，那么按照赔付标准，每只肉鸡的赔偿金额为多少？

解：北京市的肉鸡保险条款与江苏省不同，规定按饲养日龄成本计算赔偿金额。经查表，保险肉鸡在第 3 周的第 7 天死亡时每只赔偿金额为 11.73 元，则老王可以获得的赔偿金额=11.73×1000×（1-10%）=10 557（元）。

四、水产养殖保险

水产养殖保险是由保险机构为水产养殖者在水产养殖的过程中，对因遭受自然灾害和意外事故所造成的经济损失提供经济保障的一种保险。水产养殖是利用海洋水域、滩涂和内陆水域中的可养面积，对鱼、虾、蟹、贝、藻类及其他水生经济动植物进行人工投放苗种、饵料和经营管理，以获取相应产品的生产活动。

（一）保险标的与分类

水产养殖保险的保险标的是商品性养殖的各种水产品，如鱼、虾、蟹、贝等。根据水产养殖的水域环境条件划分，水产养殖保险可分为海水养殖保险和淡水养殖保险两种。

利用海水进行滩涂养殖的保险，属于海水养殖保险。目前，开办的海水养殖保险有对虾养殖保险、扇贝养殖保险等。海水养殖主要集中在沿海地区的浅海和滩涂，因此面临的风险主要是台风、海啸、异常海潮、海水淡化或海水污染等造成保险标的的流失或死亡。海水养殖保险的保险责任主要是自然灾害造成的流失、缺氧浮头死亡等，对疾病、死亡风险一般需要特约承保。

利用江、河、湖、池塘、水库养殖的保险，属于淡水养殖保险。淡水养殖保险的保险标的主要有鱼、河蚌、珍珠等。淡水养殖保险主要承保因自然灾害或非人为因素造成意外事故所致保险标的的死亡，对因疾病引起的死亡一般不予承保。

（二）保险责任与责任免除

水产养殖保险的保险责任分为死亡责任和流失责任。

（1）死亡责任。由于缺氧、疾病、他人投毒等灾害事故造成的水产品死亡。

（2）流失责任。由于台风、龙卷风、暴风、海啸、洪水等自然灾害造成鱼塘、虾池的堤坝倒塌所引起的水产品流失。

由于下列原因造成的水产品损失，保险人不负责赔偿。

（1）被保险人及其代表或家庭成员、饲养人管理不善或故意行为所造成的损失。

（2）水产品的自然死亡或损失。

（3）水产品在养殖过程中由于各种敌害捕食所造成的损失。

（4）其他不属于保险责任范围内的死亡所造成的损失。

（三）保险金额与保险期限

水产养殖保险一般以承保的水面面积为承保单位，然后据此计算保险金额，分为保成本和保产量两种方法。保成本是以保险标的在收获时投入的成本为保险金额；保产量是将市场价格或产品的销售价格与产量作为确定保险金额的依据，一般只保50%～70%。

保险期限要根据不同保险标的的养殖周期和不同地域的气候条件分别确定。

（四）赔偿处理

水产养殖保险因确定保险金额的方法不同而采取的赔偿方式也有所不同。

（1）保成本的赔付方法。根据保险标的在保险期限内不同阶段投入的成本不同，按不同的赔付标准计算赔款，并将残值从赔款中扣除。

（2）保产值的赔付方法。按实际损失赔偿，但以不超过保险金额为限，将残值从赔款中扣除。

延伸阅读

我国是水产养殖大国，水产养殖产量占全世界总产量的2/3。据统计，2019年，我国水产养殖产量达5079万吨，同比增长1.76%。然而，水产养殖具有"高成本、高收益、高风险"的生产特点。2017年，我国因台风、洪涝、病害、干旱、污染因素而受灾的养殖面积达1600万亩，造成的水产品损失达164万吨，直接经济损失超过200亿元，渔民因灾致贫、因灾返贫的现象时有发生。2012年，福建水产养殖业遭遇严重赤潮灾害，养殖鲍鱼、牡蛎出现大量死亡，受灾渔民达上万户，由于水产养殖保险缺失，渔民损失惨重；2014年，大连獐子岛遭遇"黑天鹅"，价值数亿元的虾夷扇贝因"冷水团"被核销处理，獐子岛集团却拿不出一张能覆盖风险的保险单。

以上这样类似的案例每年都在上演，然而保险却屡屡缺位。

近年来，水产养殖风力指数保险、台风指数保险等险种在全国各地陆续推出，但除这类指数保险外，其他类型的保险产品仍然紧缺。商业保险公司由于没有地方财政和政策的支持，一般都不愿意涉足水产养殖行业。据初步测算，2017年，渔业互保系统和商业保险公司承保的养殖面积尚不足全国水产养殖面积的5‰，远低于农业保险近70%的覆盖率。

如何破解这道难题？需要政府的政策扶持，同时调动保险机构的积极主动性，形成"政府+市场"合力推动的良性发展格局。

广州市于2013年年初率先在全国开展政策性水产养殖保险试点，2013年年初中国人保财险在番禺区签订了全国第一单政策性水产养殖保险合同，随后又在花都区开展了相关探索。市农业部门在总结两区试点经验的基础上，经与市财政部门、金融工作部门等单位反复调研，并报市政府审批同意，于2017年9月印发了《广州市政策性水产养殖保险试点实施方案》，在全市范围内全面实施水产养殖保险，标志着广州市第一个本地特色的保险品种——水产养殖保险正式落地。该方案规定养殖面积10亩以上的水产养殖品种都投保，保险责任包括自然灾害和特定疫病造成的水产品死亡。各级财政补贴保险费80%，由商业保险公司按市场化经营管理。

资料来源：根据水产养殖网的相关资料编辑整理。

五、特种养殖保险

特种养殖保险是以经济价值较高、且未经长期驯化的野生动物，或经过人工驯化且具有一定经济价值的动物（如商品性养殖的鹿、貂、狐等经济动物和养蜂、蚕、珍珠、牛蛙、蛇等）为保险标的，承保其在养殖过程中因遭受疾病、自然灾害和意外事故造成的死亡或产品的价值损失的保险。

我国特种养殖保险试办时间不长，曾先后开展养鹿保险、水貂保险、养貉保险、养蚕保险、养蜂保险等，承保、理赔技术尚不完善。近几年，有个别具备条件的保险公司试办了养鸵鸟保险、养蟹保险、养牛蛙保险、养肉鸽保险等险种，但业务量很少，没有形成规模，也缺少有效的风险控制手段，因此开展这项业务要十分慎重。

延伸阅读

沂蒙山养兔养貂：风险变保险

位于沂蒙山革命老区的临沂市近年来特色养殖产业发展迅速，2018年，全市长毛兔和肉兔存栏量达到600万只，占全国存栏量的50%，是真正的"中国长毛兔之乡"。截至2018年，全市有万兔村36个、千兔场180处、兔毛纺织加工企业12家。另外，狐、貂等皮毛动物也发展到1100多万只，被中国皮革协会认定为"中国毛皮产业基地"。

然而，农民从事养兔和养貂也存在相当风险，如遭遇冰雹、冻灾等自然灾害易造成兔、貂伤亡，遭遇高传染性疫病，兔、貂有可能会被强制扑杀等。在精准扶贫工作推进过程中，安华农业保险公司经过实地调研，摸清兔、貂的养殖风险和养殖效益及保险需求，用不到一个月的时间开发报备长毛兔和水貂相关保险产品。新产品条款中约定长毛兔的保险费为19.2元/只，保障额度为240元/只，保险费率为8%；水貂分母貂和崽貂，保险费分别是28.8元/只和12.8元/只，保障额度分别是360元/只和160元/只，保险费率为8%。

安华农业保险临沂中心支公司还与蒙阴县最大的益达兔业有限公司签订保险合同，签单保费201.6万元；与兰山区鲁沂水貂养殖农民专业合作社签订保险合同，签单保费50.24万元。以上两个险种作为临沂当地特种养殖保险产品，取得了商业性养殖业保险的历史性突破。

资料来源：根据中国银行保险报网站行业新闻报道编辑整理。

任务四　农业保险产品创新

任务情景

海南省农业保险创新特色产品、拓宽服务领域。其中，2016年，橡胶树风灾指数保险承保约62.68万株，为胶农提供风险保障5385.02万元；深水网箱台风指数保险在台风过境6天后即向渔民支付了14 000元赔款，农业保险理赔周期大幅缩短。此外，海南省还开展蔬菜、荔枝、槟榔等特色农产品价格指数保险试点，全年累计承保5.08万亩，提供风险保障1.73亿元，增强了农户抵抗市场风险的能力；通过开展杧果大灾保险、杧果产量保险、陵水圣女果种植保险、黑山羊养殖保险、文昌鸡养殖保险等地方特色险种，支持县域经济发展。

请指出，以上描述中关于农业保险的创新产品有哪些？与传统农业保险产品有何区别？

知识探究

一、农产品价格指数保险

农产品价格指数保险是对农业生产者因市场价格大幅波动、农产品价格低于目标价格造成的损失给予经济赔偿的一种保险产品模式创新。

农产品价格指数保险的基本操作方式如下：由保险公司设计出应对农产品市场风险的保险产品，与投保的农业生产者签订保险合同，以约定的农产品目标价格为理赔触发点，当实际销售的农产品价格达到理赔标准时，保险公司对被保险人因实际价格与目标价格的差价造成的损失，按约定承担保险金赔偿责任。其中，政府对保险公司提交的保险方案进行审核，并按照政策目标提供一定比例的保险费补贴。

该模式的创新点主要体现在两个方面：一是将农产品生产的市场风险纳入农业保险保障范畴，拓宽了保险服务领域，促进了农业生产和农产品市场价格的基本稳定，保障了农民的利益，对当前农业生产自然风险保障形成了有益的补充；二是通过探索推广农产品价格指数保险，可以逐步向农业收入保险过渡，有助于实现农业保险从保成本向保收入的转变。

2011年，原上海市农业委员会和安信农业保险公司在全国率先推出了蔬菜价格指数保险；2012年，原北京市农村工作委员会和安华农业保险公司开展了生猪价格指数保险试点。截至2016年年末，农产品价格指数保险试点地区已扩展至31个省份，试点品种包括生猪、蔬菜、粮食作物和地方特色农产品共四大类50种，保险费收入突破10亿元，提供风险保障154.81亿元。

（一）蔬菜价格指数保险

蔬菜价格指数保险以绿叶菜前3年平均市场价格为基本指数，并根据历史平均产量的70%确定亩均产量，如果绿叶菜市场价格下跌到基本指数以下，其跌幅对应的金额由保险公司予以赔付。生产保险与价格指数保险两者互为补充，有效增强了农民对自然灾害和市场风险的抵御能力。

延伸阅读

上海市2017年度"冬淡"绿叶菜成本价格指数保险

保险标的："冬淡"期间上市的青菜、杭白菜。

保险期限："冬淡"保险期为2017年12月16日至2018年3月15日。2018年3月16日后上市的绿叶菜不接受投保。

投保对象：以蔬菜生产龙头企业、专业合作社和种植大户为优先投保对象，2亩以上的绿叶菜种植散户由所在镇、村统一组织投保。

投保面积和时段："冬淡"期间上述绿叶菜最高保险面积为8万亩次，超过此面积的，市级财政不予保险费补贴。如有特殊情况，经商议一致后可酌情增加面积。各区按照"均衡播种、均衡生产、均衡上市"的工作要求，分3个时段按计划组织投保。

第一时段：2017年12月16日至2018年1月15日，保险面积为2万亩次。该时段投保截止日期为2017年12月15日。

第二时段：2018年1月16日至2月15日，保险面积为3.5万亩次。该时段投保截止日期为2018年1月15日。

第三时段：2018年2月16日至3月15日，保险面积为2.5万亩次。该时段投保截止日期为2018年2月15日。

保险费补贴标准：市级财政给予50%保险费补贴，各区根据财力予以配套补贴，投保人自交保险费比例应不低于10%。

保险金额和保险费率：保险金额按照保险产量（约亩均产量的70%）与单位生产成本乘积计算，保险基本费率为10%，如下表所示。

"冬淡"保险品种	保险产量（公斤/亩次）	生产成本（元/公斤）	保险金额（元/亩次）	保险费（元/亩次）
青菜	1600	1.19	1904	190.40
杭白菜	1400	1.09	1526	152.60

理赔标准：根据国家统计局上海调查总队采集本市26家标准化菜市场前三年同期的零售价格数据作为基础理赔标准，在此基础上再加上3%绿叶菜综合成本指数作为理赔标准。若在保险期间，市场平均零售价低于保单约定价，则按其跌幅同比例进行相应赔付；高于保单约定价的则不发生赔付。

赔偿金额=保险金额×（保单约定价-保险期间市场平均零售价）/保单约定价×保险亩数

保单约定价=［保险三年前同期市场价格×（1+r1）×（1+r2）×（1+r3）+保险两年前同期市场价格×（1+r2）×（1+r3）+保险一年前同期市场价格×（1+r3）］/3×103%

注：保单约定价是指纳入前三年各年（含当年）蔬菜价格涨幅和当年度绿叶菜综合成本指数考虑后，保险前三年实际价格的平均值。其中，r1指2015年12月至2016年3月各月蔬菜价格涨幅，r2指2016年12月至2017年3月各月蔬菜价格涨幅，r3指2017年12月至2018年3月各月蔬菜价格涨幅。2015—2017年度"冬淡"期间相关蔬菜价格涨幅如下表所示。

	1月	2月	3月	12月
2015年	—	—	—	15.2%
2016年	12.1%	26.2%	27.6%	0.2%
2017年	-1.0%	-24.3%	-22.6%	—

注：2017年度"冬淡"期间相关蔬菜价格涨幅情况按照市统计局发布的统计数据确定。

资料来源：根据上海政府网政务公开信息相关资料编辑整理。

（二）生猪价格指数保险

猪肉是我国最大的肉类消费品种，是城乡居民"菜篮子"中最主要的肉食之一，但近年来我国猪肉市场价格经历了"过山车"式的剧烈波动，不仅影响了广大城乡居民的消费和生活，而且给养猪业和整个猪肉产业链带来了重大的影响。2013年5月，北京市在全国率先推出了生猪价格指数保险试点，随后，四川省和重庆市等地也开展了类似保险，这些探索和实践为在畜禽养殖业领域尝试开展牛奶、蛋鸡、肉鸡、苗鸡等价格指数保险提供了可资借鉴的经验。

生猪价格指数保险是以生猪为保险标的，以生猪价格指数为保险责任的一种保险。在保险期间，当生猪平均价格指数低于保险责任约定的价格指数时，视为保险事故发生，保险公司按保险合同的约定给予赔偿。

北京市生猪价格指数保险以"猪粮比"为参照系。"猪粮比"是指生猪出场价格与玉米批发价格的比值，即卖1斤生猪可以买几斤玉米。我国目前生猪生产盈亏平衡点为"猪粮比"6∶1，低于6∶1时养殖户亏损。北京市生猪价格指数保险以国家发展改革委员会公布的"猪粮比"为参照，国家发展改革委员会每周发布一次"猪粮比"。在保险期间，当平均"猪粮比"低于6∶1时，视为保险事故发生，保险公司按保险合同的约定给予赔偿。

目前，按照约定的生猪出栏体重和玉米价格，北京市生猪价格指数保险的每头保险金额为1200元，保险费率为1%，每头保险费为12元。生猪价格指数保险纳入北京市政策性农业保险补贴范围，各级财政累计补贴保险费80%，生猪养殖户承担保险费20%。依据目前的补贴政策，符合投保条件的养殖户投保每头生猪只需承担2.4元。

计算示例

生猪价格指数保险赔款计算

以安华农业保险公司提供的生猪价格指数保险为例：一头猪的保险费为12元，各级财政补贴保险费80%，生猪养殖户承担保险费20%，则养殖户投保每头生猪只需承担保险费2.4元。保险期限为1年，保险公司提供的保险金额为1200元/头。当全年平均"猪粮比"低于6∶1时，每降低0.01个点，保险公司补偿养殖户2元/头。

首单生猪价格指数保险的保险期限从2013年5月1日至2014年4月30日，年平均"猪粮比"为5.95∶1，保险公司要为此赔付多少？

假如一个养殖户为其10 000头猪投保，保险费为120 000元，养殖户需要交纳多少保险费？共可获赔款多少元？

假如年平均"猪粮比"跌至5.5∶1，该养殖户共可获赔款多少元？

解：（1）由于年平均"猪粮比"为5.95∶1，低于6∶1，则每头生猪可获赔款=2×(6-5.95)/0.01=10（元）。

（2）养殖户需要交纳的保险费=120 000×20%=24 000（元）。

（3）当年平均"猪粮比"为5.95∶1时，养殖户共可获赔款=10×10 000=100 000（元）。

（4）当年平均"猪粮比"为5.5∶1时，该养殖户每头生猪可获赔款=2×(6-5.5)/0.01=100（元），共可获赔款=100×10 000=1 000 000（元）。

二、农业收入保险

农业收入保险是一种可以提供对产量和价格风险的全面保护,有效降低产量风险、价格风险及产量和价格复合风险的农业保险产品。当农产品收入(产量×价格)低于预期时,被保险人获得相应的差额赔偿。农业收入保险是一种非常有效的农业风险管理工具。

农业收入保险包括两个要素:产量部分通常基于当地有代表性的历史产量,多由近5~10年连续产量的平均值计算得到;价格部分通常依赖于成熟的价格发现机制,如期货市场来确定。在保险单起期和理赔的两个时间段里,基准价格和收获价格是基于本土市场的大宗商品期货合约价格来决定的。

对农业生产者而言,既要保障稳定的农产品产量,又要防止农产品价格下跌,他们最关心的是收入减少。以保障收入为基础的农业收入保险,可以保障农业生产者因遭受自然灾害导致的产量损失和因价格下跌而产生的收入损失,更符合农业生产者的实际损失水平与风险情况。随着我国农业产业政策及结构的调整、土地流转制度的推行、商品交易平台的发展及政府对农业保险补贴的不断加大,在现行的物化成本保障的基础上,逐步探索推行农业收入保险必将对保障农业产业的粮食安全起到更加重要的作用。

保险行业可以借鉴美国等市场的农业收入保险的做法与经验,充分考虑我国农业产业的特点,结合未来我国农业产业结构及农业政策的调整,着重在适合我国农业产业发展的农业收入保险产品结构设计上进行研究,逐步开发出适合本土市场的农业收入保险产品。现阶段,我国农业收入保险已经在探索中前行,不少省市都有试办,既有商业性的也有政策性的经营模式。

延伸阅读

海南天然橡胶收入保险 试点取得实质性进展

2018年5月,海南天然橡胶收入保险试点项目先后在海南五指山、白沙两个地区顺利落地实施,合计为逾5600户胶农种植的7.86万亩开割橡胶提供收入风险保障7549.06万元,实现保险费收入754.91万元。海南天然橡胶收入保险是继上年海南保险业创新推出天然橡胶"保险+期货"试点后的又一新突破,由"保价格"进一步做到"保收入",从根源上保障了广大胶农的权益,促进了胶农的稳定增收。

海南天然橡胶收入保险以定植满6年(含)以上的橡胶树为保险标的,综合考虑胶农投入的生产成本和市场价格预期确定保险金额,即每亩960元。在保险期间,由市县政府有关部门负责采集橡胶收购价格并按时发布。一旦胶农出售橡胶的收入低于保险合同约定的保险金额,则保险公司按照合同约定的赔付区间计算收入差额,给予被保险人经济赔偿。海南天然橡胶收入保险试点项目获得当地政府的有力支持,其中五指山市财政全额出资为胶农购买保险服务,白沙黎族自治县财政给予90%的保险费补贴。

资料来源:根据中国财经网相关报道编辑整理。

三、农业气象指数保险

农业气象指数保险，也称天气指数保险，是指在指定区域把一个或几个气象条件对农作物的损害程度指数化，每个指数都有对应的农作物产量和损益，保险合同以这种指数为基础，当指数达到一定水平并对农作物造成一定影响时，投保人就可以获得相应标准的赔偿。

该保险以一个或几个气象条件为触发条件，如风速、降雨量、温度等，当达到触发条件后，无论保险标的是否受灾，保险公司都将根据气象条件指数向投保人支付保险金。它属于财产保险中的费用补偿保险。

2009年，我国首款农作物旱灾指数保险产品经过批准，在安徽省长丰县部分乡镇开展了试点，这标志着我国在农业气象指数保险上的实践探索正式展开。近年来，很多保险公司都在积极研发和试点农业气象指数保险，科技和大数据支撑的农业气象指数保险或许是未来发展的趋势。

延伸阅读

茶叶低温气象指数保险3日赔付茶农208.6万元

2017年2月下旬，贵州遵义部分茶园遭遇"倒春寒"，太平洋产险贵州分公司通过"e农险"App快速启动茶叶低温气象指数保险理赔流程，3日内就将208.6万元赔款直接支付到此次受灾面积最大的正安县投保茶农的账户上。

不同于传统政策性农业保险，该险种理赔的唯一依据就是气温数据。据了解，遵义地区专属茶叶低温气象指数保险以投保时约定的气象监测点日最低气温为赔付依据，将1℃作为起赔点，根据不同时期的茶树直接物化成本进行赔付，一旦达到起赔点，无须查勘，即根据约定的赔偿标准赔付。

作为支农惠农的保险项目，该业务得到了当地政府的大力支持，当地财政提供了90%的保险费补贴，茶企和茶农只需承担10%的保险费，极大地减轻了茶企和茶农的经济负担。2017年1月，太平洋产险贵州分公司正式在遵义地区正安、凤冈、湄潭、道真4个县试点茶叶低温气象指数保险，最大限度地转嫁了低温霜冻天气风险，获得了当地茶企和茶农的一致好评。

值得一提的是，在开展茶叶低温气象指数保险期间，太平洋产险贵州分公司充分运用移动新技术，通过运用"e农险"App"承保助手功能"，快速准确地确定了投保的地块位置和面积，4个县域共计35 811.55亩茶树快速准确地完成了投保，其中贫困户投保731户，投保面积2343亩。为确保该项目能快速理赔，该公司与当地气象部门共同建立了日常气温发布机制，确定专人对投保地区24小时气温数据进行监测，最大限度地减少了投保茶农的经济损失，助力当地茶产业发展，为受灾农户撑起保护伞，打响了脱贫攻坚春季攻势第一枪。

资料来源：根据沃保网新闻资讯相关报道编辑整理。

近年来,农业保险的创新发展迅速,不只是产品方面,而是全方位创新。其经营模式从传统单一的商业模式向"互联网+农业保险"转变,互助合作农业保险模式得到推广和应用。随着信息科学、网络技术、大数据和云计算的发展,在农业保险领域实现大数法则已经有了强有力的技术工具,农业领域大数据的应用是保险公司产品设计与定价、风险防控、赔付测算的最重要的技术手段。此外,许多现代科技的应用能为保险公司产品开发、保险标的在保监测和风险防范提供重要的支持。在承保、监测、赔付中广泛使用卫星通信技术、卫星导航定位技术、地理信息技术、遥感技术、无人机应用技术等手段,形成林业遥感监测数据获取、林业信息化应用、辅助指挥决策的一体化运行体系,以支持林木保险的发展。同时,通过运用卫星遥感、地理信息系统、全球定位系统、无人机航空航测、气象分析、地勘采集系统、云计算分析等先进技术对农户种植的农作物损失情况进行分析和测算。在牲畜保险项目中,运用"大牲畜电子耳标项目"记载与动物有关的关键信息。

专业能力训练

◇ 思考讨论

1. 农业保险、涉农保险、农村保险是什么关系?
2. 农业保险有哪些区别于一般财产保险的特点?
3. 农作物保险有哪些种类?主要保险责任有哪些?
4. 家禽保险的投保条件有哪些?

◇ 案例分析

1. 2017年3月,农民张某承包了村里的3座温室大棚,并在本县某保险公司投保了农业温室大棚保险。同年7月,该地区连降大雨并伴有大风,在7月28日的晚上,张家的3座大棚倒塌了2座,导致大棚内的育苗也遭受了损失。倒塌后第二天张某向保险公司报了案,保险公司的理赔人员在对现场实地查勘后,通知张某等待保险公司的赔偿结果。但是,3天后保险公司却向张某出具了拒赔通知书,原因是在张某投保的保险合同中,已经详细注明了暴风、暴雨、暴雪等保险责任的相关说明,而保险公司从气象台详细了解到,在7月28日之前一个星期内,该地区的风力未达到8级以上,而张家大棚的倒塌很可能是由于大棚的承载结构不标准造成的,因此保险公司对于此次事故不承担保险责任。张某不服保险公司的说法,向当地法院提起诉讼。请根据农业保险相关知识分析此案保险公司的拒赔决定是否正确。

2. 早在2015年,在湖北省郧西县店子镇畜禽技术服务中心的协助下,包括店子镇大坝塘村村民李某在内的19户养羊户为了降低风险,给饲养的山羊购买了山羊养殖保险。然而,在保险有效期内,因为疫病造成山羊大量死亡,按照理赔方式测算,保险公司应赔付6.84万元。但是一晃3年时间过去了,保险金却迟迟没着落。不久前,郧西县纪律检查委员会接到反映店子镇畜禽技术服务中心虚报冒领山羊养殖保险金的信访举报后,经过缜密调查,某保险公司郧西县支公司以资金没到位、资料不齐全、审批手续积压等为由而理赔久拖不决的问题很快被查实,该公司相关责任人作为监察体制改革后新纳入的监察对象,受到严肃处理。此举也为店子镇畜禽技术服务中心澄清了事实,并不存在被举报的"虚报冒领"问题。请根据养殖业保险有关知识分析,这些农户的损失应如何处理?此案暴露出什么问题?应如何改进?

✧ 综合实训

实训一　农业保险产品分析

实训目的:运用种植业与养殖业保险主要险种实务的相关知识,解读相关保险条款。

实训要求:选择目前农业保险市场上某保险公司的小麦种植保险、玉米种植保险、水稻种植保险及农业气象指数保险产品,以及育肥猪保险、能繁母猪保险、生猪价格指数保险产品,详细阅读保险合同的条款,进行保险产品利益演示和产品比较分析。

实训二　农业保险的保险费、保险金额及保险赔款计算

实训目的:运用农业保险实务知识进行保险费、保险金额及保险赔款计算。

实训要求:根据背景资料计算保险费、保险金额及保险赔款。

背景资料:

王成给自己经营的400公顷玉米地全都投了玉米成本保险。作为一项政策性农业保险,按照本省农业保险有关规定,每公顷土地农民交纳60元,政府补贴240元,保险金额为4200元,每次事故的绝对免赔率为10%。没想到,同年6月受灾害性天气影响,他的玉米地有100公顷受灾,损失程度为65%。问:

1. 对于王成而言,这400公顷玉米地需要交纳多少保险费?可以获得多少金额的保障?

2. 按照当地玉米保险条款约定,6月30日前受灾的全损赔偿标准为保险金额的60%,王成可获得多少保险赔款?

项目九
解析责任保险

学习目标

知识目标
- 掌握责任保险的概念,熟悉责任保险的特点
- 掌握责任保险的承保方式
- 掌握公众责任保险的概念,熟悉公众责任保险的主要内容,了解公众责任保险的主要险种
- 掌握职业责任保险的概念,熟悉职业责任保险的主要内容,了解职业责任保险的主要险种
- 掌握雇主责任保险的概念,熟悉雇主责任保险的主要内容
- 掌握产品责任保险的概念,熟悉产品责任保险的主要内容

技能目标
- 能解读责任保险条款,辨析责任保险的险种
- 能通过雇主责任保险与工伤保险的对比,分析雇主责任保险的卖点
- 能运用责任保险基础知识进行保险实务案例分析
- 能运用责任保险理赔知识进行保险理算

关键术语

责任保险　以事故发生为基础　以索赔为基础　公众责任保险　职业责任保险　雇主责任保险　产品责任保险

知识结构

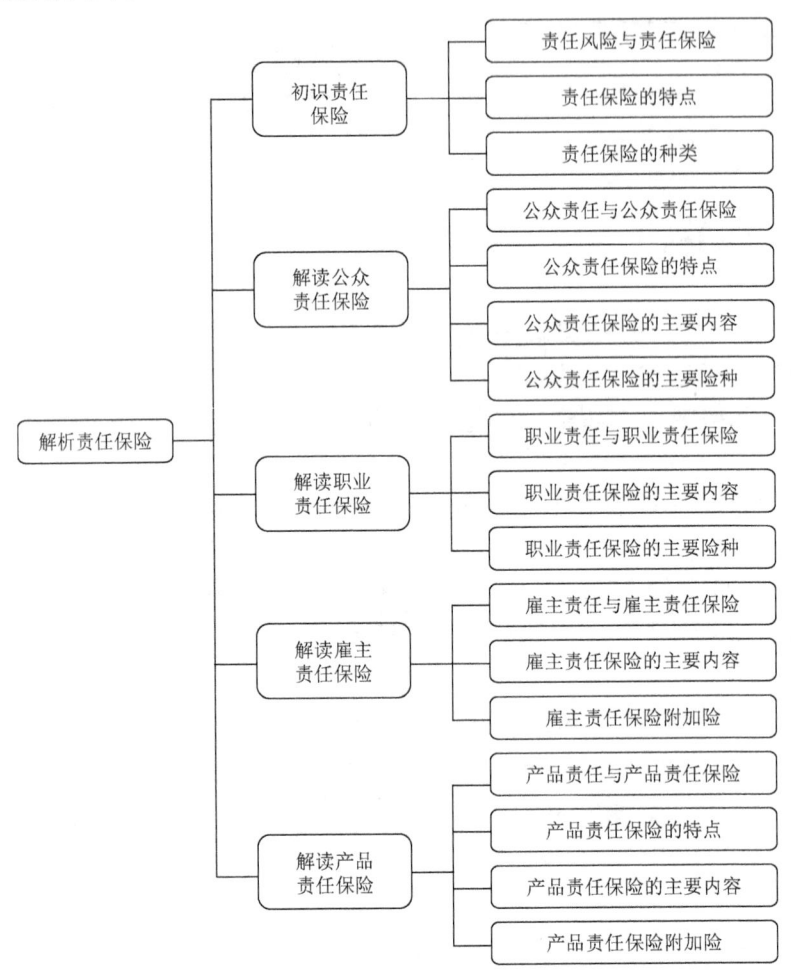

解析责任保险
- 初识责任保险
  - 责任风险与责任保险
  - 责任保险的特点
  - 责任保险的种类
- 解读公众责任保险
  - 公众责任与公众责任保险
  - 公众责任保险的特点
  - 公众责任保险的主要内容
  - 公众责任保险的主要险种
- 解读职业责任保险
  - 职业责任与职业责任保险
  - 职业责任保险的主要内容
  - 职业责任保险的主要险种
- 解读雇主责任保险
  - 雇主责任与雇主责任保险
  - 雇主责任保险的主要内容
  - 雇主责任保险附加险
- 解读产品责任保险
  - 产品责任与产品责任保险
  - 产品责任保险的特点
  - 产品责任保险的主要内容
  - 产品责任保险附加险

案例导入

浦东某小区物业公司在管理中采用投保公众责任保险的办法转移风险，为一些住宅区投保，一般按7000元/年交纳保险费，最高可赔偿200万元/年。2018年7月，该小区业主王小姐于夜间进入小区时，因天黑而被铁链绊倒，造成左手手腕骨折，后来物业公司向保险公司报案并索赔。保险公司调查后，认为该事故属于保险责任范围，于是承担赔偿责任900元，支付给王小姐。

资料来源：根据百度文库资料编辑整理。

随着社会的进步、法律制度的健全，除财产和人身风险外，人类面临的责任风险也越来越突出。责任事故的发生使责任的承担方利益受损，甚至承担巨额的赔偿，危及企业正常的生产经营活动。通过投保责任保险，个人和企业可以转移责任风险，避免由于责任事故的发生使企业出现经营危机。

任务一　初识责任保险

任务情景

一位消费者在一家新开的大卖场购物后，欲离开时，一头撞上了无框大玻璃门，顿时头破血流。经医院治疗后虽无大碍，但脸上缝了几针，不免"破相"，于是这位消费者与大卖场交涉要求赔偿。大卖场言道："你自己不注意才会撞上玻璃门，我们不让你赔玻璃门的损失已经很客气了。"消费者认为玻璃门没有安全标识才导致事故发生，大卖场反问："同样一扇门，为什么别人都看得见，你就看不见，这不就是你的问题吗？"双方交涉无果，消费者愤而提出诉讼。

请分析，在以上案例中大卖场是否有责任？若购买了相关责任保险产品，保险公司是否应承担赔偿责任？

知识探究

一、责任风险与责任保险

（一）责任风险

责任简单来讲就是义务。个人、家庭、企业、社会团体乃至国家等不同的行为主体，因其存在于一个相互联系、相互作用的世界，各行为主体不可避免地负有各种责任，即义务。当义务不被履行时，各行为主体就面临责任风险。责任风险是指行为主体因疏忽行为或过失行为或故意行为造成他人的财产损失或人身伤亡及精神损害，根据法律的规定必须负有经济赔偿责任或其他责任（行政责任、刑事责任）的不确定性。

（二）责任保险

责任保险是指以被保险人对第三者依法应承担的赔偿责任为保险标的的保险。责任保险一般只承保侵权责任，合同责任须经保险人同意，否则不予承保。

延伸阅读

责任保险中的侵权责任和合同责任

侵权责任，是指民事主体对其侵权行为所应承担的民事责任。侵权行为，是指行为人由于过错或在法律特别规定的场合不问过错，违反法律规定的义务，以作为或不作为的方式，侵害他人人身权利和财产权利及利益，依法应承担赔偿责任等法律后果的行为。

合同责任也称违约责任，是指合同当事人不履行或不适当履行合同所约定的义务，而应承担的继续履行、采取补救措施、损坏赔偿、支付违约金等民事法律后果。

在国内责任保险市场上，绝大多数责任保险产品承保的都是侵权责任，如公众责任保险、产品责任保险、职业责任保险，对于承保合同责任的保险产品，保险人均十分谨慎。

资料来源：根据百度文库资料编辑整理。

二、责任保险的特点

责任保险的性质属于损失补偿性质，其经营原则与财产保险一致，因此它属于财产保险范畴。但与一般财产保险相比，二者又在许多方面存在差异。责任保险的特点如下。

（一）产生与发展基础的特殊性

一般财产保险产生与发展的基础，是自然风险与社会风险的客观存在和商品经济的产生与发展。责任保险产生与发展的基础，既包括各种民事法律风险的客观存在和社会生产力达到了一定的阶段，又包括人类社会的进步带来了法律制度的不断完善，其中法制的健全与完善是责任保险产生与发展的最为直接的基础。

（二）保险标的的特殊性

与一般财产保险的保险标的的有形性不同，责任保险的保险标的是被保险人对第三者应当承担的赔偿责任，它具有无形性，必须符合以下4个条件：一是责任保险的保险标的必须以作为受害人的第三者的存在为前提；二是责任保险的赔偿责任必须是侵权责任或经过特别约定的合同责任；三是责任的产生必须具有意外性或偶然性，即赔偿责任必须是由被保险人的过失行为所导致的责任，被保险人蓄意进行的行为不属于责任保险的保险责任；四是赔偿责任必须是依照法律的规定，由被保险人承担的民事责任。

（三）承保方式的特殊性

一般财产保险的承保以在保险有效期内发生保险事故为前提，只要在保险有效期内发生保险事故，并且不存在属于责任免除的情况，就认定为保险责任。责任保险则不同，责任保险的赔偿以受害人向被保险人索赔为前提，有时被保险人对第三者造成损害的事实，并非能够在侵权行为实施时被立即发现，如医生将手术刀遗留在病人的体内，病人发现时已经是两年后，这时侵权行为的实施和损害后果的发现之间就间隔了两年。为了避免保险责任确定上的混乱，责任保险通常采用两种方式归属保险责任，在实践中也称为两种承保方式，即以事故发生为基础的承保方式和以索赔为基础的承保方式。承保方式不同，保险人最终的理赔结果也有可能不同。

1. 以事故发生为基础的承保方式

以事故发生为基础的承保方式也称期内发生式。该承保方式是保险人仅对在保险有效期内发生的保险事故而引起的索赔负责，而不论受害人是否在保险有效期内提出赔偿请求。它实质上是将保险责任期限延长了。其优点是保险人支付的赔款与其在保险有效期内实际承担的风险责任相对应；其缺点是保险人在该保险单项下承担的赔偿责任往往要经过很长时间才能确定，而且因为货币贬值等因素，受害人最终索赔的金额可能大大超过保险事故发生时的水平或标准。在这种情况下，保险人通常规定赔偿限额，同时明确一个后延截止日期。

2. 以索赔为基础的承保方式

以索赔为基础的承保方式也称期内索赔式。该承保方式是保险人仅对在保险有效期内受害人向被保险人提出的有效赔偿请求负赔偿责任，而不论保险事故是否发生在保险有效期内。它实质上是将保险时间前置了。

采用期内索赔式承保，可使保险人能够确切地把握该保险单项下应支付的赔款，即使赔款数额在当年不能准确确定，至少可以使保险人了解全部索赔的情况，对自己应承担的风险责任或可能支付的赔款数额进行较切合实际的估计。

同时，为了控制保险人承担的风险责任被无限地前置，各国保险人在经营实践中，又通常规定一个追溯期作为限制性条款。追溯期，即保险合同当事人在保险合同中约定的从保险责任起始日向前追溯的一段时间，保险人对此期间发生且在保险期限内首次提出赔偿请求的保险事故承担保险责任。保险追溯期是指自保险期限开始向前追溯约定的时间，在此期间投保人连续投保，追溯期可以连续计算，但最长不得超过 3 年。追溯期的起始日不应超过首张保险单的保险责任起始日。追溯期由保险双方约定，并在保险合同中载明。

典型案例

期内发生式和期内索赔式的比较

客户购买的产品责任保险起始日是 2011 年 2 月 2 日，到期日是 2012 年 2 月 1 日。保险单到期后，客户没有进行续保。假如该保险单是期内发生式保险单，那么保险公司将对于任何发生在 2011 年 2 月 2 日至 2012 年 2 月 1 日期间的保险单承保的事故进行理赔。具体如下表所示。

事故发生时间	索赔时间	保险单是否保障	备注
2010-05-02	2011-02-13	×	事故发生时间不在保险有效期内
2011-03-31	2011-07-20	√	事故发生时间在保险有效期内
2011-07-15	2013-05-06	√	事故发生时间在保险有效期内
2012-01-23	2017-03-25	√	事故发生时间在保险有效期内
2013-03-28	2013-11-04	×	事故发生时间不在保险有效期内

假如上例中的客户购买的产品责任保险是期内索赔式的，最终赔偿结果就截然不同。具体如下表所示。

事故发生时间	索赔时间	保险单是否保障	备注
2010-05-02	2011-02-13	√	索赔时间在保险有效期内
2011-03-31	2011-07-20	√	索赔时间在保险有效期内
2011-07-15	2013-05-06	×	索赔时间不在保险有效期内
2012-01-23	2017-03-25	×	索赔时间不在保险有效期内
2013-03-28	2013-11-04	×	索赔时间不在保险有效期内

资料来源：根据百度文库资料编辑整理。

（四）保险价值的不确定性

保险价值是保险标的的价值，是确定保险金额和保险理赔的依据。在一般财产保险中，保险价值可以事先确定或约定，但责任保险的保险标的是被保险人对第三者依法应承担的赔偿责任，其保险价值事先是无法确定和预料的，只能在保险事故发生后依据法律法规来确定。但是，若在责任保险中没有赔偿金额的限制，保险人就会陷入经营风险，因此在责任保险合同中需要约定赔偿限额，作为保险人承担赔偿责任的最高限制。一般来说，在责任保险中通常规定 3 种赔偿限额：一是每次事故或同一原因引起的一系列保险事故的赔偿限额，它又分为财产损失赔偿限额和人身伤亡赔偿限额；二是保险期限内累计的赔偿限额，它又分为累计的财产损失赔偿限额和累计的人身伤亡赔偿限额；三是在某些情况下，保险人将财产损失和人身伤亡两者合成一个赔偿限额，或者只规定每次事故或同一原因引起的一系列保险事故的赔偿限额，而不规定累计赔偿限额。

三、责任保险的种类

（一）按实施的方式划分

按实施的方式不同，责任保险可分为强制责任保险和自愿责任保险。

（1）强制责任保险又称法定责任保险，是指国家或政府通过制定法律、颁布法规或行政命令，强行在投保人和保险人之间建立责任保险关系的责任保险。例如，机动车辆第三者责任保险已成为许多国家的法定责任保险。

（2）自愿责任保险又称任意责任保险，是指投保人和保险人在平等互利、等价有偿的原则基础上，通过协商一致，双方完全自愿订立责任保险合同、建立责任保险关系的责任保险。商业保险中的责任保险，绝大部分是自愿责任保险。

（二）按承保的方式划分

按承保的方式不同，责任保险可分为独立责任保险和附加责任保险。

（1）独立责任保险是指保险人单独将责任风险进行承保的责任保险。例如，公众责任保险、律师责任保险等均属于独立责任保险。

（2）附加责任保险是指以附加形式构成有关财产保险合同组合的责任保险。例如，机动车辆保险中的机动车车上人员责任保险就属于附加责任保险，即附加于机动车辆保险上的附加责任保险。

（三）按险种划分

按险种的不同，责任保险可分为公众责任保险、职业责任保险、雇主责任保险和产品责任保险。

（1）公众责任保险又称普通责任保险或综合责任保险，是指以被保险人的公众责任为承保对象的保险。它是责任保险中独立的、适用范围最为广泛的险种。

（2）职业责任保险是指承保各种专业技术人员在为委托人提供专业服务的过程中，因过失导致委托人损失，依法应由各种专业技术人员承担的经济赔偿责任的保险。

(3) 雇主责任保险是指承保雇主对雇员在受雇期间的人身伤亡，根据相关法律或雇佣合同应由雇主承担的经济赔偿责任的保险。

(4) 产品责任保险是指以产品可能造成的对他人的人身伤亡或财产损失为具体承保对象，以制造或能够影响产品责任事故发生的有关各方为被保险人的保险。

任务二　解读公众责任保险

任务情景

某市政公司于2018年5月向某保险公司投保了公众责任保险，保险责任是其在施工过程中的过失行为造成他人的人身伤亡或财产损失的经济赔偿责任，赔偿限额为每起事故10 000元。同年10月2日，该市政公司一队工人在维修路边窨井时因下雨跑回施工棚，忘记在井边设立标志，也未盖好窨井盖。傍晚时分，雨还在下，一行人骑自行车经过此地时跌入井中受伤，并受感染而致死。受害人家属向该市人民法院起诉要求该市政公司承担经济赔偿责任。法院判决被告方应向死者家属支付16 756元。

请分析，这起伤害事故是否属于公众责任保险的保险责任范围？如果属于，则保险公司应赔多少？

知识探究

一、公众责任与公众责任保险

（一）公众责任

公众责任是指因致害人在公众活动场所的过错行为致使他人的人身或财产遭受损害，依法应由致害人承担的对受害人的经济赔偿责任。公众责任的构成，以在法律上负有经济赔偿责任为前提，其法律依据是各国的民事法律及各种有关的单行法规制度。

由于公众责任风险不可能完全避免，只能设法对其进行分散和转移，使风险和损失最小化，使应对风险的成本固化在一个可以控制的范围内，因此这为各类公众责任保险产品的产生和发展提供了社会需求的基础。

（二）公众责任保险

公众责任保险又称普通责任保险或综合责任保险，是指以被保险人（包括自然人或法人）在生产经营活动场所内或一定区域内，由于意外事故过错等侵权行为或违约行为，致使他人的人身或财产受到损害，依法由被保险人承担的经济赔偿责任为保险标的的保险。

企事业单位、社会团体、个体工商户、其他经济组织及自然人均可为其经营的工厂、办公楼、旅馆、住宅、商店、医院、学校、影剧院、展览馆等各种公众活动场所投保公众责任保险。

二、公众责任保险的特点

（一）受害人的不确定性

公众责任保险的受害人可以是单位，也可以是个人，不具有一定的群体特征，这是公共责任保险最根本的特点。在雇主责任保险中，受害人仅限于与雇主有雇佣关系的雇员；在产品责任保险中，受害人大多为产品的直接使用者或消费者；在职业责任保险中，受害人一般是接受专业技术服务的特定对象。而公众责任保险的受害人可以是任何法人或自然人。

（二）适用范围的广泛性

公众责任保险不仅广泛适用于工厂、办公楼、旅馆、住宅、商店、医院、学校、影剧院、展览馆等各种公众活动场所，也适用于个人的日常生活。可见，公众责任保险的投保人可以是法人，也可以是自然人。而雇主责任保险、产品责任保险和职业责任保险的投保人一般为法人。

（三）表现形式的多样性

公众责任保险是一个统括性的概念，根据其自身内涵和社会责任风险的不同，将风险进行了细分，衍生出具体的公众责任保险类别，如场所责任保险、承包人责任保险、承运人责任保险、环境责任保险等。

三、公众责任保险的主要内容

（一）保险责任与责任免除

1. 保险责任

公众责任保险承保的是被保险人在保险期限内、在保险地点发生的依法应承担的经济赔偿责任，具体可分为以下两项。

（1）第三者的人身伤亡或财产损失。在保险期限内，被保险人在保险合同载明的范围内，因经营业务发生意外事故，造成第三者的人身伤亡或财产损失，依法应由被保险人承担的经济赔偿责任，保险人按照合同条款的规定负责赔偿。

其中，人身伤亡仅指受害人身体上的伤残、疾病或死亡，一般不包括受害人的精神伤害；财产损失指物质财产的损坏或灭失，包括由此引起的无法使用的损失和其他费用。

（2）因意外事故引起的诉讼费用及事先经保险人书面同意的其他费用。其中，诉讼费用一般指进行民事诉讼和行政诉讼时发生的依法应由当事人交纳的费用，包括案件受理费、申请费和其他诉讼费用；其他费用是指发生保险事故后，被保险人为减少对第三者人身伤亡或财产损失的赔偿责任所支付的必要的、合理的费用。

2. 责任免除

（1）由于下列原因造成的损失、费用和责任，保险人不负责赔偿。

① 投保人、被保险人及其代表的重大过失或故意行为。

② 战争、敌对行动、军事行为、武装冲突、罢工、骚乱、暴动、恐怖活动、盗窃、抢劫。

③ 行政行为或司法行为。

④ 核辐射、核爆炸、核污染及其他放射性污染。

⑤ 地震及其次生灾害、海啸及其次生灾害、雷击、暴雨、洪水、火山爆发、地下火、龙卷风、台风、暴风等自然灾害。

⑥ 烟熏、大气污染、土地污染、水污染及其他各种污染。

⑦ 锅炉爆炸、空中运行物体坠落。

(2) 出现下列任一情形时，保险人不负责赔偿。

① 被保险人因在保险合同载明的场所范围内所拥有、使用或经营的游泳池发生意外事故造成的第三者人身伤亡或财产损失。

② 被保险人因在保险合同载明的固定场所内布置的广告、霓虹灯、灯饰物发生意外事故造成的第三者人身伤亡或财产损失。

③ 被保险人因在保险合同载明的场所范围内所拥有、使用或经营的停车场发生意外事故造成的第三者人身伤亡或财产损失。

④ 被保险人因出租房屋或建筑物发生火灾造成第三者人身伤亡或财产损失的赔偿责任。

⑤ 使用未经有关监督管理部门验收或经验收不合格的固定场所或设备。

⑥ 因保险固定场所周围建筑物发生火灾、爆炸波及保险固定场所，再经保险固定场所波及他处的火灾责任。

(3) 下列属于其他险种保险责任范围内的损失、费用和责任，保险人不负责赔偿。

① 被保险人或其雇员因从事医师、律师、会计师、设计师、建筑师、美容师或其他专门职业所发生的赔偿责任。

② 不洁、有害食物或饮料引起的食物中毒或传染性疾病，有缺陷的卫生装置，以及售出的商品、食物、饮料存在缺陷造成他人的损失。

③ 对于未载入保险合同而属于被保险人的或其所占有的或以其名义使用的任何牲畜、车辆、火车头、各类船只、飞机、电梯、升降机、自动梯、起重机、吊车或其他升降装置造成的损失。

④ 由于震动、移动或减弱支撑引起任何土地、财产、建筑物的损害责任。

⑤ 被保险人因改变、维修或装修建筑物造成第三者人身伤亡或财产损失的赔偿责任。

(4) 下列损失、费用和责任，保险人不负责赔偿。

① 被保险人或其雇员的人身伤亡及其所有或管理的财产的损失。

② 被保险人应该承担的合同责任，但无合同存在时仍然应由被保险人承担的经济赔偿责任不在此限。

③ 在被保险人营业处所住宿的客人所携带物品的损失。

④ 罚款、罚金或惩罚性赔款。

⑤ 精神损害赔偿。

⑥ 间接损失。

⑦ 保险合同中载明的免赔额或按免赔率计算的免赔额。

(5) 其他不属于保险责任范围内的损失、费用和责任，保险人不负责赔偿。

(二) 保险期限

公众责任保险的保险期限一般为一年或不足一年。但有时公众责任风险的存在期比较短，投保人可以按"天"来签订保险合同，相应的投保人所需要交纳的保险费也按照日费率进行计算，如展览会责任保险的保险期限通常为几天或几周。

(三) 赔偿限额和免赔额

1. 赔偿限额

赔偿限额是保险人承担经济赔偿责任的最高限额，也是厘定费率、计算保险费的重要因素。赔偿限额的高低一般由保险双方在签订合同时，根据可能发生的经济赔偿责任和风险协商确定，并在保险合同中写明。赔偿限额的规定有两种方法：一是规定每次事故的赔偿限额，无分项限额，整个保险期间也无累计赔偿限额；二是规定保险合同的累计赔偿限额，即规定每次事故的赔偿限额，无分项限额，再规定整个保险期间的累计赔偿限额，或者规定每次事故人身伤亡和财产损失的分项限额，再规定整个保险期间的累计赔偿限额。

2. 免赔额

免赔额是保险人的免责限度。公众责任保险对人身伤亡赔偿责任没有免赔额的规定，但对受害的第三者财产损失则一般规定每次事故的绝对免赔额，即无论受害人的财产损失程度如何，在免赔额以内的损失保险人均不负责，由被保险人自己承担。免赔额的确定以承保业务的风险大小为依据，并在保险合同中写明，以促使被保险人加强防灾防损工作，并在保险事故发生时采取积极措施，尽可能减少损失。如果保险合同中没有免赔额的规定，保险人可以另行出单，注明免赔事项。

(四) 保险费 (率)

由于公众责任保险的保险期限一般为一年或不足一年，因此其费率也按常规分为一年期费率或短期费率，在同等条件下短期费率比一年期费率要高。

保险人在厘定费率时，除考虑赔偿限额和免赔额因素外，还应考虑以下因素：被保险的业务性质产生损害赔偿责任的可能性；被保险人的风险类型；被保险人的管理水平与管理效果；被保险人以往损失赔偿的记录；承保区域范围；司法管辖权范围。

典型案例

在商场摔倒，谁承担赔偿责任

案情介绍：

许昌市的某商场在该市一家保险公司投保了公众责任保险，双方约定，每次事故每人的赔偿限额为20万元，累计赔偿限额为1000万元，费率为1.5‰，保险费为1.5万元。在该保险的有效期内，消费者曾某在其儿子的陪同下到该商场购物。不料，曾某在负一楼超市的电梯处摔倒，被送至医院救治，后被诊断为骨折，伤情较为严重，住院治疗21天，花费医疗费 35 835.2 元。后经司法鉴定，曾某为九级伤残。

该商场赔偿了曾某 76 655.4 元，因商场投有公众责任保险，其负责人便向保险公司申请理赔。但保险公司拒赔，于是商场就把保险公司告上了法庭。许昌市魏都区法院审理后认为，商场与保险公司签订的公众责任保险合同真实有效，发生保险事故后，保险公司应当按照合同的约定进行理赔。因此，法院判决保险公司承担赔偿责任。

案例分析：

公众责任保险承保的是被保险人在保险期限内、在保险地点发生的依法应承担的经济赔偿责任，以被保险人的公众责任为承保对象，是责任保险中独立的、适用范围最为广泛的险种。对商业机构的经营者来说，投保公众责任保险可以转嫁其责任和风险。在本案中，消费者曾某在商场摔倒，商场作为经营者，要承担相应的经济赔偿责任。而商场购买了公众责任保险，该事故属于保险责任范围，所以保险公司应该赔付。

资料来源：根据希财网保险案例编辑整理。

四、公众责任保险的主要险种

（一）场所责任保险

场所责任保险承保固定场所因存在结构上的缺陷或管理不善，或者被保险人在被保险场所进行生产经营活动时因疏忽发生意外事故，造成他人人身伤亡或财产损失且依法应由被保险人承担的经济赔偿责任。

场所责任保险是公众责任保险的主要业务来源，广泛适用于工厂、商店、饭店、办公楼、体育场所、学校、医院、车站、歌舞厅、电影院、展览馆、动物园等各种公众活动场所。其承保方式通常是在普通公众责任保险单的基础上加列各种场所责任保险条款独立承保，也可以由专业的场所责任保险单予以承保。

在实务中，场所责任保险本身是一类综合性业务，它又可以划分为若干个具体的险种，如展览会责任保险、餐饮场所责任保险、停车场责任保险、校方责任保险等。

（二）承包人责任保险

承包人责任保险适用于各种建筑工程装卸作业及修理行业，它是最早的公众责任保险险种之一，专门承保承包人在施工作业或工作中造成他人人身伤亡或财产损失，依法应由承包人承担的经济赔偿责任。

在承包人责任保险中，保险人通常对承包人租用或自有的设备及对委托人的赔偿、合同责任、对分承包人应承担的责任等负责，但对被保险人看管或控制的财产、施工的对象、退换或重置的工程材料、提供的货物及安装完的货物等不负责。

（三）承运人责任保险

承运人责任保险专门承保各种客、货运输任务的部门或个人在运输过程中可能发生的损害赔偿责任，主要包括旅客责任保险、货物运输责任保险等险种。与一般公众责任保险不同的是，承运人责任保险保障的责任风险实际上处于流动状态，但因其运行途径是固定的，从而亦可以将其视为固定场所的责任保险业务。

（四）环境责任保险

环境责任保险是以企业发生污染事故对第三者造成的损害依法应承担的赔偿责任为保险标的的保险。具体来说，排污企业作为投保人，依据保险合同的约定，按一定的费率向保险公司预先交纳保险费，就可能发生的污染事故在保险公司投保，一旦发生污染事故，由保险公司负责对污染受害人进行一定金额的赔偿。

（五）供电责任保险

供电责任保险是专门为供电企业提供保障的险种。它是以供电企业在供电过程中对第三者造成的损害依法应承担的赔偿责任为保险标的的保险。供电责任保险的被保险人必须是依法取得"供电营业许可证"，正式投入运营的、具有法人资格的供电者。

（六）个人责任保险

个人责任保险是为个人或其家庭提供的责任保险，它适用于任何个人及家庭，主要承保自然人或其家庭成员因过失或疏忽对他人的身体或财产造成损害，依法应由其承担的赔偿责任。个人责任保险主要有住宅责任保险、综合个人责任保险、射击运动员责任保险等。

任务三　解读职业责任保险

任务情景

2015年4月17日，四川省某人民医院对患者进行剖宫产手术，因疏忽导致患者婴儿吸入羊水引起呼吸衰竭而死亡。事故发生后，医患双方产生争议进入诉讼阶段。

请分析，医院是否要承担赔偿责任？若医院投保了相应的职业责任保险，保险公司是否要承担赔偿责任？

知识探究

一、职业责任与职业责任保险

（一）职业责任

职业责任是指从事各种专业技术工作的单位或个人，在履行职业工作或提供职业服务的过程中，因过错行为而造成其委托人或其他利害关系人的人身伤亡或财产损失，而应当由专业技术人员或其执业机构依法承担的经济赔偿责任。在职业责任中，按照执业机构的种类不同，责任承担主体可能与行为主体相统一，也可能与行为主体相分离。例如，行为主体是专业技术人员个人，而责任承担主体是专业技术人员所在的执业机构。

职业责任实际上是专业技术人员的一种失职行为。专业技术人员是指在某一领域具有专业技能或专业特长，且以这些技能或特长从事专业工作，并因此获得相应利益的人，如医生、律师、会计师、药剂师、建筑师、设计师、公证人等。

（二）职业责任保险

职业责任保险是指承保各种专业技术人员在从事专业技术工作时因疏忽或过失造成委托人经济利益损失的保险。

二、职业责任保险的主要内容

（一）投保人和被保险人

通常，机构或单位是职业责任风险的第一责任人，因此职业责任保险一般由提供专业技术服务的机构或单位为在本机构或单位内工作的个人投保，如医院为医生投保、律师事务所为律师投保等。机构或单位是投保人，专业技术人员个人则是被保险人。但如果是个体专业技术人员，如私人医生或律师本人为自己投保职业责任保险，那他既是投保人又是被保险人。

（二）保险责任与责任免除

1. 保险责任

职业责任保险的保险责任因职业之间的差异而有较大的不同，但主要有两项。

（1）损害赔偿。

职业责任保险承保在保险期限或保险合同载明的追溯期内，被保险人在从事专业技术工作时，由于疏忽、过错或失职造成合同对方或他人的人身伤亡或财产损失，并由受害人或其他利害关系人在保险期限内首次向被保险人提出赔偿请求，依法应由被保险人承担的经济赔偿责任。保险人根据保险合同的规定在约定的赔偿限额内负责赔偿。

需要注意的是，职业责任保险只承保作为专业技术人员的被保险人因职业上的疏忽行为所造成的损失，而对一些与保险合同所列明职业无关的原因造成的损失是不负赔偿责任的。此外，职业责任保险承保被保险人的职业责任，除被保险人自己的职业责任外，还包括被保险人从事该职业的前任、被保险人的雇员及从事该职业的雇员的前任的职业责任。

（2）法律及其他费用。

职业责任保险还承保保险事故发生后，被保险人因保险事故而被提起仲裁或诉讼的，应由被保险人支付的仲裁或诉讼费用，以及事先经保险人书面同意支付的其他必要的、合理的费用。

2. 责任免除

职业责任保险中保险人的责任免除根据所承保职业的类别不同存在较大的差异，但大致可分为两类。

（1）一般责任免除事项。

① 战争、类似战争行为、叛乱、罢工、暴动或核风险（核责任保险除外）。
② 被保险人的故意行为。
③ 被保险人的家属、雇员的人身伤亡或财产损失。
④ 被保险人的合同责任，除非该合同责任同时构成法律责任。
⑤ 被保险人所有或由其照护、控制的财产。

（2）特有责任免除事项。

① 被保险人或从事该职业的前任、被保险人的任何雇员或从事该职业的雇员的前任，因不诚实、欺诈、犯罪或恶意行为造成的任何损失。

② 因文件的灭失或损毁造成的任何损失，但也可加费后扩展责任承保。

③ 因被保险人的隐瞒或欺诈行为，以及被保险人在投保或保险有效期内不如实向保险人报告应报告的情况而引起的任何索赔。

④ 被保险人被指控对他人的诽谤或恶意中伤行为而造成的损失，但某些特定的职业责任保险也可承保这种赔偿责任。

（三）保险期限

职业责任保险的保险期限通常为一年。由于从发生职业责任事故到受害人提出赔偿请求，有时会经过相当长的时间，被保险人无法在一年的保险有效期内向保险人索赔，从而丧失向保险人索赔的权利，因此职业责任保险强调保险合同的续保。同时，职业责任保险对保险期限的规定采用两种方式，即期内发生式和期内索赔式。

（四）赔偿限额

职业责任保险合同的赔偿限额一般为累计赔偿限额，而不规定每次事故的赔偿限额，但也有些保险人采用规定每次索赔或每次事故赔偿限额的方法。法律诉讼费用一般在赔偿限额以外赔付。若被保险人对第三者的赔偿金额超过保险合同规定的赔偿限额，则法律诉讼费用按赔偿金额与赔偿限额的比例分摊。

（五）保险费（率）

职业责任保险不同险种的业务性质差异较大，其费率的厘定也有不同。一般来说，厘定职业责任保险的费率应考虑下列因素。

（1）职业种类，即被保险人及其雇员所从事的专业技术工作。

（2）工作场所，即被保险人从事专业技术工作的所在地区。

（3）业务数量，即被保险人每年提供专业技术服务的数量、服务对象的数量等。

（4）被保险人及其雇员的专业技术水平。

（5）被保险人及其雇员的工作责任心和个人品质。

（6）被保险人职业责任事故的历史统计资料及索赔、处理情况。

（7）赔偿限额、免赔额和其他承保条件等。

三、职业责任保险的主要险种

（一）医疗责任保险

医疗责任保险又称医生失职保险，是指在保险期限或追溯期及承保区域范围内，被保险人在从事与其资格相符的诊疗护理工作时，因过失发生医疗事故或医疗差错造成的依法应由被保险人承担的经济赔偿责任，并由被保险人在保险期限内首次提出赔偿请求，依法应由保险人承担经济赔偿责任的保险。

（二）律师责任保险

律师责任保险是指承保律师在自己的能力范围内从事职业服务时发生的一切疏忽、错误、遗漏或过失行为，包括一切侮辱、诽谤及被保险人在工作中发生的对第三者的经济赔偿责任的职业责任保险。

（三）注册会计师责任保险

注册会计师责任保险是指承保注册会计师在审计业务或其他相关业务中，因疏忽或过失行为造成委托人或其他经济利害关系人的直接经济损失，依法应由注册会计师承担的经济赔偿责任的职业责任保险。

（四）建筑工程设计责任保险

建筑工程设计责任保险是指承保建筑工程设计单位，对于工程设计人员因工作上的疏忽或过失，造成建筑工程本身的物质损失、第三者人身伤亡或财产损失所应承担的经济赔偿责任的职业责任保险。

任务四　解读雇主责任保险

任务情景

沙某系 A 公司员工，该公司的所有雇员均投保了工伤保险。2018 年 10 月 30 日，A 公司又为沙某等员工在某保险公司投保了雇主责任保险，每人死亡伤残赔偿限额为 80 万元。2019 年 1 月 6 日，沙某因工伤死亡，随即 A 公司向该保险公司申请理赔。保险公司则认为工伤保险基金已经代为支付了沙某死亡赔偿金，A 公司不承担赔偿责任，所以保险公司也不承担赔偿责任。

请分析，投保工伤保险是否可免除雇主责任保险的保险人的赔偿责任？

知识探究

一、雇主责任与雇主责任保险

（一）雇主责任

雇主责任是指国家通过立法规定，雇主对其雇员在受雇期间从事业务时，因遭受意外或职业病造成人身伤残或死亡时应当承担的经济赔偿责任。构成雇主责任的前提是雇主与雇员之间存在直接的雇佣关系，不论雇主有无过错都应承担赔偿责任。

（二）雇主责任保险

雇主责任保险是指以被保险人（雇主）的雇员在受雇期间从事业务时，因遭受意外导致伤、残、死亡或患有与职业有关的职业性疾病，而依法或根据雇佣合同应由被保险人承担的经济赔偿责任为保险标的的保险。

在我国，三资企业、私营企业、国内股份制企业、国有企业、事业单位、集体企业，以及集体或个人承包的各类企业均可为其所聘用的员工投保该保险。其中，"所聘用的员工"是指在一定或不定期限内，接受被保险人给付的薪金和工资而服劳务，年满16岁的人员及其他按国家规定和法定途径审批的特殊人员。

二、雇主责任保险的主要内容

（一）保险责任与责任免除

1．保险责任

一是雇员在受雇期间从事与职业有关的工作时，遭受意外或患有与职业有关的国家规定的职业性疾病所致伤残或死亡，按保险合同规定给予其的经济赔偿；二是所致伤残或死亡须承担的医疗费；三是被保险人应付索赔人的诉讼费用及经保险人书面同意的其他费用。

2．责任免除

雇主责任保险的责任免除一般包括以下几项。

（1）战争、类似战争行为、叛乱、罢工、暴动或由于核辐射所致的雇员的伤残、死亡或疾病。

（2）被保险人的故意行为或重大过失行为。

（3）雇员由于患疾病或传染病、分娩、流产及由此而施行的内、外科手术所致的伤残或死亡。

（4）雇员自身的故意行为和违法行为造成的伤害，如雇员自杀、犯罪行为、酗酒，以及无照驾驶各种机动车辆所致的伤残或死亡。

（5）被保险人对其承包人雇佣的员工的责任。

（二）保险期限

雇主责任保险的保险期限一般是一年，期满续保。投保人也可按雇佣合同的期限投保不足一年或一年以上的雇主责任保险。

（三）赔偿限额

雇主责任保险的赔偿限额通常以雇员的工资收入为依据，由保险双方在签订保险合同时确定并载入保险合同。保险人承担的赔偿限额分为两种。

（1）死亡赔偿。保险人按保险合同的最高赔偿金额支付赔偿金。

（2）伤残赔偿。雇主责任保险中将伤残分为3种情况。

① 永久性完全残疾，按每个雇员的最高赔偿金额赔偿。

② 永久性局部残疾，按赔偿金额表中规定的百分比赔偿。

③ 暂时丧失工作能力，超过5天者，经医生证明，保险人将负责补偿雇员在此期间的工资收入损失。

以上各项赔偿金额最高不超过保险合同规定的总赔偿限额。

（四）保险费（率）

雇主责任保险采用预收保险费制，保险费按不同工种雇员的适用费率乘以该类雇员年度工资总额计算而来，原则上规定在签发保险单时一次性收清。厘定雇主责任保险的费率主要考虑以下几个因素：被保险人雇员的行业、工种、工作地址、赔偿限额，是否有附加的扩展责任保险等。

计算示例

雇主责任保险理赔计算

某化纤企业为其员工投保了雇主责任保险，保险合同中约定每个雇员的人身伤亡赔偿限额为 50 000 元，医疗费用赔偿限额为 20 000 元，累计诉讼费用赔偿限额为 10 000 元，每次事故每人医疗费免赔额为 500 元。若该企业发生了一起意外工伤事故，雇员王某、李某受重伤，其中王某在抢救过程中不幸死亡，支出目录内的医疗费 2000 元，李某经治疗脱险，支出目录内的医疗费 3000 元，之后又在家休养 6 个月。事后，李某被鉴定为七级伤残（赔偿比例为 15%）。该企业向保险公司索赔，请计算保险公司的赔款。

解：

1．王某因遭受保险事故所致死亡的赔偿

（1）全额支付其人身伤亡赔偿限额 50 000 元。

（2）赔付医疗费用：2000-500（免赔额）=1500（元）。

上述赔款合计：50 000+1500=51 500（元），对该雇员的保险责任即行终止。

2．李某因遭受保险事故所致伤残的赔偿

（1）赔付误工补贴：320（当地每月最低生活标准）×6=1920（元）。

（2）赔付医疗费用：3000-500（免赔额）=2500（元）。

（3）七级伤残的赔偿金额：50 000×15%=7500（元）。

上述赔款合计：1920+2500+7500=11 920（元）。

在赔偿后，由于李某的分项限额还有余额，保险公司将继续承担差额部分的赔偿责任。

该企业本次保险事故总计赔款为：51 500+11 920=63 420（元）。

三、雇主责任保险附加险

（一）附加第三者责任保险

该项附加险承保被保险人（雇主）因其疏忽或过失行为导致雇员以外的他人人身伤亡或财产损失的经济赔偿责任。它实质上属于公众责任保险的范畴，但如果雇主在投保雇主责任保险时要求加保，保险人可以扩展承保。

（二）附加雇员第三者责任保险

该项附加险承保雇员在执行公务时因其过失或疏忽行为造成对第三者的伤害，而依法应由被保险人承担的经济赔偿责任。

（三）附加医药费保险

该项附加险承保被保险人的雇员在保险期限内，因患有疾病等所支付的医药费用。它实质上属于普通人身保险或健康医疗保险的范畴。

（四）紧急运输费用条款

该项附加险承保被保险人的雇员发生保险事故时所支付的必需的、合理的紧急运输费用。

（五）就餐时间扩展条款

该项附加险承保被保险人的任何雇员在被保险场所就餐时受伤或死亡，此种受伤或死亡应被视为是在受雇过程中发生的。

（六）恐怖主义条款

该项附加险承保保险单明细表中列明的雇员，因任何恐怖分子或组织进行恐怖活动直接造成其人身伤亡时，依法应由被保险人承担的经济赔偿责任。

（七）临时海外工作条款

该项附加险承保被保险人的雇员在临时海外工作过程中遭受意外伤害或患病时，依照相关法律应由被保险人承担的经济赔偿责任。

（八）错误与遗漏条款

该项附加险是指，兹经双方同意，保险单项下的赔偿责任不因被保险人非故意地延迟、错误或遗漏向保险人申报有关雇员的人数、变更信息或其他有关信息而被拒付，一旦被保险人明白其疏忽或遗漏，应在合理的时间内尽快向保险人申报，并同保险人协商支付附加的保险费。

此外，雇主责任保险还可以附加战争等危险的保险和附加疾病引起的雇员人身伤亡的保险。

延伸阅读

工伤保险和雇主责任保险的区别

尽管工伤保险与雇主责任保险在保障的事故范围、投保人、社会意义等方面具有相似的地方，但是工伤保险属于社会保险，雇主责任保险属于商业保险，两者具有截然不同的性质。

1. 经营目的不同

工伤保险是政府的一项社会政策，其基本目的是让劳动者的生活获得基本的保障。这种"政策性"决定了工伤保险的经营不以营利为目的，而以社会效益为主。政府是工伤保险的实施者，如果发生亏损，则由国家财政拨款弥补，使被保险人有永久获得保障的权利。

雇主责任保险首先是一种商业保险，是一种商业活动。商业保险公司经营雇主责任保险的主要目的是获利。商业保险公司是自负盈亏的经济实体，其经营的首要目的就是取得经济效益。因此，商业保险公司要精确地计算风险发生的概率，确定合理的费率，积极运用保险基金。

2．被保险人不同

工伤保险的被保险人是雇员。工伤保险是对劳动者为企业付出的身体损失进行的补偿。工伤保险把雇员的工伤保障放在第一位，其目的就是为雇员提供社会保障。尽管雇主也通过工伤保险分散了工伤风险，但这并不是工伤保险的主要目的，因此工伤保险的被保险人是雇员，而不是雇主。

雇主责任保险的被保险人是雇主。雇主责任保险作为一种商业保险，主要为被保险人（雇主）根据法律或雇佣合同规定应承担的责任提供保障，负责雇员因职业性疾病引起的伤残或死亡及医药费用，并对雇主由此产生的法律费用等进行赔偿。可见，在雇主责任保险中，雇主既是投保人，也是被保险人。

3．保险责任不同

工伤保险与雇主责任保险都对雇员因工作原因受伤、患病、致残乃至死亡，而导致暂时或永久丧失劳动能力的风险进行保障。但是它们的保险责任范围存在一定的不同，如雇主责任保险承保雇主应付索赔人的诉讼费用，以及经保险公司书面同意负责的诉讼费用及其他费用，而工伤保险则不负责这些费用。

4．保险关系建立的依据不同

工伤保险中的保险人与被保险人之间的保险关系主要以有关的工伤保险法律法规和社保政策为依据，在我国主要依据《工伤保险条例》。保险对象、保险资金来源、保险费负担、受益人的资格、给付标准等均由法律法规和社保政策规定，双方当事人不能另有约定。

雇主责任保险在我国没有专门的相关法规，主要依据《保险法》进行规范。经营雇主责任保险的商业保险公司和被保险人（雇主）之间保险关系的建立，主要依据是在《保险法》容许范围内签订保险合同，通过保险合同确定双方的权利义务关系，如保险公司可因雇主不履行交纳保险费的义务而有权停止雇主或雇员在保险合同中享有的权利。

5．保险给付标准和保障水平不同

工伤保险由于政府保障，须兼顾社会各层面的保障需求，保障程度有限，雇员只能在法律规定的尺度内获得赔偿，且赔偿金的多少与月工资密切相关。工伤保险与其他社会保险具有统一的基本保障水平，有利于发生工伤事故的雇员取得基本生活保障。

雇主责任保险的给付标准取决于投保时约定的赔偿限额，它与所交纳的保险费之间有密切联系，奉行多投多保、少投少保的原则。雇主可以根据自己的需要，在投保时约定较高的赔偿限额，交纳较多的保险费，在发生保险事故时，也可以从保险公司获得较高的保障。相反，如果雇主在投保时约定的赔偿限额较低，就可以交纳较少的保险费，也只能获得较低的保障。

6．实施方式不同

工伤保险是强制性保险，不管本人是否愿意，只要在实施范围之内的人都应该参加并由政府授权的社会保险管理机构强制实施。雇主责任保险以双方自愿为基础，并可以中途变更保险公司，遵循的是契约自由原则。

资料来源：根据百度文库资料编辑整理。

任务五　解读产品责任保险

任务情景

生产升降机设备的 A 公司向某保险公司投保产品责任保险。某粮库工作人员 B 在使用 A 公司的升降机维修粮库时，由于升降机侧翻，不幸受伤，花费治疗费用 10 万余元。A 公司向保险公司索赔，保险公司接到报案后进行了查勘，发现升降机的底部安全止推没有展开，并且事故现场地面有 25 度的坡度，属于明显的操作不当，于是拒赔。

请分析，保险公司的拒赔是否合理？

知识探究

一、产品责任与产品责任保险

（一）产品责任

产品责任是产品侵权损害赔偿责任的简称，是指由于产品存在缺陷，在使用或消费过程中发生意外，造成产品用户、消费者或其他第三方的人身伤亡或财产损失，依法应由该产品的制造者、销售者、修理者分别或共同承担的经济赔偿责任。例如，劣质药品对人体的伤害、电视机爆炸引起的人身伤亡或财产损失等产品责任事故。

一旦发生产品责任事故，产品的制造者、销售者、修理者就要承担经济赔偿责任。产品的制造者、销售者、修理者是产品责任事故的责任方，其中产品的制造者承担最大、最终的责任。产品用户、消费者或其他第三方则构成了产品责任事故的最终受害人。

（二）产品责任保险

产品责任保险是指承保产品的制造者、销售者、修理者因其制造、销售、修理的产品存在缺陷，而造成产品用户、消费者或其他第三方的人身伤亡或财产损失，依法应由制造者、销售者、修理者承担的经济赔偿责任的保险。

二、产品责任保险的特点

（一）强调以产品责任法律制度为基础

在产品责任保险中，受害人（产品用户、消费者或其他第三方）与致害人（产品的制造者、销售者、修理者）等既不会有合同关系，又不一定有直接联系，如果没有一定的法律制度，受害人将无所适从，产品责任也不易划分，产品责任保险就失去了可靠的基础。

（二）不承担产品本身的损失，但与产品有着内在的联系

产品责任保险只承担因产品导致的非产品本身的损失。产品质量越好，产品责任的风险就越小；产品种类越多，产品责任的风险就越复杂；产品销售量越大，产品责任的风险就越广。

（三）承保区域范围十分广泛

随着商品生产和交换的发展，产品的销售范围十分广泛，产品责任保险的承保区域范围也十分广泛。例如，公众责任保险一般承保被保险人在固定场所的风险责任，职业责任保险承保的风险责任也必须发生在职业场所，但产品责任保险一般确定全国或出口国，乃至世界范围为承保区域。

（四）采取统保方式

产品责任保险的承保以统保为条件，即要求投保人将其生产的全部产品或某种产品或某批产品全部向保险人投保，而不允许投保人自由选择投保的产品，防止投保人逆选择并借此扩大产品责任保险的业务来源，使产品责任风险在更大的范围内分散。

三、产品责任保险的主要内容

（一）投保人与被保险人

凡有可能因产品事故造成他人损害，而负有法律责任的单位或个人，都可以投保产品责任保险，投保人通常是被保险人。在产品责任保险中，可由投保人申请，并经保险人同意后将其他与产品责任相关的责任方也列为被保险人。例如，生产厂家投保产品责任保险后，经保险人同意，可以把为其销售产品的销售者也列为被保险人，同时可规定各被保险人之间互不追究责任。

（二）保险责任与责任免除

1. 保险责任

在产品责任保险合同中，保险人承担的保险责任一般有两项。

（1）损害赔偿金。

由于保险单明细表所列被保险人的产品存在缺陷，造成产品用户、消费者或其他第三方的人身伤亡或财产损失，依法应由被保险人承担的经济赔偿责任，保险人根据保险合同的规定，在约定的赔偿限额内予以赔偿。

保险人支付的赔偿金分为财产损失和人身伤亡两大类。财产损失是指财产的直接损失，人身伤亡包括伤残、疾病、死亡。

（2）法律及其他费用。

被保险人为产品事故所支付的诉讼、抗辩费用及其他经保险人事先同意支付的合理费用，保险人亦负责赔偿。

2. 责任免除

产品责任保险的责任免除一般包括以下几个方面。

（1）根据合同约定应由被保险人对其他人承担的赔偿责任，除非这种合同责任已构成法律责任。

（2）被保险人根据相关法律或雇佣合同规定对其雇员及有关人员应承担的赔偿责任。

（3）被保险人所有、照管或控制的财产发生损失。

（4）产品仍在制造或销售场所，其所有权尚未转移至用户或消费者之前的责任事故损失。

（5）被保险人故意违法生产、销售的产品造成任何人的人身伤亡或财产损失，依法应由被保险人承担经济赔偿责任的责任损失。

（6）被保险产品本身的损失及被保险人因收回有缺陷产品产生的费用及损失。

（7）被保险产品造成的大气污染、土地污染、水污染及其他各种污染所引起的责任事故损失及费用。

（8）不按照被保险产品说明书要求运输、安装、使用或在非正常状态下使用造成的责任事故损失。

延伸阅读

产品责任保险与产品质量保证保险的区别

产品责任保险是指以产品的制造者、销售者、修理者等的产品责任为承保对象的一种责任保险，而产品责任又以各国的产品责任法律制度为基础。产品质量保证保险是指承保产品的制造者、销售者或修理者因制造、销售或修理的产品本身的质量问题而造成使用者遭受的如修理、重新购置等经济赔偿责任的保险。

产品责任保险与产品质量保证保险都与产品直接相关，其风险都存在于产品本身，且均需要产品的制造者、销售者、修理者等承担相应的法律责任。但作为两类不同性质的保险业务，它们仍然有根本的区别。

1. 保险内容不同

产品责任保险提供的是代替责任方承担因产品责任事故造成的对受害人的经济赔偿责任，它将产品本身的损失除外，从而属于责任保险的范畴；产品质量保证保险提供的是带有信用担保性质的保险，它仅承保不合格产品本身的损失，从而属于保证保险的范畴。

2. 风险性质不同

产品责任保险承保的是被保险人的侵权行为，且不以被保险人是否与受害人之间签订合同为条件，它以各国民事法律制度为法律依据；而产品质量保证保险承保的是被保险人的违约行为，并以产品的供应方和产品的消费方签订合同为必要条件，它以经济合同法律制度为法律依据。

3. 处理原则不同

产品责任事故的处理原则，许多国家均采用严格责任的原则，即只要不是受害人出于故意或自残所致的损失，便能够从产品的制造者、销售者或修理者处获得经济赔偿，并受法律保护；而产品质量违约责任事故则只能采取过错责任的原则进行处理，即产品的制造者、销售者或修理者等存在过错是其承担责任的前提条件。

4. 责任承担者不同

在产品责任保险中,责任承担者可能是产品的制造者、修理者,也可能是产品的销售者,甚至是承运人。产品的制造者与产品的销售者对产品责任事故负连带责任,受害人可以任择其一提出赔偿请求,也可以同时向多方提出赔偿请求。在产品质量保证保险中,责任承担者则仅限于合同当事人中提供不合格产品的一方,受害人只能向合同的对方提出赔偿请求。

5. 承担责任的方式与标准不同

产品责任事故的责任承担方式,通常只能采取赔偿损失的方式,即在产品责任保险中,保险人承担的是经济赔偿责任,这种经济赔偿的标准不受产品本身实际价值的制约;而产品质量违约责任事故的责任承担方式,可以是继续履行合同,也可以是修复、重做、更换、支付违约金,还可以是赔偿损失,但保险人承担的责任不会超过产品本身的实际价值。

6. 诉讼的管辖不同

产品责任保险所承保的是产品责任,因产品责任提起诉讼的案件,应由被告所在地或侵权行为发生地人民法院管辖;产品质量保证保险所承保的是产品质量违约责任,构成产品质量违约责任的案件由合同签订地和履行地人民法院管辖。

由于产品责任与产品质量违约责任的本质差异,保险人在经营与产品有关的保险业务时,必须严格区分二者,以免引起责任纠纷。但在欧美国家的产品保险市场上,保险人一般同时承保产品责任保险和产品质量保证保险,即上述两项独立的保险业务大多由同一保险人承保,以此达到控制风险和避免纠纷的目的。

资料来源:根据百度文库资料编辑整理。

(三)保险期限

产品责任保险的保险期限通常为1年,到期可以续保。对于使用年限较长的产品,也可以投保3年、5年期的产品责任保险,但保险费仍逐年结算。

(四)赔偿限额

产品责任保险的赔偿限额是根据不同产品责任事故发生后可能引起的赔偿责任的大小,以及产品销售区域而决定的。赔偿责任大的产品和销往产品责任规定严格地区的产品,其赔偿限额要高一些,反之要低一些。赔偿限额多由被保险人提出,经保险人同意后在保险合同中列明。

在产品责任保险中通常规定两种赔偿限额,即每次事故的赔偿限额和累计赔偿限额。另外,每项限额下还分别规定了人身伤亡和财产损失的限额,因产品责任事故导致受害人的人身伤亡或财产损失时,分别适用各自的限额。保险人在限额之外赔付的诉讼及其他费用不受限额的限制,但诉讼及其他费用的最高赔偿金额一般以赔偿限额为限。

(五)保险费(率)

产品责任保险费率的厘定主要考虑如下因素:产品的特点及其可能对人体或财产造成损害的风险、产品的数量和价格、承保的区域范围,包括承保的区域范围的大小、各国或各地区关于产品责任法律制度的差别、产品制造者的技术水平和质量管理情况、赔偿限额的高低等。

产品责任保险实行预收保险费制，即在签订产品责任保险合同时，按投保时的生产、销售总值或营业收入及规定的费率计算应收保险费，待保险期满后再根据被保险人在保险期内实际生产、销售总值或营业收入计算应收保险费，多退少补。其计算公式为：

$$应收保险费=生产（销售）总值×适用费率$$

四、产品责任保险附加险

（一）以索赔提出为基础条款

根据以索赔提出为基础条款的规定，在保险合同中列明的追溯期开始后发生事故造成受害人人身伤亡或财产损失导致的任何索赔，必须在保险合同有效期内，以书面形式向被保险人提出第一次赔偿请求，且被保险人在合同生效之日对事故的发生不知情或不能合理预见的情况下，保险人负责赔偿。

（二）保险费调整条款

根据保险费调整条款的规定，经保险合同当事人同意，被保险人应在保险合同终止后一个月内申报当年保险年度内实际销售额，如果实际销售额低于预计销售额，则保险人应当退还保险费，但退还部分不得超过预收保险费的一定比例。

（三）发现期条款

发现期条款又称延长报告期条款，即延长被保险人提出赔偿请求期限的条款。在以索赔提出为基础条款的保险合同中，一旦保险合同到期后注销，被保险人就会立即丧失有效的索赔机会，在扩展投保这一险种后，即使保险合同到期后注销，只要被保险人在条款规定的发现期内提出赔偿请求，这个索赔仍旧有效。需要注意的是，该条款只可能与以索赔提出为基础条款联合使用。

（四）增加被保险人条款

一般情况下，产品责任保险的被保险人是产品的制造者或修理者，若投保人扩展投保了增加被保险人条款，则根据该条款的规定，在保险期限内经投保人书面申请，且保险人同意后，产品责任保险合同中的被保险人可扩展到包括被保险产品的正常批发商或零售商（可以是个人或机构）。该条款的目的，一是为正常分销或销售产品的销售者提供产品责任保障，二是可以减轻销售者购买单独的产品责任保险的负担。

专业能力训练

◇ 思考讨论

1. 简述责任保险不同的承保方式对责任保险业务的影响。

2. 简述公众责任保险厘定费率的影响因素。
3. 请分析在投保工伤保险后，是否还需要购买雇主责任保险？
4. 简述产品责任保险和产品质量保证保险的区别。

◇ 案例分析

1. 某市实验学校是一所取得合法办学资格的全日制学校，由该市教育局在某保险公司投保校方责任保险。在保险合同有效期内的某日，该校学生林某从楼上坠落。值班老师闻讯后，立即向校医务室和校警队报告，并拨打120急救电话和110报警电话将林某送医院抢救。但由于伤势过重，林某抢救无效于当日死亡。公安机关调查后认为，该生是在从413宿舍窗户处外踏着空调外机爬到412宿舍时意外坠落的。

案发后，学生家长向学校与保险公司索赔。保险公司介入调查，调查结果认为：林某已满16周岁，应当能够判断攀爬的危险性，并且经值班老师两次督促，他仍然不顾学校的安全警示，从而导致这次事故的发生，其本人对此事故应承担相应的过错责任；该校值班老师虽然勤勉地执行了自己的督促职责，但仍然没有制止事故发生，在学校宿舍门被锁住的情况下，没有仔细考虑学生如何回宿舍的问题，且巡查校警也没有及时发现和制止学生的危险行为。因此，被保险人存在管理上的过失，对此事故应承担次要责任。请分析，该案中保险公司是否要承担赔偿责任？

2. 某升降机公司将其生产的升降机向某保险公司投保了产品责任保险，随后，某大型超市购买了该升降机并安装在超市供顾客使用。某日，该升降机突然停住，造成升降机上几名顾客摔倒受伤，花费治疗费、误工费等5万元。该升降机公司接到报案后立即通知保险公司，三方共同对现场进行了查勘，后发现该升降机因维护不当出现缺陷才造成事故的发生。受伤顾客在确定有关费用后，立即向保险公司索赔，请分析：

（1）该事故是否属于产品责任保险范围？
（2）受伤顾客能否直接向保险公司索赔？
（3）该事故涉及几方当事人？哪方当事人有权向保险公司索赔？

项目十
解析信用保证保险

学习目标

知识目标
- 掌握信用保证保险的概念及特点
- 掌握信用保险和保证保险的概念，理解信用保险与保证保险的区别
- 熟悉信用保险和保证保险的种类

技能目标
- 能区分信用保险与保证保险
- 能为相关的业务选择合适的信用保证保险产品

关键术语

信用风险　信用保险　保证保险

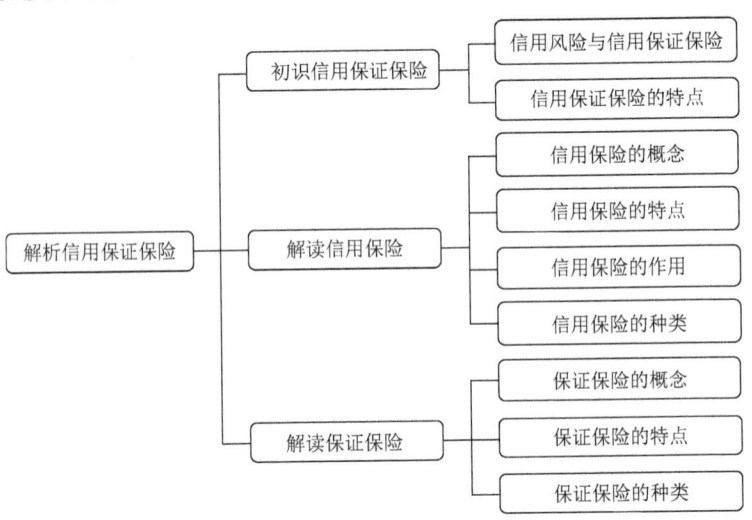

知识结构

```
解析信用保证保险
├── 初识信用保证保险
│   ├── 信用风险与信用保证保险
│   └── 信用保证保险的特点
├── 解读信用保险
│   ├── 信用保险的概念
│   ├── 信用保险的特点
│   ├── 信用保险的作用
│   └── 信用保险的种类
└── 解读保证保险
    ├── 保证保险的概念
    ├── 保证保险的特点
    └── 保证保险的种类
```

案例导入

某科技公司为规避出口收汇风险，一直要求国外客户在产品出运前付清全部货款，如若客户拒绝或要求货到付款甚至延期付款，则该公司只能放弃订单。由于保守的结算方式，该公司把很多客户"拒之门外"，导致销售额下降，行业内竞争力减弱。

某天，通过客户介绍，该公司了解到信用保险可以助力其通过赊销扩大销售，决定尝试。该公司在获得保险公司的买家信用限额后，放心大胆地与客户进行赊销交易，通过保险公司对客户的专业筛选，保留优质客户，给予账期交易，剔除不良客户，坚持款到发货的结算方式。

运用灵活的结算方式和菜单式报价，该公司的转型初见成效：销售额增长明显，客户结构改善，在稳健的基础上业务逐步扩大，既没有盲目扩张，导致坏账连连，也没有故步自封，致使业务停滞不前。

资料来源：根据百度文库资料编辑整理。

企业在生产经营的过程中会面临各种各样的风险，信用风险就是其中一种，信用风险可能导致银行、投资者或交易双方遭受损失，而信用保证保险是规避这类风险的重要手段。信用保证保险作为一种新兴业务，在我国信用体系尚不健全、实体经济违约率居高不下、再保险接受难度较大的前提下，风险极大，其业务的经营也具有特殊性。

任务一　初识信用保证保险

任务情景

近日，小王准备买房了，但是经过多年的努力，再加上家人的帮助，他也只是凑够了首付，剩下的只能靠银行贷款。在申请贷款的过程中，小王遇到了问题，银行担心小王将来无法按时偿还贷款而不予放贷。

小王怎样才能消除银行的顾虑，顺利获得贷款呢？你能给小王提一些建议吗？

知识探究

一、信用风险与信用保证保险

（一）信用风险

信用风险又称违约风险，是指交易对方未能履行约定合同中的义务而造成经济损失的风险，即受信人不能履行还本付息的责任而使授信人的预期收益与实际收益发生偏离的可能性。它是金融风险的主要类型。一旦发生信用风险事故，债权人必将遭受严重的经济损失，而规避信用风险的一个重要途径就是事先安排信用保证保险。

（二）信用保证保险

信用保证保险是信用保险和保证保险的合称，是指以信用风险为保险标的的保险，包括信用保险和保证保险两类保险业务。

> **延伸阅读**
>
> **信用保险与保证保险的区别**
>
> 信用保证保险实际上是由保证人为信用关系中的被保证人提供信用担保的一类保险业务。在业务习惯上，因投保人在信用关系中的身份不同，而将其分为信用保险和保证保险两类。以前述小王贷款为例，如果银行选择通过买保险的方式规避小王的信用风险，可以有两种选择：第一，让小王去保险公司买保险担保自己的信用，这就是保证保险；第二，银行去保险公司买保险担保小王的信用，这就是信用保险。
>
> 具体来说，信用保险和保证保险主要有以下几点区别。
>
> （1）信用保险的投保人是债权人，保证保险的投保人是债务人。
>
> （2）信用保险是通过填写保险单来承保的，其保险单同其他财产保险的保险单并无大的差别，同样规定保险责任、责任免除、保险金额（赔偿限额）、保险费、损失赔偿等条款；而保证保险是通过出立保证书来承保的，该保证书的内容通常很简单，只规定担保事宜。
>
> （3）信用保险的被保险人是债权人，承保的是被保证人（债务人）的信用风险，除保险人外，保险合同中只涉及债权人和债务人两方；保证保险是债务人应债权人的要求投保自己的信用风险，债务人是被保证人，由保险人出立保证书担保，保险人在此是保证人，保险人为降低风险往往要求债务人提供反担保，这样，除保险人外，保险合同中还涉及债务人、反担保人和债权人三方。
>
> （4）在信用保险中，被保险人交纳保险费是为了把可能因债务人不履行义务而使自己受到损失的风险转嫁给保险人，保险人必须把保险费的大部分或全部用于赔款（严重的甚至亏损），保险人赔偿后虽然可以向责任方追偿，但成功率很低；在保证保险中，虽由保险人出立保证书，但履约的全部义务还是由债务人自己承担，实际并未发生风险转移，保险人收取的保险费只是凭其信用资格而得到的一种担保费，风险仍由债务人承担，在债务人没有能力承担的情况下才由保险人代为履行义务，因此经营保证保险从理论上说，风险相对较小。
>
> 资料来源：根据百度文库资料编辑整理。

二、信用保证保险的特点

与一般财产保险相比，信用保证保险主要有以下几个特点。

（一）承保信用风险，没有实物形态

信用保证保险承保的是信用风险，是没有实物形态的。信用保证保险补偿因信用风险给债权人造成的经济损失，而不是承保物质风险，补偿因遭受自然灾害或意外事故造成保险标的的经济损失。因此，无论是债权人还是债务人要求投保，保险人事先都必须对债务

人的资信情况进行严格审查，认为的确有把握才能承保，如同银行对借款人的资信情况必须严格审查后才能贷款一样。

（二）涉及多个利益关系方

在信用保险与保证保险中，实际上涉及三方的利益关系，即保险人（保证人）、债权人和债务人（被保证人）。当保险合同约定的事故发生致使债权人遭受损失，只有在债务人不能补偿损失时，才由保险人代其向债权人赔偿，从而表明这只是对债权人经济利益的担保。而在一般财产保险中，只涉及保险人和被保险人的利益关系，而且因约定的事故发生所造成的损失，无论被保险人有无补偿能力，保险人都得予以赔偿。

（三）业务具有担保性质

信用保证保险就其实质而言是一种由保险人提供信用担保的行为，类似银行的担保业务。只不过保险人取代的是银行担保业务中银行所扮演的保证人的角色，也就是由保险人为买方提供信用担保，保证在发生买方不能如期付款的情况时，负责赔偿卖方所遭受的经济损失。

（四）业务经营须经指定或批准

由于信用保证保险的经营一般比较复杂，不但要求保险人具有专业经营技术，而且要保证其自身有可靠的偿付能力。加上有些业务（如出口信用保险）还具有较长和较强的政策性，风险很大，所以许多国家规定信用保证保险业务必须由政府指定或批准的、具有可靠的偿付能力的专门保险人经营。

任务二　解读信用保险

任务情景

某年，某企业出口一批禽类货物到国外，由于当年我国及周边国家暴发禽流感，当地政府禁止进口来自中国的禽类产品，导致货物到港后买家无法清关提货，最终造成货物全部损失。

请分析，该企业可以选择什么保险产品来规避此类风险？

知识探究

一、信用保险的概念

信用保险是指权利人（债权人）向保险人投保义务人（债务人）的信用风险的一种保险。信用保险合同当事人是权利人（投保人或被保险人）和保险人。实际上，信用保险就是把义务人的履约风险转移给保险人，当义务人不能履行其义务时，由保险人向权利人承担赔偿责任。

二、信用保险的特点

（一）承保风险特殊

信用保险一般承保商业风险，但政府支持开办的信用保险，如中国出口信用保险公司除承保商业风险外，还承保政治风险。此外，还有一些特殊的出口信用保险会承保战争风险。

（二）强调损失共担

信用保险与一般保险产品不太相同的地方就是强调损失共担。一般来说，即使保险人进行了赔付，但是投保人还是要承担一部分损失。

（三）风险调查困难

与一般保险产品不同，信用保险的保险标的是没有实际存在的一个人或一个企业的信用，而无论是人还是企业，其信用水平都不是容易调查的。一般来说，保险人只能通过其过去的信用记录判断其将来信用风险的大小，但其实这种方法的误差还是比较大的。

三、信用保险的作用

（一）有利于保证企业生产经营活动的稳定发展

银行向企业发放贷款必然考虑贷款的安全性，即能否按期收回贷款的问题。有了信用保险，相当于有了保险人做担保，银行得到了收回贷款的可靠保证，解除了发放贷款的后顾之忧。可见，信用保险的介入，使企业较容易得到银行的贷款，这对于缓解企业资金短缺问题、促进企业生产经营的稳定发展均有保障作用。

（二）有利于促进商品经济的健康发展

在商品交易中，当事人能否按时履行供货合同、销售货款能否按期收回，一般受到多种因素的影响。而商品的转移又与生产商、批发商、零售商及消费者有着连锁关系。一旦商品交易中的一个环节出现信用危机，不仅会造成债权人自身的损失，而且常常会引起连锁反应，使商品交易关系中断，最终阻碍商品经济的健康发展。有了信用保险，无论在何种交易中出现信用危机，均有保险人提供风险保障，即使一个环节出了问题，也能及时得到弥补。

（三）有利于促进国际贸易的发展

国际贸易面向的是国际市场，风险大、竞争激烈，一旦出现信用危机，出口企业就会陷入困境，进而影响其市场开拓和国际竞争力。如果出口企业投保了出口信用保险，在当被保险人因商业风险或政治风险不能从买方处收回货款或合同无法执行时，他就可以从保险人那里得到赔偿。因此，出口信用保险有利于出口企业的经济核算和国际市场的开拓。

四、信用保险的种类

根据信用保险的业务内容不同，可将其分为国内信用保险、出口信用保险和投资保险。

其各自又可以进一步分为若干具体险种。目前，我国开办的信用保险业务也是这 3 类，以下将进行重点介绍。

（一）国内信用保险

国内信用保险又称商业信用保险，是指在商业活动中，作为权利人的一方当事人要求保险人将另一方当事人作为被保证人（义务人），并承担由于被保证人的信用风险而使权利人遭受商业利益损失的保险。

国内信用保险的保险标的是被保证人的商业信用，这种商业信用的实际内容，通过列明的方式在保险合同中予以明确，其保险金额根据当事人之间的商业合同的标的价值来确定。如果发生保险事故，保险人首先向权利人履行赔偿责任，同时自动取得向被保证人进行代位追偿的权利。由于商业信用涉及各种形式的商业活动，国内信用保险也可以针对各种不同的商业活动需求进行业务设计，开发出为各种商业信用提供保险保障的商业保险业务。

目前，我国开办的国内信用保险主要有以下几类。

1. 赊销保险

赊销保险是为国内商业贸易中延期或分期付款的行为提供信用担保的保险业务（批发业务）。在这种业务中，投保人是制造商或供应商，保险人承保的是买方（义务人）的信用风险，目的在于保证被保险人（权利人）能按期收回赊销货款，保障商业贸易的顺利进行。赊销保险适用于那些以分期付款的方式销售的耐用商品（如住宅、汽车等），这类商品贸易数量大、金额高，一旦买方无力偿还分期支付的货款，就会造成制造商或供应商的经济损失，因此需要保险人提供相应的保险服务。赊销保险的业务特点是赊账期长、风险分散、承保手续复杂，保险人在承保前必须仔细调查买方的资信情况。在我国，最早开办这类保险业务的是中国平安保险公司（1995 年）。

2. 贷款信用保险

贷款信用保险是保险人对银行或其他金融机构与企业之间的借贷合同进行担保并承担其信用风险的保险。贷款风险对银行来讲是客观存在的，自然灾害和意外事故的发生、企业经营管理不善或决策失误等都可能造成贷款无法收回，需要相应的贷款信用保险来分散风险。

贷款信用保险的投保人和被保险人是贷款人，保险责任一般包括借款人决策失误、政府部门干预和市场竞争等风险。通常只要不是投保人或被保险人的故意行为和违法犯罪行为所致的贷款无法收回，保险人就要承担赔偿责任。确定贷款信用保险的保险金额，应以银行贷出的款项为依据。

3. 个人贷款信用保险

个人贷款信用保险是承保金融机构在对自然人进行贷款时，由于借款人不履行贷款合同致使金融机构遭受经济损失的信用保险。这一险种的投保人和被保险人为放款的金融机构（贷款人），保险人承保的是借款人的信用风险。由于借款人居住分散、风险各异，保险人必须对借款人贷款的用途、经营情况、日常信誉等进行比较全面的调查了解，必要时还会要求借款人提供反担保。在我国，有些保险公司已经开办了一些个人贷款信用保险业务，如个人贷款购房综合保险、个人抵押贷款房屋保险、住房抵押贷款保险。

4. 预付信用保险

预付和赊销是商业信用的两种形式。预付是买方先向卖方交付一定货款，在约定时期以后才能取得货物的一种交易形式。预付信用保险是保险人为卖方交付货物提供信用担保的信用保险。由此看出，预付信用保险的投保人和被保险人是商品的买方，保险人承保的是卖方的信用风险。

5. 信用卡保险

信用卡保险是随着银行开办的新型支付工具——信用卡的发展而产生的保险业务。信用卡的广泛运用及其所具有的迅捷和通用的特点极大地便利了企业和个人的消费，但同时也存在着一定的潜在信用风险。因此，信用卡保险的开办与发展显得尤为必要。信用卡保险的投保人和被保险人为银行，保险人配合银行开办此项业务，并帮助银行加强风险管理，补偿其在开展信用卡保险业务中产生的坏账损失。

（二）出口信用保险

1. 出口信用保险的概念

出口信用保险是承保出口商在经营出口业务的过程中因进口商的商业风险或进口国的政治风险而遭受的损失的一种信用保险。它是各国政府以国家财政为后盾，为鼓励发展本国的出口贸易、对外投资、对外工程承包等集体活动，保障其收汇收益而采取的重要政策措施。

实际上，出口信用保险保障的是国内出口商的收汇风险，或者说是国外进口商不守信用的风险。它既可以使出口商在激烈的国际贸易竞争中充分运用商业信息手段，开拓国际市场、提高竞争力、扩大出口贸易，也可以使出口商在遭受保险责任范围内的损失时及时获得经济补偿，避免因不能及时收汇而造成资金周转的困难。同时，该保险还为出口商提供资信调查、市场咨询、欠款追收等方面的服务。

2. 出口信用保险经营的特点

出口信用保险经营的科学基础不是其他保险所依据的大数法则，换句话说，它不像其他保险那样是运用大数法则来制定费率和做出承保决定的，而是以获取有关风险的各方面信息并据此做出正确的判断为前提的。因此，出口信用保险的经营具有以下一些特点。

（1）在政府的支持和参与下承保经营。

出口信用保险是一种离不开政府支持和参与的政策性保险。根据政府参与的方式和程度不同，世界各国和地区经营出口信用保险业务的方式大致可分为以下4种。

① 政府直接承保。其特点是政府设置专门机构直接经营出口信用保险业务，业务收入与赔款支出直接纳入国家预算。此类机构最有代表性的是英国的出口信用担保局（Export Credit Guarantee Department，ECGD）和日本的通产省贸易局输出入保险课（The Export Insurance Division of the Ministry of International Trade and Industry）。采用这种承保方式的国家还有丹麦、瑞典和瑞士等。

② 政府间接承保。其特点是政府投资设立一个独立的专门经营出口信用保险业务的机构，政府除规定方针政策并以提供财务担保的方式给予支持外，不直接经营。加拿大的出

口发展公司（The Export Development Corporation，EDC）和澳大利亚的出口融资与保险公司（Export Finance and Insurance Corporation，EFIC）是此类机构的代表。采用这种承保方式的国家和地区还有印度和我国香港等。

③ 政府委托承保。其特点是政府委托一家商业保险公司出面代办出口信用保险业务，风险由政府承担。德国的赫姆斯保险公司（Hermes Kreditversicherungs）是此类机构的代表。采用这种承保方式的国家还有美国。

④ 混合承保。其特点是商业保险公司自己经营部分出口信用保险业务，并接受政府的委托代为经营其余部分的业务。此类机构的代表有法国的对外贸易保险公司（Compagnie Francaise d'assurance du Commerce Exterieur）和荷兰的出口信用保险机构（Nederlandsche Credietvergehering Maatschappij N. N.，NCM）。

除上述4种承保方式外，还有一种独立承保的方式，就是由商业保险公司独立经营出口信用保险业务。此类机构极少，仅有英国的贸易赔偿公司、劳合社和美国的国际保险集团等。我国的出口信用保险最早于1988年根据国务院的决定由中国人民保险公司试办，后由1994年成立的中国进出口银行经营，现今则由于2001年12月18日正式成立的中国出口信用保险公司（简称中国信保）专门经营。可见，我国出口信用保险业务的承保方式最初采用政府委托承保的方式，发展至今已转而采用政府间接承保的方式。

（2）要求出口商全额投保其所有业务。

要求出口商全额投保，是出口信用保险的另一个经营特点。所谓全额投保，是指出口商必须将其所有合格的出口业务向保险人投保，不允许有选择地转移进口商的信用风险。这样规定有利于防止逆选择，以达到分散风险和保持业务经营稳定的目的。需要指出的是，全额投保只是对出口商提出的要求，对保险人来说，则不要求全额承保。保险人依然可以根据国际贸易市场的变化、地区的风险和进口国制定的限制条件决定是否承保和承保的金额。

（3）承保前必须全面地进行风险评估。

风险评估包括买方风险评估和买方所在国风险评估。买方风险评估是保险人承保出口信用保险的关键。保险人在评估买方风险时，首先应通过掌握第一手资料来充分了解买方的资信情况，然后从经营性质、经营范围、经营能力和经营人等各个方面，对买方进行综合评估，最后结合买方所在国存在的政治风险做出承保与否的决定。对买方所在国风险的评估，则是保险人制定买方信用限额、厘定保险费（率）等的依据。保险人要认真分析买方所在国的政治、经济形势和政策或法律制度的变化，要与买方所在国的风险评估机构经常协同调查，互通信息。

3. 出口信用保险的主要种类

根据卖方向买方提供信用期限的长短，出口信用保险可以分为短期出口信用保险和中长期出口信用保险。

（1）短期出口信用保险。

短期出口信用保险是承保信用期限不超过180天的出口项目的收汇风险的出口信用保险。它是目前国际上出口信用保险适用性最广、承保量最大的险种。它适用于大批量、重复性出口的初级产品和消费性工业制成品的出口，汽车、农用机械和机床工具等半资本性货物的出口也可适用该险种。

短期出口信用保险承保的风险包括商业风险和政治风险。

① 商业风险：主要包括买方破产或实际已资不抵债而无力偿还贷款（债务）；买方违约拒收货物并拒付货款，致使货物被运回降价转卖或放弃。需要强调的是，买方拒收拒付并非因为被保险人的过错所致，而是因为买方不守信用或由其他不道德的意图所致。

② 政治风险：主要包括买方所在国实行外汇管制，禁止或限制汇兑；买方所在国实行进口管制，禁止买方所购货物进口；买方所在国撤销已颁布的进口许可证或不批准进口许可证的展期（买方的进口许可证被撤销）；买方所在国或货款须经过的第三国颁布延期付款令；买方所在国或任何有关的第三国发生战争、敌对行动、内战、叛乱、革命、暴动或其他骚乱等非常事件。

（2）中长期出口信用保险。

中长期出口信用保险是承保信用期限为 1 年或 1 年以上的出口项目的收汇风险的出口信用保险。它承保的出口项目金额大、合同执行期较长，货物的交付使用和货款的支付方式与一般性货物的出口有较大差异。它适用于高科技、高附加值的机电产品和成套设备等资本性货物的出口，海外工程承包及专项技术转让或劳务等项目也可适用该险种。

中长期出口信用保险的险种主要有出口卖方信贷保险、出口买方信贷保险。

① 出口卖方信贷保险又称延付合同保险，是在卖方信贷融资方式下，保险人向出口商提供收汇风险保障的一种政策性保险。投保人是出口商，他同时也是被保险人。保险人对被保险人在商务合同项下应收的延付款因商业风险和政治风险的发生而遭受的损失承担赔偿责任。

② 出口买方信贷保险，是在买方信贷融资方式下，保险人向贷款银行提供还款风险保障的一种政策性保险。投保人可以是出口商也可以是贷款银行，被保险人是贷款银行。保险人对被保险人按贷款协议规定履行了义务后，由于商业风险和政治风险的发生导致借款人未履行其在贷款协议项下的还本付息义务，且担保人未履行其在担保合同项下的担保义务而引起的直接损失承担赔偿责任。

4．出口信用保险的保险期限

短期出口信用保险的保险期限一般为 1 年以内，中长期出口信用保险的保险期限一般为 2～15 年。

（三）投资保险

1．投资保险的概念

投资保险又称政治风险保险，是承保本国的海外投资者在东道国的投资和已赚取的收益因东道国的政治局势动荡或政府法令变动而遭受的损失的一种信用保险。投保投资保险的是本国的海外投资者，投资保险承保的是他在东道国的投资有可能遭遇的政治风险，所以他是被保险人，也是权利人，要求保险人保障的是他的海外投资利益。

开办投资保险的主要目的是鼓励本国的资本输出。投资保险属于非营利性的政策性保险，作为一项独立的新型保险业务，它于 20 世纪 60 年代在欧美国家形成，发展至今已成为本国的海外投资者进行投资活动的前提条件。由于投资保险承保的是不同于自然风险或社会风险等的特殊的政治风险,政治风险事故引起的后果严重,保险人的责任重大,因此这类信用保险业务通常由政府部门或政府设立的保险机构开办,由商业保险公司经营的不多。我国开办投资保险的时间始于1979年。随着海外投资规模的不断扩大,我国的投资保险制度也有了很大的发展。

2. 投资保险的主要内容

(1) 保险责任。

投资保险承保以下3种风险给被保险人造成的投资损失。

① 战争风险,又称战争、革命、暴乱风险,具体包括战争、类似战争行为、叛乱、罢工及暴动所造成的有形物质财产(现金、有价证券除外)的直接损失的风险。

② 征用风险,又称国有化风险,是被保险人的海外投资资产为东道国政府有关部门征用或没收的风险。

③ 外汇风险,又称汇兑风险,是被保险人因东道国政府有关部门实施的汇兑限制而不能按照投资合同规定把应属于其所有并可汇出的款项汇出东道国的风险。

(2) 责任免除。

投资保险一般对下列风险造成的损失不负赔偿责任。

① 被保险人的投资项目受损后造成被保险人的一切商业损失,即间接损失。

② 被保险人或其代理人违背或不履行投资合同,或者其故意、违法行为导致东道国政府有关部门的征用或没收造成的损失。

③ 被保险人没有按照东道国政府有关部门所规定的期限汇出款项造成的损失。

④ 被保险人在投资合同范围以外的任何其他财产为东道国政府有关部门征用、没收所造成的损失。

⑤ 被保险人的投资由于原子弹、氢弹等核武器而造成的损失。

(3) 保险期限。

投资保险的保险期限有一年期的和长期的两种。长期的保险期限为3～15年。不管是一年期的还是长期的,期满后,被保险人可要求续保,但承保条件均需双方另行重议。保险期限在3年以上的投资保险允许被保险人在投保3年后提出注销保险单的要求,若被保险人提前即未满3年就提出注销要求,保险人同意其要求的条件是他必须交足3年的保险费。

(4) 保险金额和保险费率。

① 保险金额。投资保险的保险金额以被保险人在东道国的投资金额为确定的依据。但由于保险期限有长有短,不同保险期限的投资保险确定保险金额的方式也有所不同:一年期的保险金额为被保险人在该年投资金额的一定比例,比例具体是多少由保险双方协商约定,一般约定为投资金额的90%;长期的投资保险则在确定一个总的保险金额的基础上确定每年的保险金额,前者根据被保险人在整个保险期限内总的投资金额确定,后者按其每年的投资预算金额的一定比例(如90%)确定。

② 保险费率。投资保险的费率厘定通常要考虑的因素有海外投资者的投资能力(包括在国外的投资经验和经营管理的水平等)、投资项目及地区条件、东道国的政治形势、保险期限的长短等。费率分一年期费率和长期费率两种。

(5) 赔偿处理。

① 赔偿期限的规定。投资保险承保的是海外投资者在东道国的政治风险，被保险人的投资项目在因这些政治风险而遭受损失后，通过被保险人各方面的努力完全有可能在不久以后得到挽救。一旦挽救过来，投资项目也就不存在遭受损失的问题，所以投资项目损失究竟发生与否需要经过一段时间才能确定。为此，投资保险通常规定有赔偿期限，而且根据造成投资项目损失的不同政治风险规定不同的赔偿期限。

- 战争风险造成投资项目的损失，保险人在被保险人提出财产损失证明或被保险人投资项目终止6个月以后赔偿。
- 征用风险造成投资项目的损失，保险人在被保险人的投资项目被征用或被没收满6个月以后赔偿。
- 外汇风险造成投资项目的损失，保险人在被保险人提出汇款请求3个月以后赔偿。

② 赔偿金额的规定。投资保险一般规定：当被保险人的投资项目发生保险责任范围内的损失时，保险人按约定的比例赔偿；如果被保险人的投资项目损失在保险人赔偿后又得到追回，应由被保险人和保险人按各自承担损失的比例分享。

例如，W到某东道国投资1000万美元，向国内保险公司投保投资保险，保险金额按约定的比例（90%）乘以投资金额计算，为900万美元。在保险期间，由于东道国政府有关部门的征用，投资项目损失600万美元，被保险人遂向保险人索赔。投资项目被征用6个月后，保险人应赔偿被保险人540万美元（600×90%）。两年后，被保险人通过与东道国政府有关部门的交涉追回400万美元，则保险人与被保险人根据各自承担损失的比例分享这笔被追回的资金：保险人收回360万美元（400×90%），被保险人收回40万美元（400×10%）。

典型案例

出口信用保险案例

案情介绍：

某年，一家化工企业向保险公司报损，称其向埃及出口的一批农药未得到埃及农业部的进口许可证，导致货物滞留在港口，无法入关。保险公司联系买家后，买家告知保险公司，它已在货物出运前告知出口企业它无法获得进口许可证。

案例分析：

该出口企业明知买家无法获得进口许可证依然出运，保险公司无法赔付。

本案启示：

买家无法获得进口许可证属于政治风险，但是在实践中需要注意出运前买家是否告知。

资料来源：根据百度文库资料编辑整理。

任务三　解读保证保险

任务情景

许先生有一家公司，公司创办之初，其经营管理规范、业务发展迅速。但在业务发展的同时，公司应收账款积压越来越多，流动资金较为紧张。2018年，许先生通过银行抵押个人房产，获得了第一笔贷款，暂时缓解了公司资金紧张的情况。到了第二年，由于新业务的增长及老客户的订单增加，公司又一次面临资金短缺问题。因为公司自身规模较小，所以贷款路上四处碰壁，受制于资金压力，公司发展也停滞不前。

请问，许先生可以通过哪些方式为自己增信，以便更好地获得贷款？

知识探究

一、保证保险的概念

保证保险是指保险人承保因被保证人（义务人）的行为使被保险人（权利人）受到经济损失时应负的赔偿责任的保险形式，是被保证人根据被保险人的要求，请求保险人担保自己信用的保险。保证保险的主体包括投保人、被保险人和保险人。投保人和被保险人就是贷款合同的借款人和贷款人，保险人是依据相关法律取得经营保证保险业务资格的保险公司。

需要指出的是，关于保证保险的性质，国内争议比较大，主要存在两种观点：一种观点认为保证保险就是一种担保；另一种观点认为保证保险应当是一种保险，而不是担保。由于我国在这个问题上立法滞后，要完全在实务上明确保证保险的性质，还需等待立法的完善。根据目前的实践，某些保险公司的保证保险产品采用标准保险单的形式办理，基本上具备了保险的所有特征。

二、保证保险的特点

保证保险属于广义的财产保险，和一般财产保险相比有以下特点。

（1）保证保险的当事人涉及三方：保险人，即保证人；投保人，即被保证人（或义务人）；被保险人，即受益人（或权利人）。一般财产保险的当事人只有保险人和投保人。

（2）在保证保险中，保险人在保险事故发生且对被保险人进行赔偿后，有权利向投保人进行追偿；而一般财产保险中的投保人一般不存在被追偿的责任。

（3）保证保险合同是保险人对投保人的债务偿付、违约或失误承担赔偿责任的附属性合同，在保证保险合同所规定的履约条件已具备而投保人不履行主合同义务的情况下，保险人才履行赔偿责任。

（4）保险人必须严格审查投保人的资信情况。只有在严格审查投保人的财力、资信、声誉及以往的交易历史等内容之后,保险人才能决定是否承保。

(5)从理论上讲,保证保险没有发生风险转移。一般财产保险的数理基础是大数法则,并以收取的保险费承担承保风险发生所造成的损失,而保证保险是基于无赔款基础上的保险业务,所收取的保险费实际上是保险公司以自身的名义提供担保而收取的服务费用。

三、保证保险的种类

若以保险单承保的履约合同是否属于借贷合同为标准,可以把保证保险分为融资性保证保险和非融资性保证保险。

(一)融资性保证保险

1. 个人消费类贷款保证保险

个人消费类贷款保证保险是指由借款人作为投保人与保险人约定,当投保人不能按时偿还贷款时,由保险人负责向被保险人赔偿未偿还的贷款本金及利息的保险。在个人消费类贷款保证保险中,投保人是贷款关系中的借款人(或称债务人),被保险人是贷款关系中的贷款人(或称债权人),其实质是保险人为被保险人提供的一种投保人还贷的担保。

在经济发达的今天,越来越多的个人消费需要通过贷款来实现,如购买价值较大的机动车、房屋等。如果借款人不能及时偿还贷款,贷款人的损失将非常巨大,因此个人消费类贷款保证保险既满足了个人消费和生活的需要,又将贷款人的风险转嫁给了保险人,在保险实务中得到了较快的发展。例如,有些保险公司开办了个人购车贷款保证保险和个人购房贷款保证保险。

延伸阅读

平安财险个人贷款保证保险(A款)

1. 保险合同主体

投保人:与被保险人订立个人贷款合同的借款人可作为投保人。

被保险人:经银行监督管理部门批准开办贷款业务的金融机构或依法设立的小额贷款公司。

2. 保险责任

投保人未能按照与被保险人签订的个人贷款合同的约定履行还款义务,且投保人拖欠任何一期欠款达到保险单约定的期限以上的,保险人对投保人未偿还的全部贷款本金及相应的利息按照本合同的规定负责赔偿。

当发生下列情形之一时,投保人拖欠任何一期欠款虽未达到前款所述的期限要求,但保险人有权提前向被保险人进行赔偿。

(1)投保人提供虚假资料或未按约定的用途使用贷款的。

(2)投保人近亲属提供死亡证明,证明投保人死亡,或宣告投保人死亡或失踪的。

(3)投保人或其担保人被刑事立案侦查,或涉及诉讼、仲裁、行政处罚,或财产被查封、扣押、冻结、扣划,造成财务状况严重恶化影响还款能力的。

（4）其他投保人或其担保人财务状况严重恶化影响还款能力的。

资料来源：根据中国平安财产保险股份有限公司官网相关资料编辑整理。

2. 小额/小微企业贷款保证保险

小额/小微企业贷款保证保险是指由小微企业向保险公司投保，以银行或小额贷款公司为被保险人或受益人，银行或小额贷款公司以此保险作为主要担保方式向小微企业发放信用贷款，在小微企业未按贷款合同约定履行还贷义务时，由保险公司按照保险合同的约定承担银行或小额贷款公司贷款损失赔偿责任的保险。

长期以来，由于缺乏抵押物、经营风险大、信息透明度低等原因，小微企业、"三农"和城乡创业者融资难、融资贵的问题严重制约了其生存和发展。开展小额/小微企业贷款保证保险，有利于发挥保险的积极作用，助推信贷风险控制，缓解小微企业、"三农"和城乡创业者抵押担保难的问题；有利于发挥财政资金的放大和导向作用，扩大小微企业、涉农贷款信贷规模；对增强经济发展活力，加快转方式、调结构、惠民生、促和谐具有重要的现实意义。

延伸阅读

深圳市小额贷款保证保险试点工作全面启动

2019年5月24日，深圳市地方金融监督管理局会同深圳银保监局在深圳市民中心举办了"深圳市小额贷款保证保险试点工作启动大会暨现场签约仪式"。此次会议标志着，深圳市小额贷款保证保险试点工作全面启动，此项业务开始全面落地。全市19家银行、11家财产保险公司、110多家小微企业代表和部分行业协会参加了会议。会上，建设银行深圳分行等10家银行与中国人保财险深圳市分公司等举行了银保合作协议签约仪式，随后浦发银行深圳分行、建行深圳分行、交行深圳分行各自联合保险公司对小微企业举办了集中授信签约仪式。

市地方金融监督管理局肖志家巡视员在讲话中指出："开展小额贷款保证保险试点工作是促进我市民营经济健康发展的又一具体工作举措。去年年底政策发布以来各项试点工作顺利推进。截至目前，全市有22家银行、12家保险公司参与试点工作，10家银行与保险公司确定了合作事宜，3家银行与保险公司合作开展的业务已经落地，小微企业累计授信余额22亿元、放款金额13亿元，形成了一批有特色的信贷产品。"

深圳银保监局陈飞鸿副局长认为，小额贷款保证保险试点工作是针对民营企业和小微企业的难点、痛点提供的一个很好的增信工具，通过整合"政府+银行+保险"三方力量，能充分发挥保险的融资增信功能，帮助有融资需求的小微企业方便、快捷、以合理成本从银行获取信贷资金。

资料来源：根据人民网资料编辑整理。

3. 其他企业贷款保证保险

其他企业贷款保证保险和前述保证保险类似，只是借款人不同，因此投保人也不同。

（二）非融资性保证保险

1. 产品质量保证保险

产品质量保证保险又称产品保证保险，是指因被保险人生产或销售丧失及不能达到合同规定效能的产品给使用者造成经济损失时，由保险人对有缺陷的产品本身及由此引起的有关损失和费用承担赔偿责任的一种保险。

（1）适用对象。

凡经国家法定产品检验机构检测，经政府有关部门批准生产或销售的产品，均可投保本保险；依法设立并生产或销售上述产品的企业，可作为本保险合同的投保人和被保险人。

（2）保险责任。

在保险单明细表中列明的追溯期起始日之后，由被保险人生产或销售的产品，由于下列原因之一，导致受害人在保险期限内首次向被保险人提出赔偿请求，依法应由被保险人承担的修理、更换或退货责任，对于其中产品本身的质量赔偿责任，保险人在保险单明细表中约定的赔偿限额内予以赔偿。

① 不具备产品应当具备的使用性能而事先未进行说明的。

② 不符合在产品或其包装上注明采用的产品标准的。

③ 不符合以产品说明、实物样品等方式表明的质量状况的。

由于保险事故的发生支付的必要的、合理的费用，保险人也负责赔偿：由于产品的修理、更换或退货造成的应由被保险人承担的鉴定费用、运输费用和交通费用。

（3）保险金额。

产品质量保证保险的保险金额一般按投保产品的购货发票金额或修理费收据金额确定。

2. 雇员忠诚保证保险

雇员忠诚保证保险是指因雇员的不法行为，如盗窃、贪污、伪造单据和挪用款项等，而使雇主遭受经济损失时，由保险人承担赔偿责任的一种保险。

（1）适用对象。

凡经工商行政管理部门登记注册，取得合法资格，在中华人民共和国境内（不包括港、澳、台地区）设立的法人企业，均可作为该保险的被保险人。具体承保对象是企业所雇佣的雇员，即与被保险企业签订劳动合同、工作岗位固定且具有符合国家规定的执业资质的人员，但不包括高级管理人员。

（2）保险责任。

在保险期限内，被保险人因所雇佣的雇员在工作过程中的欺骗和不诚实行为所致的直接经济损失，保险人负责赔偿。

该保险要求保险事故的发生日期必须在保险单约定的保险期限内，而被保险人发现该事故发生的日期有可能与事故发生日期间隔较长，发现时已超过保险期限。因此，该保险允许在保险期限结束后再约定一段时间的"事故发现期"。事故发现期是指在保险期限届满之后紧邻的一段时间，一般不超过 6 个月，具体以保险单载明的时间为准。

3. 工程类履约保证保险

工程类履约保证保险，实际上是保险人对承包商按照合同约定履行义务的一种保证担保方式。如果出现因承包商的原因导致其所承包的工程不能按合同履行完成，则由保险人代为履行责任或赔偿发包人的损失。保险人代为履行责任或赔偿后，可向承包商进行追偿。

建筑工程领域有着种类繁多的保证金，每年让建筑企业背负沉重的资金成本。在建筑工程领域的保证环节全面引入保险机制，是世界通行的做法。工程类履约保证保险与现行的工程合同履约诸多保证方式相比，有着成本更低、办理更便捷等优势，对建筑企业的减负优势明显。随着中央简政放权、为企业减负的改革精神进一步落实，我国工程类履约保证保险将来有望成长为千亿级的大市场。

4. 诉讼保全类履约保证保险

诉讼保全类履约保证保险是指当原告或被告为维护自己的利益要求法院采取某种行动（如扣押、查封、冻结某些财产等）可能伤害另一方的利益时，法院通常要求请求方提供某种诉讼保证的保险。

（1）适用对象。

凡因民事纠纷向在中华人民共和国境内（不包括港、澳、台地区）的法院申请财产保全的民事诉讼当事人或利害关系人，均可作为投保人，向保险人投保该保险。被保险人是投保人提起诉讼财产保全的被申请人或利害关系人。

（2）保险责任。

在保险期限内，投保人向法院提出诉讼财产保全申请，如因申请错误致使被保险人遭受损失，保险人根据保险合同的约定，向被保险人赔偿投保人依法应承担的责任。

（3）保险金额。

其保险金额为诉讼财产保全的申请保全金额或诉讼案件审理法院要求的保全金额，具体以保险单载明的保险金额为准。

（4）保险期限。

其保险期限为自投保人向法院提出诉讼财产保全申请之日开始，至保全损害之债诉讼时效届满时终止。

专业能力训练

◇ 思考讨论

1. 信用保险和保证保险有何区别？
2. 出口信用保险的主要种类有哪些？
3. 雇员忠诚保证保险的主要保险责任有哪些？

◇ 案例分析

2003年6月9日，甲银行、乙汽车经销商与丙保险公司签订《汽车信用消费、贷款、保险合作协议》，保证借款人到保险公司办理机动车辆消费贷款保证保险，与银行一并保证借款人在借款期限内不间断按期到保险公司办理所购车辆的机动车辆损失保险、第三者责任保险、盗抢险、自燃险及不计免赔险，其中第三者责任保险的限额不低于10万元。保期限自 2003 年 7 月 12 日 0 时起至 2008 年 7 月 11 日 24 时止，并约定如果借款人未能按期续保机动车辆损失保险、第三者责任保险、盗抢险、自燃险、不计免赔险，银行或汽车经销商又不能代为续保的，则保险公司的保证保险责任终止。2003 年 7 月 11 日，姜某作为担保人为购车人进行担保，承诺购车人未按期偿付欠款时，担保人承担连带保证责任。

2003 年 7 月 11 日，甲银行与购车人、乙汽车经销商签订汽车消费贷款借款合同，约定银行为贷款人，购车人为借款人，汽车经销商、姜某为担保人，借款金额为 96 800 元，用于借款人向汽车经销商购买某品牌汽车一辆，贷款期限为 2003 年 7 月 11 日至 2008 年 7 月 10 日，共 60 个月。2003 年 7 月 11 日，购车人向丙保险公司投保保险期限为自 2003 年 7 月 12 日 0 时起至 2004 年 7 月 11 日 24 时止的机动车辆损失保险、第三者责任保险、盗抢险、自燃险及不计免赔险后，再未续保上述险种，被保险人银行也未代为续保上述险种。

截至 2007 年 4 月 16 日，购车人拖欠银行贷款本金 18 020.68 元，利息 591.32 元，银行起诉后购车人又偿还一期借款，截至 2007 年 10 月 8 日，购车人尚欠银行贷款本金 16 406.68 元，利息 523.81 元。银行向保险公司索赔，但保险公司拒赔，银行不服，将保险公司、购车人、汽车经销商、担保人告上法院。

请根据相关保险知识分析，保险公司是否可以拒赔？本案应该如何处理？

◇ **综合实训**

实训目的：运用所学保证保险主要内容和险种的相关知识，解读保证保险条款。

实训要求：选择目前保险市场上某一家保险公司的某一种保证保险产品，详细阅读保险合同的条款，对条款进行明确解释说明并进行保险产品利益演示。

项目十一
财产保险承保和理赔

学习目标

知识目标
- 掌握财产保险承保、核保的概念,熟悉财产保险承保的流程
- 掌握财产保险理赔的概念,熟悉财产保险理赔的流程

技能目标
- 能进行财产保险承保业务处理
- 能进行财产保险理赔业务处理

关键术语

财产保险承保　财产保险核保　财产保险理赔

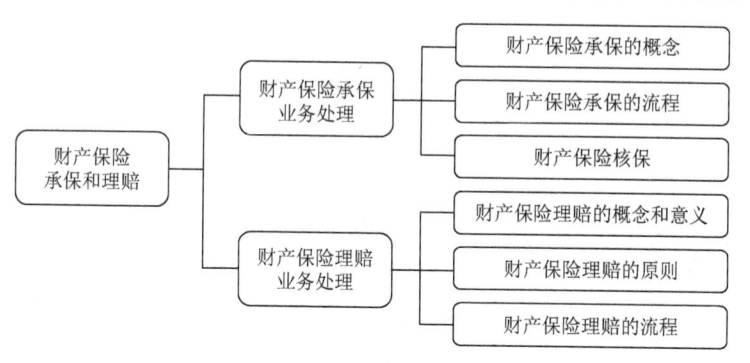

知识结构

```
                                   ┌─ 财产保险承保的概念
                    ┌─ 财产保险承保 ─┼─ 财产保险承保的流程
                    │   业务处理     └─ 财产保险核保
 财产保险          │
 承保和理赔 ──────┤
                    │                ┌─ 财产保险理赔的概念和意义
                    └─ 财产保险理赔 ─┼─ 财产保险理赔的原则
                        业务处理     └─ 财产保险理赔的流程
```

案例导入

法律上不承认的保险利益，保险合同无效

张姓两兄弟是同胞兄弟。2014年9月1日，哥哥用弟弟的名字买了一幢价值560万元的别墅用于自住，房产证上登记的是弟弟的姓名，并在当地保险公司以哥哥自己的名义投保，投保人和被保险人都是自己。2015年5月6日，房子发生火灾导致房屋全部损毁。事后，哥哥想到曾给房屋买过保险，遂向保险公司索赔，但被保险公司拒绝。保险公司的拒赔理由是保险合同对投保人来说没有保险利益，属无效合同，不应当赔偿。

资料来源：林瑞全，林全德，等.财产保险实务[M].北京：中国人民大学出版社，2017.

财产保险业务经营是指财产保险的保险人从展业到承保、防灾防损、再保险和理赔的全过程。它是财产保险合同的主体，是各方通过一系列紧密相关的活动，使保险标的的风险从投保人转移到保险人，并得到有效处理的风险管理过程。

任务一 财产保险承保业务处理

任务情景

长沙蓝天电机厂于2010年正式成立，注册资本金为5000万元，位于湖南省长沙市白银路××号，主要从事各种电机的设计和加工制造工作。2019年6月15日，该企业向某保险公司投保财产保险基本险，被保险人的地址为湖南省长沙市白银路××号，保险标的坐落地址为湖南省长沙市白银路××号。

请分析，在接到投保申请后，保险公司的工作人员应从哪些方面开展承保工作？

知识探究

一、财产保险承保的概念

财产保险的承保有广义和狭义之分。广义的承保是指保险人和投保人双方对保险合同内容协商一致，并签订保险合同的过程，包括接受投保单、核保、签单、收费等一系列环节；狭义的承保仅指保险人经过核保后，做出承保决策，同意与投保人签订保险合同，接受财产风险的转移，缮制保险单证并交付给投保人，收取保险费，使保险合同生效的过程。

承保工作的好坏直接影响到保险合同能否顺利履行，承保质量的高低直接关系到保险公司的经营效益好坏。

二、财产保险承保的流程

财产保险的承保工作需要遵循一定的流程，如图 11-1 所示。

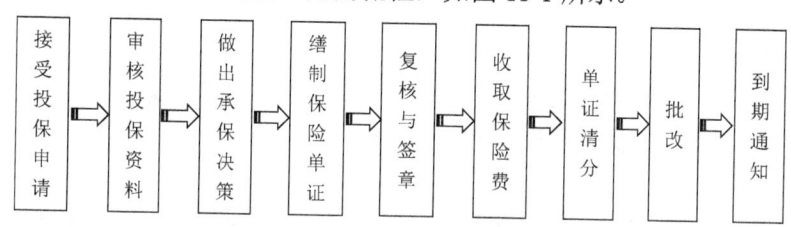

接受投保申请 ⇒ 审核投保资料 ⇒ 做出承保决策 ⇒ 缮制保险单证 ⇒ 复核与签章 ⇒ 收取保险费 ⇒ 单证清分 ⇒ 批改 ⇒ 到期通知

图 11-1 财产保险承保的流程

（一）接受投保申请

投保人购买财产保险，首先要提出投保申请，即填写投保单交给保险公司投保。投保单是投保人向保险公司申请订立保险合同的书面要约，通常由保险公司采用统一格式印刷，投保人依据投保单上所列项目逐一填写。投保人应声明所填写的资料属实，并由投保人签章、注明日期。

（二）审核投保资料

审核投保资料是财产保险承保中最重要的业务环节。关于这部分内容，将在后面进行详细阐述。

（三）做出承保决策

保险公司的核保人员负责审核投保资料，在对投保资料进行分析和评估后，根据保险公司制定的承保政策，做出承保决策。

1. 正常承保

正常承保是指投保人的投保条件符合保险公司制定的承保政策，保险公司按照标准条件和费率承保，出具保险单。

2. 条件承保

条件承保是指投保人的投保条件虽然符合保险公司制定的承保政策，但是保险公司会在业务风险较高的情况下，通过设置限制性条件的方式予以承保。具体有以下几种方式。

（1）约定限制性条款。通过约定附加除外条款，可以将一些特定的标的或责任排除在可保风险之外。例如，工程保险有很多除外条款，如地震除外条款、洪水除外条款、隧道工程特别除外条款等。

（2）提高费率或降低保险金额。例如，在农业保险中经常使用成数承保法。成数承保法是指保险公司按保险标的价值的一定比例承保，通过降低保险金额与保险人共担风险。

（3）附加条件承保。例如，约定除外责任、缩短交费期限、附加不可保附加险、变更保险业务种类等。

（4）订立保证条款。保证条款是指保险公司和投保人在保险合同中约定，投保人或被保险人在保险期限内承诺特定事项的作为或不作为，只有投保人或被保险人尽到保证条款中的义务，保险公司才负赔偿责任。例如，大型建筑物火灾保险通常要求被保险人必须安装自动喷淋装置等。

3. 拒绝承保

拒绝承保是指投保人的投保条件不符合保险公司制定的承保政策，明显低于其承保标准或发现有欺诈行为的投保，保险公司会拒绝承保。

4. 暂缓承保

对于一些投保资料尚不完整，或者风险状况尚未确定的标的，保险公司可暂缓承保，待资料齐全或标的风险状况符合承保条件时再予以承保。

（四）缮制保险单证

保险公司的核保部门拟定承保条件决定承保后，由出单部门或经办机构缮制保险单或保险凭证等保险合同文件。缮制保险单证是承保工作的重要环节，其质量好坏关系到保险合同当事人的权利与义务能否顺利履行。保险单证的缮制要求字迹清晰、内容准确、数字计算无误、项目完整、不能任意涂改。对投保多项财产的要套写保险单附表（或财产清单），粘贴在保险单副本上，并加盖骑缝章。若有附加条款，将其粘贴在保险单正本背面，并加盖骑缝章。单证人员应在缮制完毕的保险单证上签章，并在保险单上注明缮制日期、单证号码。

（五）复核与签章

复核人员在接到投保单、保险单及相关附表后，应对相应的项目进行复核。对保险单证进行复核是对承保业务质量的最后把关。复核主要从以下内容着手：保险单证的内容是否齐全、保险单和保险凭证等是否与投保单各项内容相符、保险金额的确定是否符合规定、分项保险金额是否与总保险金额相符、费率的确定是否正确、保险费及大小写是否正确无误等。复核后，复核人员要在保险单正本、副本上加盖业务专用章和私章。

（六）收取保险费

经办人员按照保险单等单证上载明的保险费数据，填写保险费收据，由投保人据此交纳保险费。保险公司的财会人员根据保险单及保险费收据，复核无误后，核收投保人应交的保险费。

（七）单证清分

对已填的投保单及附表、保险单、保险费发票，内勤人员应进行清分归类。清分时应按以下要求进行。

（1）投保人留存：保险单正本、保险费发票（发票联）、投保单及附表（复印件），其中投保单及附表粘贴于保险单正本背面，并加盖公章。

（2）业务人员留存：保险单副本、保险费发票（业务留存联）、投保单及附表（原件），其中投保单及附表粘贴于保险单副本背面，并加盖骑缝章。

（3）财务部门留存：保险单副本、保险费发票（记账联）。

内勤人员根据留存的相关单证分险种按投保单编号登记"承保登记簿"后，将承保单证装订归档。

（八）批改

当保险合同的内容发生变更时，须办理批改手续。保险合同的批改必须有合理的依据，须获得保险公司与被保险人的同意；同时，保险合同的变更必须采用书面的形式，即批单。

凡是批改项目涉及保险费增减变化的，应列明加费或退费公式。对加费的，在签发批单的同时应开具加收保险费的收据；对退费的，所退保险费应由被保险人出具收据。增减保险费的计算公式如下。

（1）按短期费率计算，应退保险费的公式为：

$$应退保险费=保险金额×费率×（1-按短期应收月率）$$

（2）按日计算，应退保险费的公式为：

$$应退保险费=保险金额×费率×应退天数/365（天）$$

（3）按调整费率计算，增减保险费的公式有以下两种。

① 由高费率调为低费率时，计算公式为：

$$应退保险费=保险金额×（原费率-新费率）×应退天数/365（天）$$

② 由低费率调为高费率时，计算公式为：

$$应加保险费=保险金额×（新费率-原费率）×应加天数/365（天）$$

（九）到期通知

保险单到期前的一段时间（一般为到期前一个月），保险公司的客服人员应通知投保人保险单即将到期，办理续保手续。一般应根据"承保登记簿"填制"保险到期续保通知书"，递交给投保人，以便其及时办理续保手续，避免保险中断。

三、财产保险核保

（一）财产保险核保的概念

核保是承保工作的组成部分和关键环节。"核保"意指"审核投保资料"，是指在投保人向保险人申请投保的前提下，由保险人对该申请进行审核，决定是否接受承保或以何条件承保的过程。

核保是保险公司经营活动的初始环节，是承保工作的前提和核心。核保工作的好坏直接关系到保险合同能否顺利履行，关系到保险公司的承保盈亏和财务稳定。严格规范核保工作是降低赔付率、提高保险公司效益的关键，也是衡量保险公司经营管理水平的重要标志。

（二）财产保险核保的意义

1. 有利于合理分散风险

保险经营的对象是风险，但无论哪个保险人都不能承担所有的风险。事实上，保险人承担风险都是受到一定限制的，因此保险人所追求的是承保在一定费率下所预期发生的风险。核保的目的就是使可保风险得以合理地分散。

合理分散风险有两方面的含义。一是同质风险的集合，即将大量性质相同的风险集中起来承保。这类风险的种类、大小与损失金额基本相同，将它们集中起来，有利于准确规避风险。例如，同为木质结构的房屋，其中一栋价值极高的房屋发生火灾，其损失金额是其他建筑物的 10 倍，从保险的角度来看，这栋房屋就不属于同质风险。二是风险在地域上的分散。即便是同质风险，如集中于某一地区的风险，也有造成巨大损失的可能性，因此保险人在承保时对此种风险要加以分散。

2. 有利于费率的公正

费率是根据不同风险的性质和损失的程度来制定的。承保的核心工作就是厘定公正合理的费率，使承保风险与费率之间保持更为合理的关系。目前，保险市场上有级差费率、浮动费率、优惠费率等制度。然而，再精确的费率，如果没有良好的承保制度相配合，也无法体现其公正性和合理性。换言之，公正合理的费率的最终实现，是以核实保险标的的风险程度和损失率为基础的。只有通过核保，确定了不同保险标的的风险程度和损失率，才能使费率的水平与风险损失程度相当。

在承保工作中，通常由精算师制定费率，但是对于一些保险标的少的险种，其费率往往由保险人根据以往的经验制定。也就是说，制定费率也是承保的一项重要工作。

3. 有利于促进被保险人进行防灾防损

保险的目的并不限于处理赔案、提供经济补偿，还要立足于积极的预防，提高全社会的防灾防损能力，进而保证人民生活的长期稳定和社会生产的持续进行。保险人核保的目的就是识别风险、分析风险，促使被保险人采取有效的风险管理措施，将损失减少到最低。因此，保险人在核保时要审查保险标的的状况、可能发生最大损失的程度及被保险人的情况。在承保后，还要定期检查和分析这些风险是否发生了变化。如果某个被保险人的风险增加了，保险人就需要提高保险费，或增加保险限制条件，或不再接受其投保人的续保。

（三）财产保险核保工作的内容

1. 审核投保申请

审核投保申请，在保险实务中主要体现在承保选择。一是尽量选择同质风险的保险标的进行承保，从而使风险在量上得到测定，以使风险平均分散；二是淘汰那些超出可保风险条件的保险标的。

承保选择包括事前选择与事后选择。事前选择使保险人处于主动的地位，若发现问题，保险人可以根据具体的风险状况决定拒绝承保或附加条件承保。

（1）事前选择。

事前选择包括两方面。一是对投保人或被保险人的选择。虽然保险标的本身的性质与保险风险的大小关系最为密切，但是在整个保险经营活动中，保险标的始终在投保人或被保险人的控制下，投保人对保险标的是否具有保险利益、投保人的品格和行为都会直接影响到保险事故发生的可能性与损失程度。二是对保险标的的选择。保险标的是保险人承保风险责任的对象，其自身性质、状况与其风险程度及所造成的损失程度直接相关，保险人在核保时必须对不同性质的保险标的加以分类，并依据分类标准对具体的保险标的做出合理的选择，剔除影响保险经营稳定的保险标的。对保险标的选择的重点应集中在保险标的本身发生损失的可能性上。

（2）事后选择。

事后选择是保险人对保险标的的风险超出承保标准的保险合同做出淘汰的选择。具体表现为：一是保险合同保险期满后，保险人不再续保；二是保险人如发现被保险人有错误申报重要事实的行为或欺诈行为，可解除合同；三是按照保险合同规定事项注销保险合同。

2．控制保险责任

控制保险责任即核保控制，是指保险人对投保申请做出合理的承保选择后，对保险标的的具体风险状况，运用保险技术手段，控制自身的责任和风险，以适合的承保条件予以承保。核保控制的对象主要有两类：一是风险较大但保险人仍予以承保的保险标的，保险人为了避免承担较大的风险，必须通过核保控制来控制自己的保险责任；二是随着保险合同关系的成立而诱发的两种新的风险，即道德危险与心理危险。

保险人控制道德危险的主要措施包括控制保险金额、避免超额保险、控制赔偿金额；控制心理危险的主要措施包括控制保险责任、设定免赔额、实施共同保险、订立保证条款、设置优惠条款等。

（四）财产保险核保的流程

保险公司核保的基本流程没有统一的具体步骤，各保险公司根据核保制度的精神，结合自身的业务和经营特点确定合适的方案，体现核保的权限管理和过程管理。需要注意的是，核保虽是承保工作的一部分，但因其业务流程较复杂，承保工作中的大部分步骤都属于核保流程，因此下面将展开阐述。财产保险核保的流程如图 11-2 所示。

接受投保申请 ⇒ 审核投保资料 ⇒ 风险评估 ⇒ 做出承保决策 ⇒ 复核、签发保险单证

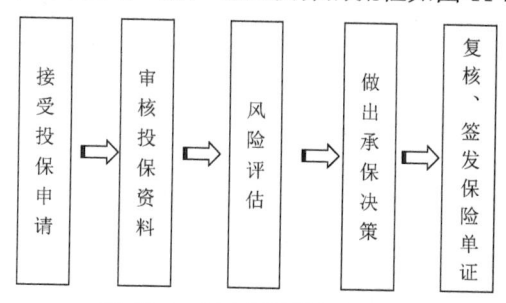

图 11-2　财产保险核保的流程

1．接受投保申请

投保人填写好投保单后交由保险公司，保险公司接受投保申请。投保单的主要内容有投保人姓名、投保日期、被保险人姓名、保险标的的名称、保险标的种类和数量、保险金额、

保险标的坐落地址和运输工具名称、保险期限、受益人和赔付地点等。

2. 审核投保资料

出单人员接到投保单及相关资料后，须由初审人员录入系统，交复核人员进行审核。如果投保单上必要信息不全面，应退回销售人员，请投保人重新填写或补充。复核通过后，将投保单提交给核保人员，由核保人员对投保单进行核保。

3. 风险评估

核保人员根据所掌握的核保资料进行认真审核后，必须对保险标的进行风险评估。风险评估可以采取实地调查或其他灵活多样的方式，但必须达到了解保险标的风险状况的目的。风险评估的要点包括以下几项。

（1）明确主要风险。主要风险是指只在保险责任范围内发生的可能性较大，而且一旦发生造成的损失也较大的风险。主要风险取决于保险标的所在行业性质、地区、保险期限等。

（2）明确风险点位。风险点位是指在保险标的范围内最容易发生保险事故的环节、地点或位置。例如，工厂的锅炉、高楼建筑工程的地基、在建高速公路的护坡或软基等。调查风险点位，主要考虑主要风险的风险点位。

（3）了解风险源。风险源即投保风险的来源或产生风险的原因。

（4）了解被保险人的风险管理水平。被保险人的风险管理水平主要从3个方面进行分析：风险管理制度、人员素质和风险管理设施。

（5）了解保险事故发生的可能性。这主要从保险标的所在行业发生类似事故的概率、被保险人以往的损失记录、保险标的当前的情况进行分析。

（6）分析一次事故最大可能损失。一次事故最大可能损失取决于保险标的的性质、事故的影响范围、法律对损失金额的认定。

核保人员根据实地勘验的结果，形成风险评估报告。

4. 做出承保决策

核保人员在对风险评估的结果进行分析后，合理确定初步的承保条件，做出正确的承保决策。

（1）决定是否承保。

（2）正确拟定承保条件。

（3）正确确定保险金额。

（4）正确厘定费率，确定免赔额。

（5）安排再保险或共同保险。

对于超过本级公司承保权限的业务，必须按照承保权限的规定，填写重要事项报告表并提出承保意见，逐级上报上级公司，接到上级公司回复的承保意见后，核保人员按照有关规定及时与承保部门联系，确保出单的时效。

5. 复核、签发保险单证

在核保人员拟定承保条件后，由出单部门或经办机构出具保险单、保险凭证、批单、协议等保险合同文件。

任务二 财产保险理赔业务处理

任务情景

某苹果仓库公司在某保险公司投保了财产保险基本险,保险标的为房屋建筑和仓储苹果,保险期限为 2018 年 10 月 10 日至 2019 年 10 月 9 日。2019 年 3 月 10 日 16 时,该苹果仓库公司报案称,2019 年 3 月 10 日 14 时 30 分左右,其 3 号冷库发生氨泄漏爆炸事故,造成 3 号冷库屋顶全部塌陷,其内苹果受损,报损房屋 130 万元左右,苹果约 50 万元。

请分析,被保险人报案后,保险公司应开展哪些理赔工作?该案中保险公司是否要承担赔偿责任?

知识探究

一、财产保险理赔的概念和意义

财产保险理赔是财产保险赔偿处理的简称,是指保险人或其委托的理赔代理人在承保的保险标的发生保险事故,被保险人提出赔偿要求后,根据保险合同有关条款的规定,对遭受的财产损失或人身伤亡进行的一系列调查核实并予以赔付的行为。财产保险理赔是保险人履行保险合同的过程,涉及保险双方的权利与义务的实现,是保险经营中的一项重要内容。

投保人投保的主要目的就是在发生保险事故后得到保险保障,所以财产保险的理赔工作是保险运行的重要环节,做好理赔工作,对加强保险经营管理、提高保险公司的信誉、实现保险经济效益具有重要意义。一方面,财产保险理赔能使保险的基本职能得到实现。保险的基本职能是经济补偿,理赔工作做得好,被保险人的损失才能得到应有的补偿,社会再生产的顺畅运行和人民生活的正常安定才能得到保障,保险公司的信誉才能提高。另一方面,财产保险理赔能促进保险公司的经营管理。通过财产保险理赔,保险公司可以检验承保业务的质量,可以发现防灾防损工作的薄弱环节,可以发现保险费、保险金额、保险价值的确定是否合理,从而进一步提高保险公司的经营管理水平,并提高其经济效益。

二、财产保险理赔的原则

财产保险的保险人在理赔实践中,除严格以保险合同为依据,遵守财产保险理赔的"重合同、讲信用、实事求是、主动、迅速、准确、合理"基本原则外,对保险合同所不能明确规定部分的争议处理,需要遵守一系列原则,这也是财产保险理赔的惯例。财产保险理赔应遵循的原则包括以下几个方面。

(一)补偿实际损失原则

保险人的赔偿以使被保险人在经济上恰好能恢复到保险事故发生前的状态为限,被保险人不能通过保险获得额外的收益。

（二）责任限制原则

除定值保险和重置价值保险外，保险赔付的金额都以保险标的受损时的实际价值——市场价值为准，即保险人给予赔付的金额最高不能超过受损标的的市场价值；此外，保险人的赔偿责任还应以不超过保险合同约定的保险金额和被保险人对保险标的的可保利益为限。因此，在理赔时对第三者责任所引起的损失要进行追偿，对重复保险要予以分摊，对受损后部分残余物资亦应扣抵赔款，以最大限度地减少道德危险的发生，实现保险人的稳定经营。

（三）支付方式选择原则

保险人可以对损失选择货币支付或修复的方式来赔偿。对于可以修复的受损标的，被保险人不能因为受损而放弃，要求全赔，保险人对修复技术要求不高的受损标的可以选择利用实物补偿的方式履行赔偿义务。

（四）近因原则

近因原则是指对保险标的进行补偿的实际损失必须是以保险危险为直接原因造成的。近因并不一定是与发生的损失在时间上最接近的原因，而是造成事故后果的直接因素或具有支配力的因素，它往往与事故后果有着本质的、必然的联系。近因原则是决定保险人是否承担保险责任的重要因素。在理赔中，对各种错综复杂的情况，保险人应能抓住关键环节与线索，找出引发事故的近因，只有是由于保险危险原因造成的损失才由保险人负责。

三、财产保险理赔的流程

财产保险的理赔工作一般要经过 6 个环节：登记立案、单证审核、现场查勘、责任审定、赔款计算和赔付、代位追偿。每个环节都有不同的处理要求和规定，以保证理赔有序和高效地进行，具体的流程如图 11-3 所示。

登记立案 ⇨ 单证审核 ⇨ 现场查勘 ⇨ 责任审定 ⇨ 赔款计算和赔付 ⇨ 代位追偿

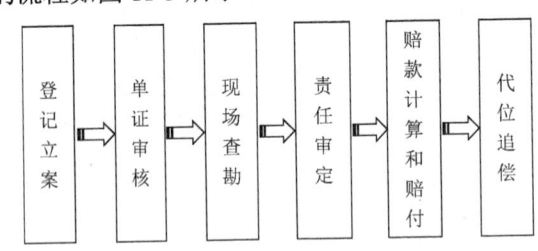

图 11-3　财产保险理赔的流程

（一）登记立案

保险公司在接到报案后要详细询问被保险人姓名、保险单号码、出险日期、出险地点、估计损失等并记录，同时请被保险人尽快填报出险通知。保险公司在接到出险通知后，无论该起事故是否属于保险责任范围，均应及时立案，并根据被保险人的出险通知，及时复印有关投保单、保险单、批单副本，以便在现场查勘前先了解承保情况，同时要与报案记录内容详细核对，以分清是否属于本保险项下的责任。

（二）单证审核

被保险人在损失通知后，应该向保险公司提供索赔所必需的各种单证。索赔单证的种类因险种和具体情况的不同而不同。例如，海洋货物运输保险的索赔单证有保险单或保险凭证正本、运输合同、发票、装箱单、磅码单、检验报告、货损货差证明和索赔清单等。如果损失涉及承运人和托运人等第三者的责任，被保险人还应提供向第三者责任方索赔的书面文件；如果损失涉及海难，被保险人应提供海事报告书或海事声明书。又如，家庭财产保险的索赔单证有保险单、损失清单、保险公司估价单、消防部门失火证明（火灾事故）、公安部门报案受理单（盗窃事故）、公安部门3个月未破案证明（盗窃事故）、气象部门证明或相关报纸报道信息（自然灾害）等。

保险公司进行单证审核的目的是据此决定是否有必要全面展开理赔工作。单证审核的内容包括审核保险单是否有效、损失是否属于保险责任范围、索赔人在索赔时对保险标的是否具有保险利益、其他相关单证是否有效、损失的财产是否为保险财产、损失是否发生在保险期限内等。在初步确定赔偿责任后，保险公司根据损失通知编号立案，将保险单副本与出险通知单核对，为现场查勘做准备。

延伸阅读

理赔证据保全的重要性

不久前，上海本地一企业因车间发生火灾导致部分机器设备被烧毁，企业主发现后当即向保险公司报案，进入理赔程序。过了几天，企业主又想到，同时被烧毁的还有部分原材料、半成品及产品，这也是可以索赔的，便再次向保险公司报案。但再次报案时，那些被烧毁的原材料、半成品及产品已经被处理掉，保险公司无法准确定损，由此引发纠纷。

如果在发生保险事故后，客户及时保全理赔证据，就不会产生纠纷。在发生火灾、暴雨等情况致使企业财产受损时，要在第一时间报案，使保险公司能够及时查勘现场。除电信、供电等特定单位，在发生保险事故时需要尽快恢复，而在事先就与保险公司约定允许先行处理外，其他企业不能在保险公司查勘前擅自处理，尤其不能把保险公司当成报销公司，将现场都处理好了之后再报案。

被保险人在填报损失时，要仔细确认损失的程度和损失的量，完整填报所有损失；如果事后又发现还有未报损失，要及时与保险公司沟通，不能在处理好未报损失后再告知保险公司，这样保险公司难以定损，易发生扯皮现象。

在上述案例中，保险公司只能根据企业日常记录的产量等数据推测火灾中受损的物资。这种方法推算出的结果当然是不精确的，如果推算理赔额小于实际受损额，则被保险人不得不自己承担相关的损失。因此，在保险公司精确定损前保全理赔证据显得至关重要。

资料来源：根据百度文库资料编辑整理。

（三）现场查勘

查勘人员在赶赴现场之前，首先要了解保险标的的基本情况，然后根据事故类别，携带必要的查勘工具（如照相机、皮尺等，以及现场查勘记录本、保险单复印件）进行现场查勘工作。现场查勘工作的具体内容包括以下几项。

（1）了解事故的详细过程。

（2）确认出险时间、地点，以及当时的自然条件、周围环境，必要时绘制现场草图。

（3）查明出险原因，初步判断是否属于该保险单的保险责任、保险事故是否由第三者造成。

（4）把受损标的情况与保险单记载的内容相对照，并查阅有关财务账册，以确认受损标的是否为保险标的。

（5）现场清点残余物资。现场清点往往是确定损失金额的基础，是财产保险理赔中相当重要的一环。现场清点时要求查勘人员与被保险人共同清点，清点后双方签字。清点时既要清点受损标的的数量，又要清点未受损标的的数量。对于有些被保险人已经清理过的受损标的，可以要求被保险人提供受损标的损失清单，根据损失清单进行现场清点核对，损失清单上应当加盖被保险人公章。

（6）施救。若事故还未结束，查勘人员应立即督促、协助被保险人及时施救，减少保险标的的损失。施救费用应分明细列明，并提供相关证明资料。

（7）现场取证和获得举证资料。查勘人员应尽量拍摄事故现场照片，拍出事故现场全景，并尽可能准确、详细、全面地反映所有受损标的的数量、标记、类型、受损程度，并附上简要的文字说明。同时，查勘人员还应督促、协助被保险人尽快提供有关部门出具的出险证明、事故证明及有关单证。

（8）聘请专家或公估人员。对于专业技术性强、损失原因或损失程度不易判定的案例，或者损失金额特别大的个案，应及时聘请有关权威部门、专家或公估人员进行鉴定，尽可能取得具有权威性和法律效力的证明资料。

（9）撰写现场查勘报告。现场查勘报告的内容包括事故的起因、经过、结果、损失情况、估损金额等。

（四）责任审定

现场查勘结束后，保险公司应根据查勘报告和有关单证，进行责任审定。

1. 明确赔偿责任和范围

保险公司在对损失清单、各项单证和查勘结果进行认真的审查核实，确认各种单证的有效性和可靠性的基础上，认为灾害事故属于保险事故的，应明确表示予以赔偿，并进一步确认赔偿的范围。对于未保、漏保或保险期满后未续保的财产损失、灾前残损或残次的财产等，保险公司不承担赔偿责任。

2. 核定施救等费用

《保险法》第五十七条规定："保险事故发生时，被保险人应当尽力采取必要的措施，防止或者减少损失。保险事故发生后，被保险人为防止或者减少保险标的的损失所支付的必要的、合理的费用，由保险人承担；保险人所承担的费用数额在保险标的损失赔偿金额以外另行计算，最高不超过保险金额的数额。"因此，保险公司责任审定的内容也扩大到了审核施救费用是否必要、合理。保险公司支付的施救、整理、保护费用，应以发生保险责任范围内的事故为前提，以减少保险标的的损失为目的，以必要、合理为限度，既要避免不必要的施救，又要防止赔付过严影响防灾减损。

同时，《保险法》第六十四条规定："保险人、被保险人为查明和确定保险事故的性质、原因和保险标的的损失程度所支付的必要的、合理的费用，由保险人承担。"第六十六条又规定："责任保险的被保险人因给第三者造成损害的保险事故而被提起仲裁或者诉讼的，被保险人支付的仲裁或者诉讼费用以及其他必要的、合理的费用，除合同另有约定外，由保险人承担。"可见，保险公司还要审核和承担除施救费用外的法律规定的其他相关费用。

（五）赔款计算和赔付

财产保险的赔款计算要以保险金额为限、以实际损失为限、以保险利益为限。财产保险的赔偿方式主要有4种，即比例责任赔偿方式、第一危险责任赔偿方式、限额责任赔偿方式和免责限度赔偿方式。理赔人员通常根据不同险种的具体要求，按保险赔偿方式计算被保险人可以获得的赔偿金额。财产保险赔偿一般采用现金支付方式，但有时保险公司与被保险人也可约定采用恢复原状、更换、修理和重置等方式。

（六）代位追偿

如果保险事故是由第三者引起的，保险公司自向被保险人赔偿保险金之日起，应取得由被保险人书写的权益转让书，在赔偿金额范围内由保险公司代位被保险人向第三者请求赔偿。

典型案例

棉花加工企业火灾理赔案

案情介绍：

某棉花加工厂在某保险公司投保了财产保险综合险，保险标的为籽棉和皮棉，保险期限为2015年11月30日至2016年11月29日。2016年1月5日，投保人报案称，此棉花加工厂发生了火灾事故，造成流动资产籽棉受损，损失约85.1万元。保险公司接到报案后，第一时间派当地查勘人员对现场进行了初步查勘，同时固化了火灾现场，封存了财务及出入库账册。随后，理赔人员分别于6日、7日、8日和15日、16日对财产损失进行现场查勘、复勘、收集资料及验收检验损失。通过现场查勘、责任审定、赔款计算等流程，最终确定理赔金额为7.7万元。

案例分析：

1．现场查勘

（1）施救：清理、晾晒、分拣。

（2）调查事故的经过：调查火种，确定起火的地方。

（3）核实标的损失：固化籽棉受损表观状态、量化受损籽棉数量、按损失程度分类（烧焦、烟熏污染、变色、水湿轻度污染）。

（4）调查企业经营状况。

（5）收集、查看财务及出入库账册。

（6）现场测量及绘制草图。

（7）保险单及保险单约定标的审核，包括保险单原件、籽棉及皮棉、保险金额、保险价值、特约及免赔、附加险。

2．责任审定

责任审定环节的重点环节是损失审定。经查现场受损籽棉约94吨，全部进行清理、晾晒和分拣，依据查勘情况分3类定损。

（1）烧焦籽棉损失核定：全损。

（2）烟熏、水湿污染籽棉损失核定：降级。

（3）水湿轻度污染籽棉人工费用核定：清理、晾晒和分拣。

在责任审定中，如何测算单位重量体积，也就是1吨籽棉的体积，是关键。同时，在理赔过程中，对水湿轻度污染籽棉的处理，得到了保险公司的积极配合与支持，使得责任审定过程顺利进行。

3．赔款计算

（1）确定免赔额。

（2）确定保险价值，计算公式为：

$$保险价值=出现日上月库存余额+入库-出库$$

（出入库账与现场实物对比）

（3）计算投保比例。根据保险金额和保险价值计算投保比例，计算公式为：

$$投保比例=保险金额/保险价值$$

（4）计算理赔金额，计算公式为：

$$理赔金额=（损失金额-残值）\times 投保比例\times（1-免赔率）$$

本案启示：

此案理赔中的亮点如下。

（1）施救得当。企业召集员工全力投入灭火，及时将过水籽棉晾晒，并先行加工成成品，避免因超时引起霉变，做到及时、有效、合理。

（2）定损准确。保险公司按照受损程度不同，进行了不同方式的处理，力争将损失降到最低，得到了客户的认可。

（3）赢得客户的信任是实现保险快速理赔的保证。在整个理赔案处理过程中保持与客户沟通顺畅，体现了保险公司的专业和服务。在本次事故处理的过程中，保险公司得到了客户的充分配合和支持，达到了减少损失和快速理赔的效果。

资料来源：根据百度文库资料编辑整理。

项目十一 财产保险承保和理赔

专业能力训练

◇ 思考讨论

1. 简述财产保险核保对保险经营的意义。
2. 简述财产保险承保和理赔的流程。

◇ 综合实训

实训目的：运用财产保险承保知识进行保险承保的相关计算。

实训要求：根据背景资料计算保险公司承保该案的保险金额。

背景资料：

长沙某轴承厂于2003年正式成立，注册资本金为5000万元，主要从事各种动压滑动轴承的设计和加工制造工作。2018年7月3日，该轴承厂向某保险公司投保财产保险综合险，经保险双方协商，达成如下保险事项。

1. 保险标的项目：固定资产、存货、在建工程。
2. 以轴承厂2018年6月末资产负债表及有关账册为依据，保险金额按6月末账面余额确定，保险价值按出险时的账面余额确定，有关数据如下。

（1）资产负债表中"资产"方"固定资产原价"项目期末数为14 350 000元，加成50%投保。

（2）资产负债表中"存货"项目期末数为6 200 000元。

3. 下列已入账财产剔除不保。

（1）交通运输工具原价为960 000元。

（2）道路原价为250 000元。

（3）围墙及护坡原价为190 000元。

（4）材料采购科目账面借方余额为250 000元。

（5）"产成品"中委托代销商品账面借方余额为560 000元。

4. "在建工程"按双方约定价值900 000元投保。

5. 附加险情况。

（1）机器设备附加机器损坏保险，经查固定资产账册，生产用机器设备为6 250 000元，非生产用机器设备为1 020 000元。

（2）存货项目中"产成品"附加盗抢险，经查2010年5月末账册，"产成品"总账余额为1 960 000元。

主要参考文献

[1] 王绪瑾. 财产保险[M]. 2版. 北京：北京大学出版社，2017.
[2] 许飞琼，郑功成. 财产保险[M]. 5版. 北京：中国金融出版社，2015.
[3] 许谨良. 财产保险原理与实务[M]. 5版. 上海：上海财经大学出版社，2015.
[4] 郑祎华. 财产保险实务[M]. 北京：清华大学出版社，2016.
[5] 李立，李玉菲. 财产保险[M]. 2版. 北京：中国人民大学出版社，2014.
[6] 付菊，李玉菲. 财产保险核保核赔[M]. 北京：中国金融出版社，2013.
[7] 黄素，马丽华. 保险原理与实务[M]. 北京：高等教育出版社，2015.
[8] 张拴林. 运输保险[M]. 北京：中国财政经济出版社，2000.
[9] 韦松. 货物运输保险[M]. 北京：首都经济贸易大学出版社，2012.
[10] 王健康. 机动车辆保险实务操作[M]. 北京：电子工业出版社，2016.
[11] 李慧民. 建筑工程保险概论[M]. 北京：科学出版社，2017.
[12] 曾鸣. 信用保险理论与实务[M]. 上海：上海财经大学出版社，2008.
[13] 王玉玲. 责任保险[M]. 北京：首都经济贸易大学出版社，2014.
[14] 许飞琼. 责任保险[M]. 北京：中国金融出版社，2012.
[15] 《农业保险》编写组. 农业保险[M]. 北京：首都经济贸易大学出版社，2012.
[16] 丁少群. 农业保险学[M]. 北京：中国金融出版社，2015.
[17] 李丹. 农业风险与农业保险[M]. 北京：高等教育出版社，2017.
[18] 张洪涛，王国良. 保险核保核赔[M]. 北京：中国人民大学出版社，2006.